# VOYAGE

# EN ORIENT

## OUVRAGES DU MÊME AUTEUR

---



Paris. — Imprimerie Vve P. Larousse et Cie, rue Montparnasse, 19.

# VOYAGE

# EN ORIENT

PAR

JOSEPH REINACH



TOME PREMIER

LES PREMIÈRES STATIONS — LE DANUBE

LE BOSPHORE

PARIS

G. CHARPENTIER, ÉDITEUR

13, RUE DE GRENELLE-SAINT-GERMAIN, 13

1879

# A LÉON BONNAT

*Mon cher ami, comme vous, j'aime par-dessus toute chose, dans le passé, l'art grec — dans le présent, la véritable nature, c'est-à-dire celle qui est belle ; et nos sympathies, inspirées par ces goûts semblables, vont tout droit aux mêmes âmes. Les lettres et les notes dont j'ai composé ces deux volumes ont été écrites dans ces pays d'Orient que vous connaissez si bien, et adressées de là-bas à nos meilleurs amis d'ici. Permettez-moi d'inscrire votre nom à cette première page, comme un témoignage d'une admiration déjà ancienne et de ma très vive affection.*

*JOSEPH REINACH.*

*Paris,* 1er *octobre* 1879.

# LES PREMIÈRES STATIONS

# LES PREMIÈRES STATIONS

De Paris à Strasbourg, 26 août 1878.

J'ai tenu à commencer mon voyage aux pays de lumière par un pèlerinage à la ville affligée.

Départ de Paris à huit heures du soir. Aimez-vous à passer la nuit, emporté par la rapidité de la locomotive à travers les forêts sombres, les campagnes silencieuses et les villages endormis? Cette sensation de vitesse accélère très agréablement la vie. Les poteaux du télégraphe, les arbres, les collines, les gros nuages noirs, le croissant de la lune blafarde semblent vous poursuivre. J'entends l'admirable *Course aux abîmes* de Berlioz qui me résonne à l'oreille. Parfois, j'aperçois à la vitre d'une chaumière, scintillant comme une étoile, une lumière solitaire. Je me dis : « C'est là, loin du monde, que doit être le bonheur parfait, — quand on est deux. » Et déjà la lumière a disparu, et le bercement monotone du wagon sur les rails finit par m'endormir comme un enfant.

Au réveil, dans les toutes premières pâleurs du jour apparaissent les grasses prairies de Lorraine, les parcs où les moutons reposent encore, des rivières tranquilles, de vieux hêtres rabougris qui servent d'observatoire aux corbeaux. Ce matin, trop grisâtre encore, est triste.

Les débuts d'un voyage ne sont jamais très gais. On pense trop à ceux que l'on quitte et qu'on aime. Il faut savoir se faire à l'absence. — La marche du convoi ralentit. Quelle est cette station là-bas, avec cette barrière peinte en noir et blanc, avec ces mannequins qui marchent d'un pas militaire de long en large?... Avricourt... La frontière est passée, c'est l'Allemagne qui commence. Ce nom d'Avricourt sonne comme un nom de défaite.

Nous repartons. Je mets la tête à la croisée et je regarde. C'est un spectacle si rare, pour un Parisien, que celui de la naissance du jour, des magnifiques tendresses de la nature à son réveil! Mais nous faisons des lieues et des lieues pour aller voir à Rome, à Florence, à Anvers les tableaux de Michel-Ange, de Raphaël et de Rubens, et nous n'avons pas le courage, quand nous sommes chez nous, de nous lever une heure plus tôt pour assister, dans quelque coin de campagne, à la splendide éclosion du soleil.

Nous sommes toujours en Lorraine, les blondes campagnes se réveillent. Voici Sarrebourg avec sa vieille muraille crénelée, sa rivière claire et ses profondes allées de peupliers. Le jour éclate tout à fait. Les maisons sont blanches, leurs toits sont de briques rouges, le ciel est bleu. La Lorraine est restée fidèle aux trois couleurs. — Les Vosges. Un joyeux soleil luit sur leurs crêtes arrondies. Les épicéas frémissent au vent du matin; des bouffées d'air embaumées de résine viennent jusqu'à moi. Sous les noires sapinières, la couleur rose des bruyères met une tache d'une délicatesse infinie. Voici Saverne, avec ses belles ruines du Haut-Barr sur un massif énorme de grès rouge. Où se trouve la maison d'About? Pauvre Saverne! Ils l'appellent *Zabern* maintenant, et cela par méchanceté pure, car Schiller a écrit *Savern*. Il est vrai que Schiller était citoyen français de par décret de la Législative, signé: Clavière, et contresigné: Danton.

Strasbourg, 27 août.

Je suis logé à l'hôtel de la Maison-Rouge. Ma fenêtre donne sur la place d'Armes. En face de moi, la statue, en bronze, de Kléber. La statue n'est pas un chef-d'œuvre, mais elle est sacrée aujourd'hui. Je vois avec attendrissement des vieillards qui se découvrent en passant devant le monument et des mères qui expliquent à leurs enfants la fière attitude du général. Il a reçu de l'amiral Keith la sommation de se rendre; il se cabre, il dit à l'armée des Pyramides : « Soldats ! on ne répond à de pareilles insolences que par une victoire ! » et il va remporter celle d'Héliopolis. Mais ce ne sont plus les Anglais qu'il regarde de cet air menaçant. A sa gauche, au côté nord de la place, devant le palais qui fut le musée de peinture et de sculpture, se dresse un corps de garde prussien. Nos pères ont souvent pleuré sur Venise captive. Qui donc, parmi les Italiens, songe à Strasbourg, à notre Venise à nous ?

Ma journée s'est passée à errer dans les rues de la cité dolente, à marcher au hasard devant moi. Ce n'est plus la vieille ville du XV^e^ siècle que nous nous plaisons à voir en rêve ; ce n'est plus la préfecture joyeuse que je me souviens d'avoir vue avant la guerre. De jour en jour les quartiers anciens disparaissent ; à peine dans la *rue des Arcades*, autour du *Marché aux herbes*, peut-on trouver encore quelques vieilles maisons en bois avec leurs étages surplombants et leurs gracieuses façades à tourelles. Mais plus encore que le moyen âge et la Renaissance, toute gaieté a disparu, toute animation, la vie elle-même. Très peu de costumes nationaux. Les rues sont presque désertes. On parle à voix basse. Partout des boutiques fermées, des volets clos comme dans les maisons en deuil, des inscriptions : *A vendre*, *A louer*. Et l'on ne vend pas, on ne loue pas. Le bruit des voitures roulant sur le pavé a quelque chose de funèbre. Sur le Broglie, devant un café, cinquante officiers allemands sont assis, buvant de la bière, fumant. Pas un Strasbourgeois n'est avec eux. Les servantes elles-mêmes les fuient (1). Quand les officiers passent près d'elles, elles se rangent, regardent aux vitrines des magasins la photographie coloriée de l'Alsace de Henner, mille petits objets de rien qui sont des bijoux, étant ornés des couleurs de France.

Je suis allé voir Kablé, l'ancien représentant du Bas-Rhin à l'Assemblée nationale, aujourd'hui député au Reichstag. C'est le premier candidat de la protestation élu à Strasbourg depuis le traité de paix. Cette visite m'a laissé une impression profonde. Le premier abord de Kablé est sec, froid, un peu anglais. Mais bientôt la flamme brille, le foyer intérieur rayonne. Il a le cœur ardent, l'esprit très calme, très ferme. Il m'a longuement questionné sur les affaires de France, sur nos amis, sur Gambetta

(1) Il y a bien aussi, comme Euryclée dit dans l'*Odyssée* : « Des servantes qui en sont venues à l'impudence. » Mais c'est une faible minorité. Ces choses-là sont significatives.

dont la popularité, ici, est immense. Il m'a dit l'état actuel de l'Alsace, la situation des partis.

Si la vérité se fait si difficilement jour chez nous sur les affaires d'Alsace, c'est que le parti de la protestation n'a qu'un seul organe politique, le pauvre et brave *Journal populaire alsacien*, et encore ce journal, traqué comme une bête fauve, ne paraît-il qu'une fois par semaine. En vain, sachant qu'il a derrière lui l'immense majorité du pays, M. Fuhrer élève-t-il la voix. La lutte est par trop inégale entre lui et M. Schneegans, dont le journal quotidien a la complicité secrète de l'administration allemande. C'est ainsi que nous avons si longtemps ignoré les résultats exacts des dernières élections, cet indice si curieux de l'état des esprits en Allemagne : plus de trois cents bulletins au nom de M. Kablé déposés dans les urnes par des Allemands *importés* à Strasbourg ! Et ce n'étaient point des socialistes que ces trois cents électeurs du candidat français : M. Bebel se présentait à Strasbourg.

Il est très certain que le scrutin victorieux du 14 octobre dernier a produit dans l'Alsace tout entière une profonde impression. Pourquoi ne pas l'avouer ? Au lendemain de la guerre, sacrifiée par la mère patrie à l'intérêt vital de ses autres enfants, l'Alsace a passé par une heure terrible de désespérance. Cette grande douleur un peu calmée, elle a regardé vers nous et qu'a-t-elle vu ? D'abord les horreurs de la guerre civile, puis les mille intrigues de l'Assemblée nationale entravant l'œuvre admirable de M. Thiers, la chute du libérateur du territoire, les conspirations royalistes, le byzantinisme des partis coalisés contre la République, partout la faiblesse, le désarroi, l'instabilité. Alors, d'un côté, le parti allemand a pris confiance, a vanté doucereusement la sécurité du joug prussien ; de l'autre, le parti autonomiste a levé la tête, a pu développer sa théorie bâtarde avec une apparence de raison, réussir par deux fois à faire élire son chef à Strasbourg même. Sur ces entrefaites, après la grande lutte de l'année dernière, on apprend le triomphe définitif de la République. L'ordre par la liberté, la sagesse par la démocratie, la prospérité par la République, voilà les nouvelles que les courriers apportent de France. Endormi un instant, lassé, épuisé, le vieux patriotisme s'est immédiatement réveillé dans tous les cœurs. Plus que jamais Strasbourg a pleuré le sacrifice, aimé la France. Et, sur les bords de l'Ill, l'écho du scrutin du 14 octobre fut cette éclatante protestation, ce grand cri d'amour, la nomination de Kablé.

Les cigognes sont parties depuis avant-hier; je suis arrivé trop tard, je ne vois plus que leurs grands nids vides que l'on respecte avec une piété délicate, et qu'elles retrouveront l'an prochain. Elles reviennent toujours à la même maison, au même toit, à la même cheminée. Mais ce n'est plus notre drapeau qui salue leur retour.

On ne peut pas faire un pas dans la ville sans retrouver quelques traces du siège, du terrible bombardement. Après huit années, ce ne sont que murailles ébréchées, chapiteaux mutilés, mille indices mettant sans cesse devant les yeux la cité investie, affamée, incendiée, livrée : ici, la porte de Pierres, six fois séculaire, toute lézardée par les bombes, dressant son élégante arcade entre les remparts abandonnés, dominant la plaine où les détenus travaillent à la nouvelle enceinte, payés à quatre sous par jour, car pour cette besogne on n'a pas trouvé un seul ouvrier dans la ville ; — plus loin, le grand État-Major de la place Kléber, étendant sa lourde masse sur l'emplacement du musée, où l'on admirait des chefs-d'œuvre du Pérugin, de Memmling, d'Ostade, du Corrège, de la bibliothèque qui contenait plus de trois cent mille volumes et d'inestimables manuscrits ; — l'église Saint-Thomas, que saint Florent fonda vers 679 ; la veille de la capitulation, une bombe fit voler en morceaux les splendides vitraux de la grande rosace et s'enfonça dans une dalle, au pied même de l'autel : par bonheur la bombe n'éclata pas ; si elle eût éclaté, il ne serait pas resté pierre sur pierre de l'église, et Werder eût vengé les vaincus de Fontenoy : le monument du maréchal de Saxe, le chef-d'œuvre de Pigalle, était brisé, perdu ; — le Frauenhaus, avec le merveilleux escalier tournant du maître Erwin; une statue de magistrat alsacien était au pied de l'escalier : une bombe lui enleva le nez, la moitié du front; — la cathédrale elle-même, encore toute meurtrie, tout éraillée, portant les fraîches cicatrices de ses blessures, la croix de sa flèche encore penchée. Oh ! il faut ouïr de quel ton amer ces paroles sont dites : « Pendant le siège ceci a été brisé, cela a été brûlé ! » Puis, si l'on entend traîner sur le pavé quelque sabre prussien, on se tait, mais les traits se crispent, les lèvres pâlissent, les yeux lancent des éclairs : « Monsieur, est-ce que cela peut durer longtemps ainsi ? »

Trois places entourent la cathédrale; de toutes les campagnes d'Alsace, on aperçoit sa flèche : dans une des petites rues adjacentes, on pourrait vivre dix ans sans se douter qu'une église est à deux pas, jadis temple d'Hercule et aujourd'hui le plus merveilleux monument de l'art gothique. Notre-Dame est un bijou, la cathédrale de Cologne n'est qu'une ébauche; celle-ci est parfaite dans sa robe de grès rose brodée par les mains des plus habiles artistes. Parmi ceux-ci, on se plaît à citer une femme, la fille de l'architecte, Sabine; et, au fait, dans cette aérienne ornementation, la fée se devine, la nixe légère du Rhin, la Lourley. Jamais à Beauvais, à Liège, on n'a tissé plus fine dentelle ; on dirait une toile d'araignée, mais combien solide ! C'est là, dans la solidité, dans les prodigieux calculs de statique, qu'apparait l'homme, le père. Lui, le vieux rêveur Erwin, il a élevé le colosse nu, et puis il a dit aux lapidaires : « Amusez-vous, pendant que je vérifierai mes fondements. » Alors, tandis qu'il songeait, Sabine découpait des fleurs et des feuilles, fouillait la pierre, lançait des fusées étincelantes, tressait des couronnes et créait ces adorables figures, les vertus écrasant les vices, les vierges sages triomphant des vierges folles, si douces, si tendres, si immatérielles qu'on se prend à douter de la réalité du minéral. Et d'autres torturaient la pierre, lui faisaient raconter les plus épouvantables supplices, ou la salissaient, sculptant des scènes ordurières, un pécheur emporté sur le dos d'un diable pendant qu'un autre démon se soulage sur son nez. Les évêques d'aujourd'hui se scandalisent. Ceux d'alors, bons vivants, joyeux buveurs, très libertins, riaient à gorge déployée. Erwin aussi devait rire. J'ai vu son buste en pierre, authentique, quoi qu'on ait dit. Il ressemble à Voltaire ; c'est le même front, le même nez, la même lèvre sensuelle. Mais il est mieux nourri, plus gras, plus chanoine.

Ainsi, dans le détail, tout cet extérieur de l'église est très païen, non pas dans le grand sens hellénique du mot, mais barbare, grossier, souverainement irréligieux et antichrétien. Seulement, poussez la porte, entrez dans la cathédrale, et vous voilà transporté dans ce que le christianisme peut avoir de plus imposant, de plus profond, de plus magique. Je n'essayerai pas de décrire cette nef majestueuse, sombre, froide, ne laissant filtrer à travers ses magnifiques vitraux que de mystiques rayons; si imposante, si sacrée, avec ses quintuples piliers, ses colonnes, ses chapiteaux fleuris, ses arbres de pierre, ses grilles, ses orgues, son horloge, sa chaire incomparable, signée Jean Hannerer. A quoi bon? Quand j'y suis entré tout à l'heure, un sacristain s'est approché de moi pour m'en expliquer les beautés. Je l'ai insulté, je l'aurais battu. Je ne veux pas faire le sacristain à mon tour.

L'escalier qui conduit au sommet de la flèche, à la rose qui surmonte la couronne, compte six cents marches. Les trois cents dernières sont extérieures, très dangereuses, surtout depuis le siège. Je me suis arrêté à mi-route, à la grande plate-forme. De là, par un temps clair, comme celui d'aujourd'hui, la vue est splendide. Tout en bas, Strasbourg semble un jouet de Nuremberg. D'un côté, les Vosges s'abaissant en pente très douce vers la plaine. De l'autre, le Rhin, la forêt Noire, l'Alsace, tout unie, toute verte, le duché de Bade, un morceau de Bavière, une frange de Suisse. Ne vous approchez pas de la balustrade, le vertige vous gagnerait, terrible, irrésistible, plein d'une séduction étrange.

— Là-bas, voyez-vous, c'est la France!

Celui qui parle ainsi derrière moi, c'est le gardien

du clocher, un vieux soldat alsacien, ni plus ni moins qu'un héros.

— Tenez : j'ai passé toute la durée du siège sur cette plate-forme. Les bombes éclataient autour de moi. Elles ont brisé cette fenêtre, elles ont éventré cette pierre, elles ont mutilé cette gargouille. Là, près de cette colline, étaient les Prussiens. On n'a même pas tiré sur eux !...

Je lui parle de la France, de la République, de l'avenir.

— Ah ! oui, vous êtes un bon, vous ! car comprenez-le bien, il faut que ça finisse bientôt. Moi, je suis comme le maréchal, j'ai dû me soumettre... J'ai de la famille, est-ce que je pouvais me démettre ? Non, n'est-ce pas ? Je suis donc resté gardien de la tour ; mais c'est dur, c'est cruel, je vous jure.

Et il pleura. Ces belles douleurs-là ne se consolent pas ; je me tus.

— Attendez, je vais vous lire quelque chose.

Et il alla chercher une feuille de papier ; il me lut, avec un léger tremblement dans la voix, cette page de l'*Histoire du bombardement de Strasbourg*, par Raymond Signouret, qu'il avait fait tirer séparément :

« C'était un mardi. Vers quatre heures du soir, ordre fut donné à l'un des officiers attachés à l'état-major de la place, le capitaine Wolff, de faire arborer un drapeau blanc au sommet d'une des quatre tourelles du clocher de la cathédrale. Ce drapeau devait être assez grand pour être distinctement vu de tous les côtés à la fois; on n'en avait pas de cette taille; on en fabriqua un avec un morceau de toile cousu à la hampe d'une lance.

» Lorsque M. Wolff arriva chez le concierge de la cathédrale et donna à l'un des gardiens, Charles Lambrecht, l'ordre d'aller hisser ce signal, il se heurta à un refus formel et indigné : « Qu'est-ce que ce drapeau? s'écria ce brave homme; un drapeau blanc, ça veut dire que vous voulez vous rendre; je ne veux pas! je ne veux pas! non! non!... Personne ne peut monter sans la permission du directeur, et il ne vous la donnera pas!... Personne ne montera avec ça! »

» Voyant qu'il ne pouvait avoir rapidement raison de cette indignation, le capitaine Wolff alla au poste voisin des pompiers et requit un sergent d'exécuter ou de faire exécuter par un de ses hommes l'ordre du général. Pendant ce temps, le concierge était allé prévenir le directeur de l'Œuvre Notre-Dame, et malgré l'insistance de M. Wolff, le gardien refusait toujours de laisser monter les pompiers dans le clocher : « On est allé chercher le directeur, disait-il » avec animation, et personne ne montera sans sa » permission, pas même le général!... Non! non! Et » il ne vous la donnera pas! »

» Le directeur arrive; M. Wolff lui explique de quelle mission il est chargé; il lui affirme qu'il a reçu un ordre et qu'il faut que cet ordre soit exécuté; il donne sa parole d'honneur que son affirmation n'est que l'exacte expression de la vérité. Le directeur doute encore et déclare qu'il va s'informer près du général lui-même.

» Il y va en effet. Pendant ce temps, M. Wolff tâche de calmer la surexcitation du gardien; il lui démontre doucement, sans acrimonie, par de bonnes paroles, qu'il est, lui aussi, esclave de sa consigne, qu'il n'a pas à discuter les ordres de son supérieur, mais simplement à les exécuter ou à les faire exécuter.

» — Donnez! s'écrie tout à coup le gardien; il saisit le drapeau des mains de M. Wolff, s'élance en courant dans l'escalier..., et, moins de trois minutes après, le signe de paix flottait dans les airs, tout en haut de la tourelle de l'est, dans la direction de Mundolsheim, village où était installé le quartier général de l'armée de siège.

» Les coups pressés de l'artillerie retentirent encore pendant quelques minutes, puis le vacarme cessa complètement... »

J'ai serré avec effusion la main de Charles Lambrecht. Le brave homme alla chercher une petite bouteille d'eau-de-vie de prune, en versa deux verres. A l'antique, nous avons regardé vers la France et nous avons bu silencieusement.

Munich, 29 août.

C'est un musée d'architecture, une collection de médiocres copies avec de détestables variantes. Faire une bonne copie n'est pas chose aisée ; il faut comprendre. Les architectes du roi Louis, les Klenze et autres, n'ont pas compris. Dans l'exécution du grand contresens qui leur était imposé, les contresens de détail sont innombrables. Au centre d'une petite place à l'italienne, un obélisque de bronze élevé sur un autel grec et couvert d'inscriptions allemandes en guise d'hiéroglyphes, voilà le prototype de ces misérables adaptations. Point n'est besoin d'une grande science pour reconnaître toutes les bévues du Palais-Neuf, de l'Opéra, de Saint-Boniface, de la Glyptothèque, ces lourdes imitations du Pitti, de l'Odéon, de Saint-Paul-hors-des-murs, du Parthénon. Pour celui qui sent la beauté des chefs-d'œuvre de l'art antique et de l'art florentin, la vue de ces méchants pastiches est un agacement sans pareil. Les nerfs se crispent; on voudrait battre ces gâcheurs de pierre et de plâtre.

Comme j'étais aujourd'hui à la Pinacothèque, je suis tombé sur un tableau de Bernardo Belloti, le fils du Canaletto, une vue de Munich peinte vers 1750 environ ; la toile n'est pas datée. La couleur est sèche, dure, mais le dessin est topographiquement bon, évidemment très exact. La vue est prise du côté oriental de la ville, devant le pont de l'Isar. On a devant soi une grande porte, lourde, puissante, avec une petite maison de péage. Le pont est d'une belle architecture solide, assez étroit. Derrière s'étend la cité déjà imposante, une ondulation pittoresque de toits rouges et çà et là les flèches élégantes, aériennes des églises. Il y a des jardins partout qui sèment de taches vertes la masse brune des briques. Tout au loin, à l'horizon, une chaîne de petites collines avec des villages blancs. Un riche bourgeois, vêtu de jaune serin, monté sur un cheval bai, vient de passer le pont et s'engage sur la grande route. Plus bas, des moines, des pèlerins marmottent leurs patenôtres au pied de quelque crucifix ou de quelque statue de la Vierge, je ne sais, car tout juste à cet endroit s'arrête le tableau. A gauche, une paysanne, un vieux mendiant, une fillette en chemise que poursuit un gros chien hargneux. Voilà pour l'aspect extérieur de Munich au XVIII^e^ siècle. De l'aspect intérieur, un coin de vieux faubourg respecté par la pioche du roi Louis ne donne certainement qu'une idée très affaiblie. On y peut voir encore quelques ruelles bien sombres et mystérieuses, de gracieuses tourelles toutes noircies par le temps, des recoins pleins d'ombre. Quelques façades à broderies gothiques, une demi-douzaine de portes ornées d'écussons fantastiques, « l'harmonieuse irrégularité des vieilles citées teutonnes. » Quand on est doué, comme Ouida, d'une belle imagination poétique, je conçois fort bien que l'on trouve à errer dans l'ancien, dans le vrai Munich « le même plaisir qu'à lire une ballade en caractères primitifs sur Henri le Lion ou l'empereur Max (1). » Fut-elle jamais, cette antique cité des moines, ville très artiste, nid de rêve et de poésie, comme ses aînées de la Franconie et de la Souabe? Je ne le crois pas. Mais elle était elle-même; elle avait une originalité qui, pour ne pas être puissante, n'en était pas moins curieuse, caractéristique; elle était l'expression en pierre du génie bavarois; elle eût laissé entrevoir derrière la brique rouge et le grès bruni l'intelligence générale de la nation, ses besoins lourds, ses désirs sensuels, ses appétits sanguins, toute l'épaisseur matérielle et catholique d'un pays gouverné par les jésuites; elle eût été, la chose de toutes la plus intéressante, une page d'histoire et de psychologie.

Aujourd'hui, rien de tel. Ce n'est pas d'un peuple tout entier, du travail lent des siècles et d'un long développement intellectuel que cette ville est l'expression; rien que des manies d'un seul homme,

(1) Dans sa nouvelle la *Renommée*.

personnage si prétentieux et si sot que Lola jeta une couronne royale par-dessus les moulins de l'Isar plutôt que de lui rester fidèle.

Ce n'était pourtant ni un méchant homme ni un imbécile que le roi Louis, et je crois volontiers qu'il fut sincèrement amoureux des beaux-arts, un peu moins pourtant que des belles filles. Mais il faut autre chose qu'un goût très sincère pour être un Périclès, un Médicis, un François Ier. Or, Louis n'avait aucune des qualités de ces immortels modèles qu'il se flattait de dépasser. Voulez-vous mon impression bien franche, un peu brutale ? Le roi Louis ne fut jamais qu'un rapin couronné, *rex scurra*. On voit au musée une petite toile (1) qui le représente à Rome attablé avec une demi-douzaine de peintres égayés par le vin. Le tableau, fort méchant, ressemble à une lithographie mal enluminée, mais il en dit plus sur le roi que toutes les inscriptions gréco-latines des monuments gothico-arabes. Le prince est le plus déboutonné de toute la bande, interpelle d'un air goguenard l'aubergiste de la *trattoria d'Espagne*. L'œil est vif, mais la tête est lourde, épaisse, l'attache du cou vulgaire. Les cheveux noirs sont rejetés en désordre, mais avec affectation. Le geste est trivial, l'attitude insolente et bourgeoise. Cette petite partie de plaisir n'a rien d'artistique ni de royal.

(1) A la nouvelle Pinacothèque, n° 365, signée Franz Catel.

Je ne veux pas m'attarder longtemps à cette critique trop facile. La Bavière était-elle susceptible d'avoir un art personnel? Je n'en sais rien, mais très certainement le roi Louis en douta. Ce fut ce qui le décida à sa monstrueuse entreprise de copie. Il éleva le plagiat à la hauteur d'une institution artistique. Résultat: l'habit d'arlequin architectural qui a nom Munich, l'insipide école bavaroise dont les œuvres froides et compassées sont censées décorer les salles de la nouvelle Pinacothèque et les plafonds des palais royaux... Mais ce qu'il faut noter, c'est que l'instinct national resta le plus fort, résista à l'éducation, qu'il perce partout, se trahit à toute occasion. En vain, les bâtisseurs bavarois s'efforcent de se métamorphoser en Grecs, en Latins, en Florentins, en chrétiens du moyen âge; en vain les peintres de Munich cherchent à s'incarner dans les Raphaël, les Mantegna, les Michel-Ange, les Véronèse; ils restent toujours bavarois, buveurs de bière, épais, obtus. Gambrinus lève le masque antique et crie : « C'est moi ! »

Les folies sont contagieuses et surtout les folies royales :

L'exemple d'un grand prince impose et se fait suivre :
Quand Auguste buvait, la Pologne était ivre.

Pareillement, lorsque le roi Louis se fut mis à

élever ses Propylées, ses arcs de Constantin, ses Pitti, ses Parthénon, ses Loggie di Lanzi, ses colosses et ses basiliques, les bons bourgeois de Munich, en loyaux sujets qu'ils étaient, ne voulurent plus habiter que des maisons grecques, pompéiennes, gothiques, arabes, florentines. Les murailles des cafés et des brasseries se couvrirent de fresques. Tel charcutier eut pour enseigne la tête de Méduse, et tel savetier le serpent d'Égypte qui se mord la queue. Si j'avais bien cherché, j'eusse trouvé certainement quelque maison suspecte, marquée comme à Pompéi.

Je vous en ai dit assez. Vous voyez d'ici que, malgré la beauté des musées, j'aimerais mieux habiter Carpentras que Munich. Mais si j'étais condamné pour quelque affreux méfait à y passer mes jours, je m'arrangerais pour aller mourir dans un village quelconque des environs; voici pourquoi. Je m'étais fait conduire au cimetière de la ville. Pas une tombe digne d'être remarquée ; j'allais partir, mon cocher me dit :

— Voulez-vous voir les morts?

— Les morts?

— Oui, ceux d'hier et ceux d'aujourd'hui.

— Mais où sont-ils ?

— Ici.

Et il me conduit à une grande porte vitrée devant laquelle stationnait toute une foule. Je m'approche.

J'aperçois une dizaine de cercueils ouverts étalant leurs cadavres, lesquels étaient vêtus fort élégamment et couverts de fleurs.

— C'est la salle des riches, me dit mon cocher. Voici maintenant la salle des pauvres. On y peut entrer.

J'entre avec une vingtaine de curieux. Même spectacle, mêmes cercueils ouverts ; seulement des linceuls plus vulgaires et moins de fleurs. Sur les embrasures des fenêtres, de petites bières avec des enfants. Je m'éloigne dégoûté.

— Mais qu'est-ce que cette hideuse coutume?

— Monsieur, c'est une habitude qui date de 1845, de la grande épidémie, du choléra. Par mesure sanitaire, on transportait alors tous les cadavres au cimetière le jour même du décès. La mode s'en est conservée ; sitôt mort, sitôt emporté ici. Seulement, on permet une exposition de quarante-huit heures.

Ah! je vous jure bien que je ne veux pas mourir à Munich.

### Les collections.

Elles sont admirables (la Glyptothèque, la vieille Pinacothèque). Après Dresde, Munich est la ville d'Allemagne la plus riche en œuvres d'art. Le catalogue du musée de sculpture compte plus de trois cents marbres, celui du musée de peinture près de quinze cents toiles. Sur ce magnifique ensemble, le parti le plus sage est de me taire. J'ai seulement noté une vingtaine de chefs-d'œuvre, ceux qui m'ont le plus frappé ; voici ces notes.

Michel Wohlgemuth, né et mort à Nuremberg, qu'il représente dans tous les fonds de ses tableaux, maître de Dürer. Il faut venir ici ou à Nuremberg, me dit-on, pour le connaître. Pour lui le paganisme est un livre clos. En plein xv^e siècle, il ne sait que l'Évangile. C'est un des seuls grands artistes dont le christianisme puisse revendiquer la paternité exclusive. Chaque trait de son pinceau est un acte de foi, de piété profonde et d'amour. Dès le premier coup d'œil, on sent que toutes ses douleurs à lui, il les met dans la contraction navrante du crucifié, dans la désolation des saintes femmes si douces, si touchantes. Il ne prend ses sujets que dans l'Évangile, et même dans un seul épisode, la Passion. Son Christ, toujours le même, est très long, maigre, efflanqué, fort laid ; mais le sourire de ses yeux tristes et profonds est sublime. C'est bien là le Christ de l'Évangile, l'ennemi de la chair, de la forme. Je me figure sans peine quelle eût été l'horreur de Wohlgemuth devant le Christ Apollon de Raphaël, le Christ Bacchus de Rubens. Ce doux maître de Dürer commence à poindre quand Van

Eyck est mourant. Il est curieux de noter la distance qui sépare ces deux écoles catholiques, celle de l'Allemagne, celle des Flandres. Le sentiment est presque identique, mais quelle différence dans l'exécution ! Celle de Van Eyck est d'un orfèvre ; son trait d'une incomparable pureté, très net, très arrêté, ayant parfois des duretés métalliques, n'est jamais en faute. Wohlgemuth et les hommes qui travaillent autour de lui sont très loin de cette sévérité savante ; quoique souvent dur, leur dessin est de beaucoup moins ferme, moins rigoureux, moins précis. Ils ont dans l'esprit quelque chose de nuageux qui fait trembler la main. De même pour la couleur. Les tableaux de Van Eyck étincellent comme des pierres précieuses, ont des reflets merveilleux d'or, d'argent et de diamant, semblent vraiment « des orfèvreries peintes. » Rien de ces lueurs chez Wohlgemuth. Même les couleurs qu'il a voulu faire éclatantes sont ternes ; sans s'en rendre compte, il jette un voile de crêpe noir sur les manteaux rouges des soldats romains, sur les tuniques jaunes ou vertes des disciples. Il n'en est que plus évangélique, plus chrétien. En revanche, comme l'azur de ses ciels est profond, insondable, plein de vagues rayonnements ! Chez Van Eyck, le ciel est bas, très près de terre. Le ciel de Wohlgemuth s'ouvre à une distance infinie derrière ses personnages. Pour atteindre ce ciel, il faut les ailes puissantes d'une vieille foi allemande. L'unique échantillon de Wohlgemuth que possède le Louvre est insignifiant et ne révèle point toutes les magnifiques tendresses de cette âme triste.

Plusieurs œuvres importantes sont de la même époque; on ne distingue pas trop les maîtres qui les ont peintes. La génération qui suit est moins chrétienne; elle rêve moins, elle voit davantage. C'est dans leur seule imagination que Wohlgemuth et ses contemporains, les pieux enlumineurs de missels, ont trouvé tous ces mystiques personnages dont le corps transparent enveloppe à peine les âmes douloureuses. Dürer, Holbein, Lucas Cranach, découvrant la nature, sont les premiers réalistes de l'Allemagne. De Mielich (1540) deux admirables portraits, le patricien Liegsalz et sa femme, celle-ci d'une beauté accomplie, avec des mains dignes de la Joconde; de Lucas Cranach une femme adultère; il faut remarquer le vieux Juif qui, son chapeau bourré de pierres, regarde Jésus d'un air saintement scandalisé; cela est pris sur le vif, d'une étonnante vigueur et, à la fois, d'une extrême finesse.

Beaucoup de Flamands; toute une salle qui ne renferme que des tableaux de Rubens, plus un grand cabinet plein d'esquisses, quelques-uns des plus beaux Van Dyck, des Jordaens, des Snyders, des Crayer, des Teniers, des Wouwermann. Lorsque, quittant la galerie des primitifs Allemands, on tombe brusquement dans la grande salle dite de Rubens, l'œil éprouve un éblouissement comme devant une aurore boréale illuminant subitement la nuit. Cette sensation est merveilleuse. C'est grand dommage que l'auteur des *Maîtres d'autrefois*, Fromentin, ne soit pas venu ici, n'ait vu Rubens qu'à Paris et en Belgique. La grande interprétation du nu par Rubens ne se peut bien connaître qu'à Munich. La vie de Marie de Médicis, les scènes religieuses qui lui étaient commandées à Anvers, à Bruxelles, à Malines l'astreignaient presque toujours à vêtir ses personnages. Dans ces toiles, c'est par accident qu'à travers la splendeur ruisselante des soies, des brocarts, des velours, des ors, des armures, des cuirasses, crève, éclate une magnifique nudité, grande tache de chair blanche sur un fond étincelant des plus lumineuses couleurs. Ici, c'est la draperie qui fait exception, qui fait tache. Pareil étalage de nudités ne s'est jamais vu. Le cerveau en est troublé, les nerfs se tendent. De tous ces cadres sort je ne sais quelle vapeur chaude de sensualité. Ces voluptés de géants ne sont plus faites pour nous, pauvre race de délicats et de raffinés. Nous sommes devenus poussifs. Nos plaisirs se sont rapetissés comme nos ambitions et nos douleurs.

Je continue à transcrire mes notes : le *grand Jugement dernier*, peint à l'ordre du duc de Wolfgang Guillaume pour l'église des Jésuites de Neubourg. On demeure confondu à cette pensée : c'est à un lieu de prières que Rubens destinait cette toile dont « les provocations luxurieuses » dépassent tout ce que purer ' jamais rêver Héliogabale ou le pape Borgia. La terre a vu s'ouvrir des tombeaux, et Jésus-Christ, pareil à Zeus, trônant sur les nuages, appelle à lui les Vertus, pendant que les Vices sont entraînés aux enfers par une bande de démons. Tout le tableau, sauf deux rectangles assez étroits en haut et en bas, est occupé par le fourmillement énorme des corps nus qui montent et qui descendent. Vertus ou Vices, ce sont les mêmes filles flamandes que Rubens a prises pour modèles, étalant avec bonheur leurs carnations blanches et roses. Une grande gamme blonde, rougeâtre, fauve, comme d'un incendie. Cela est peint avec une fougue inouïe; il faut avoir recours au vocabulaire de la musique pour exprimer tout l'éclat de ce tableau, bruyant, retentissant, sonore comme un orchestre de cuivre où domineraient les cymbales. Pas le moindre soupçon de pudeur, mais pas la moindre recherche d'indécence. Rubens se joue dans ce débordement de nudités, comme un jeune dieu marin dans les flots agités de l'Océan. Il y est à l'aise, il trouve cela tout naturel, dans l'ordre des choses bonnes et honnêtes. Je suis convaincu que, s'il avait vécu assez pour les voir, Rubens se fût vigoureusement élevé contre les peintures polissonnes du XVIII^e siècle, contre les scènes érotiques d'un Fragonard. C'est un voluptueux, ce n'est pas un débauché, un corrompu.

Il n'est pas au monde un plus puissant tempérament d'artiste ; il n'est pas de génie plus ouvert. La nature tout entière l'intéresse. Rien d'exclusif chez lui. La lumière étant son élément, il est sans crainte, il s'attaque à tous les sujets qu'elle touche. Son imagination est fabuleuse ; il crée avec une rapidité fantastique, ne connaît ni les longues incubations ni les séries de lentes retouches. Plutôt que de changer une figure, de polir et de repolir, il recommence tout son tableau. Ses versions d'une même toile sont très fréquentes, mais souvent à la quatrième ou cinquième répétition, c'est un tout autre tableau qui va sortir de son atelier. De toutes ses *Chasses au lion*, celle de Munich est, à mon avis, la plus accomplie dans son superbe désordre. Elle est toute en longueur, tandis que celle d'Anvers est en hauteur. Au milieu, la même tache blanche du cheval qui se cabre sous la morsure du lion. A gauche, une masse sombre : un chasseur étendu sans mouvement sur le sol, un cheval noir qui rue, un Arabe qui se jette en arrière pour enfoncer sa lance dans la tête du lion. A droite, un autre lion aux prises avec deux chasseurs dont l'un est renversé et l'autre s'avance en pliant le genou, un cheval gris qui s'échappe en ruant, un cavalier nègre qui se retourne sur sa selle, piquant le lion de sa lance, pendant que de son carquois penché tombent les flèches d'or. Mais ce qu'il y a de plus surprenant, c'est la pyramide vivante que forment le cheval du milieu, son cavalier bédouin désarçonné, le lion et un autre cavalier bardé de fer qui s'apprête à donner sur la crinière du fauve un coup d'épée. Son cheval brun qui se cabre regarde le lion avec épouvante et semble pousser la tête hors du cadre. Le calme du guerrier au glaive est magnifique. Son bras nu, puissamment recourbé, fait ressortir les rondeurs vigoureuses du coude; le panache éclatant flotte au vent. Nul souci des convenances historiques, de la couleur locale; le plus bizarre mélange de corps nus, de burnous arabes, d'armures grecques et du moyen âge. Mais on n'a cure de ces détails. On est tout entier au rayonnement de la lumière, à la magie des tons, à l'indécision terrible de cette lutte entre les hommes et les bêtes.

L'*Enlèvement de Phœbé et d'Élaïre* est une composition plus parfaite encore par son merveilleux groupement de figures et l'harmonie des lignes multiples qui se croisent. Deux grands blancs occupent le centre de la toile, éblouissants par eux-mêmes et par les tonalités sombres qui les appuient, les deux belles filles qu'enlèvent à bras-le-corps Castor qui n'est pas descendu de son cheval, Pollux qui a mis pied à terre à côté du sien. Ce rapt a je ne sais quel air splendide d'apothéose, apothéose archipaïenne, celle du Désir et de la Passion physique. Les Dioscures sont deux beaux bateliers de l'Escaut, des hommes de durs labeurs, de rudes gaillards habitués à charrier les énormes tonneaux et les caisses des Indes, soulevant en riant, comme un paquet de plumes, les masses palpitantes des filles de Leucippe. La carnation de ces deux corps de femme est un régal pour l'œil; blanche, mais si transparente qu'elle est toute dorée par le sang jeune qui court dans les veines. Sont-elles un idéal de beauté? Non, pour nous; mais pour Rubens, oui. De ces deux filles blondes, le type est celui de sa femme, d'Hélène Fourment. C'est le même corps florissant et voluptueux, les mêmes ondées de cheveux soyeux glissants sur un col épais, les mêmes lèvres sensuelles et roses qui sourient de plaisir, ces mêmes jambes admirables d'élégance et de rondeurs que je reverrai à Vienne dans le fameux tableau d'*Hélène au manteau*. Car ce qu'il aime avant tout, ce grand sanguin, ce n'est pas la force calme et sereine; c'est la violence héroïque et brutale, dépassant toujours le but; ce n'est pas la pureté de la ligne, ni la beauté de la forme, c'est la fleur pleinement éclose, l'épanouissement de la chair, et il lui en faut beaucoup. Le dos cambré d'Élaïre, ses reins pailletés de lumière comme une cuirasse d'acier, l'éclat du manteau tordu, le superbe développement des épaules, la torsade de sa chevelure d'or, tout cela brille comme un soleil, et la puissance rayonnante du corps nu de Phœbé n'est pas moindre.

Tout autre que lui se perdrait dans un tel enchevêtrement de têtes, de bras et de jambes. Lui, de ce choc violent d'hommes, de femmes et de chevaux, il se rit, il fait sa joie. Une âpre soif de mouvement et de lumière le dévore. Il n'y a pas un geste plus beau dans son audace que celui de Phœbé qui, levant le bras vers le ciel qu'elle supplie de ne pas l'entendre, frôle le cou de Pollux et découvre tout entier le miroitement ambré de l'aisselle. Dans les ombres chaudes, c'est un besoin pour lui de mettre des rayons. Pollux qui est dans le demi-jour est nu; Castor qui est dans l'ombre est vêtu d'une armure d'or et de lumière. De telles trouvailles n'appartiennent qu'à lui. Cet enlèvement des filles de Leucippe, c'est le chef-d'œuvre mythologique de Rubens, conçu dans une superbe éruption de fièvre amoureuse, exécuté d'un seul jet par une main qui, visiblement, savait rester calme quand le cerveau bouillonnait encore comme un volcan.

Dans cette salle tout entière consacrée à l'œuvre de Rubens, ce tableau fait tout pâlir autour de lui : le victorieux Méléagre, le triomphe aristophanesque de Silène, même cette Dalila au sourire si doucement féroce, courtisane créée pour être la maîtresse d'un Alcide et dont l'étreinte nous étoufferait, nous autres; même cette chaste Suzanne vue si effrontément de dos. M'est avis que ce grand Rubens de la Pinacothèque écraserait jusqu'aux Vénitiens, jusqu'au Tintoret, jusqu'à Véronèse. La puissance de ses conceptions est fabuleuse. Il faudrait passer des heures entières pendant plusieurs semaines dans le petit cabinet consacré aux esquisses de la vie de Marie de Médicis. Les esquisses, quatre fois grandes comme la main, le sont mille fois plus que les froids panneaux du Louvre, où souvent l'on ne reconnaît qu'avec peine le crayon et le pinceau du maître. Elles sont chaudes, vivantes, pleines de feu. Cette chose insipide, l'allégorie, y devient plaisante, séductrice. Mais les deux bijoux, ce sont la fameuse ébauche du *petit Jugement dernier* et la *Bataille des Amazones*. Cette bataille est un petit tableau long de quarante centimètres et haut de vingt-cinq, avec cent personnages, guerriers, Amazones et chevaux, le Thermodon sombre et rouge de sang, le pont dans la lumière du côté du victorieux Thésée et, du côté de Thalestris, la vaincue, dans l'ombre, le ciel immense, plein de fumée. Au milieu du pont encombré de cadavres, Thésée, à la tête de son armée, violemment rejeté sur la croupe de son cheval qui se cabre ; il a saisi d'une main la draperie flottante de la reine des Amazones, de l'autre il soulève le glaive qui va trancher le bras blanc de sa superbe ennemie. Devant lui Thalestris, ayant laissé échapper sa lance, précipitée de son cheval qui se dérobe; ses jambes sont dans l'ombre, cherchant à se retenir à la selle ; son dos d'albâtre, émergeant d'une draperie fauve, est dans la lumière, resplendit de force et de beauté. Tout alentour la bataille : derrière Thésée, les Athéniens qui arrivent en foule, un immense fourmillement de cavaliers et de fantassins, de lances, de piques, d'étendards, tous tendus en avant, tous précipités vers le milieu de la mêlée. De l'autre côté, la déroute des Amazones. Pour équilibrer la tache magnifique du cheval blanc qui arrive à gauche, un cheval noir qui s'élance, ayant désarçonné son écuyère, l'œil en feu, les crins au vent ; puis, autour de ce cheval farouche de la nuit, les Amazones qui fuient, blanches, sanglantes, à demi nues, l'une d'elles brandissant dans la même main une hache d'or et une tête coupée. Mais ce n'est là qu'une moitié du tableau. Au-dessus du pont, sur les deux berges, parmi les roseaux, dans les vagues vertes et bleues du fleuve, une autre bataille, les jeunes guerriers de Thésée se ruant au massacre des Amazones tombées dans le Thermodon, les unes encore attachées à leurs chevaux, luttant pour dégager leurs jambes, se tordant dans l'agonie de la chute, sous les ruades, sous le fouettement des vagues ; les autres nageant comme des naïades, reluisant dans le fleuve sombre comme de grands nénufars d'argent, cherchant à vaincre par la beauté de leurs charmes frémissants la fureur du jeune cavalier qui s'élance dans l'eau par-dessus les cadavres de ses compagnons. Devant ce tableau, ce cadre minuscule, on demeure étonné, stupide, ébloui. Cette fougue de composition est unique, cette furie de brosse sans égale. Le dessin, dans la magique puissance de son jet, est d'une beauté parfaite ; l'audace de certains raccourcis est aussi incroyable qu'impeccable. Cela tient du rêve. La peinture, toute montée qu'elle est de ton, est d'une clarté, d'une limpidité superbes, presque blanche, rayonnante, avec des localités si vigoureuses, avec des éclats de pinceau si farouches que la rétine de l'œil en reste pendant longtemps palpitante. Je ne connais les batailles de Constantin que par la gravure ; mais auprès de celle-ci, toutes les batailles de Salvator Rosa, de Le Brun, de Bourguignon, de Delacroix sont immobiles et pâles. On n'a jamais rien fait de plus resplendissant, de plus glorieux.

Je laisse de côté vingt autres tableaux, à regret. Ce soir, à vous rappeler ces quelques toiles, je retrouve toutes mes joies de ce matin. Pourtant, il faut vous dire un mot des divers portraits d'Hélène Fourment. Rien de moins justifié que la critique faite par Fromentin des portraits de Rubens. Il prétend (1) qu'ils sont « faibles, peu observés, superficiellement construits et partant de ressemblance vague ; » que « la peinture est à fleur de toile et la vie à fleur de peau ; » « qu'ils manquent de vie propre et par cela de res-

(1) *Maîtres d'autrefois*, pages 111, 123.

semblance morale et de vie profonde. » On voit bien que Fromentin n'est jamais venu ici. Que Rubens ait bâclé un grand nombre de portraits, comme il a bâclé un plus grand nombre de compositions, cela est certain. Mais quand il a devant lui un modèle qui l'intéresse, il n'est pas de plus grand portraitiste au monde. Voyez tous les portraits d'Hélène : soit le charmant portrait en buste où, visiblement enceinte, elle regarde vaguement devant elle ; soit le grand portrait en pied, où, dans une toilette de gala, très décolletée, des perles dans ses cheveux, un chapeau à plumes sur la tête, rayonnante dans le brocart et la soie, elle tient sur ses genoux son enfant nu comme un Jésus ; soit encore... Mais comment parler de cette toile d'une audace inouïe où il l'a peinte en bergère, les jambes et la poitrine découvertes, à demi terrassée par un satyre qui se jette sur elle dans l'emportement superbe de sa fièvre d'amour et dans lequel il s'est peint lui-même ?... Je m'en tiens aux deux premières toiles. Quoi ! elle serait superficiellement construite cette tête souriante d'Hélène, tout épanouie, dans l'auréole de sa chevelure blonde, peinte en pleine pâte avec toute la vigueur du génie et toute la folie de l'amour ! Quoi ! elle serait de ressemblance vague ! Mais voici d'où provient l'erreur de Fromentin. Parce que les portraits de Rubens n'ont pas la terrible profondeur morale d'un portrait de Léonard, d'Holbein ou d'Antonello, ce délicat analyste, l'auteur de *Do-*

*minique* a accusé Rubens de ne pas *savoir voir*, de voir plus gros que juste, au lieu de constater tout simplement la différence qui sépare une Florentine d'une Flamande, Érasme du seigneur de Cordes, le jeune homme à la barrette noire du baron de Vicq. « Les grands artistes sont les héros et les interprètes de leur peuple, » a dit Taine. Rubens l'a été du sien qui n'était ni grec, ni florentin, ni romain, mais bel et bien flamand. Rubens n'y pouvait rien. Il l'a peint tel qu'il l'a trouvé, tel qu'il l'a vu. Et ainsi, ce qui détruit toute la critique de Fromentin, ce qui fait précisément la grandeur de Rubens comme portraitiste, c'est que l'histoire des Flandres ne peut pas s'écrire sans ces portraits; c'est qu'à lui plus qu'à tout autre nous devons la connaissance de cette matérialité sanguine, de cette absorption de l'âme par la chair qui est le propre de ses contemporains; c'est enfin que, sincère et vrai avant tout, il a peint à Anvers la vie à fleur de peau, comme il aurait peint à Florence la vie rayonnant au fond des âmes.

École sensualiste, naturaliste, matérielle que celle de Rubens, cela est incontestable et ne pouvait être autrement. Le ciel de Flandre n'est pas celui de la Toscane, et la bière, le *faro*, n'est pas du lacryma-christi ou du falerne. Pourtant, ce qui m'a toujours semblé étrange, c'est dans le tout premier des élèves de Rubens, Van Dyck, la différence entre ses portraits et ses tableaux historiques. Peintre d'histoire, il est franchement Flamand : comme chez son maître, beaucoup de sang, beaucoup de vigueur physique, une lumière d'or, une souplesse, une richesse qui n'ont pas leurs égales dans les autres écoles, sauf à Venise. Mais il outre les qualités bonnes ou mauvaises de Rubens. Son saint Sébastien (n° 215 du catalogue) est gras, rose et blanc, indifférent au supplice, épanoui, plus dangereux à montrer à des jeunes filles que tous les antiques. De même sa Suzanne (n° 221), nullement effarouchée, ayant l'air d'une frileuse, point celui d'une femme inquiète pour sa pudeur, tirant à elle un bout de draperie rouge avec une maladresse voulue, trop désirable, trop provocante. Son Jésus enfant à qui Jean présente la bandelette (n° 175) est trop bien portant. De même ses Christ en croix (n^os 203-212). Van Dyck trouve que ce supplice-là suffit, il n'y ajoute pas celui d'une mauvaise nourriture. Au contraire, dans les portraits, sa délicatesse est extrême ; il est poétique comme un Florentin, observateur comme un Allemand, élégant comme un Français, il n'est pas du tout Flamand. — Il faut regarder ici son portrait de Henri Liberti de Grœningue, organiste de la cathédrale d'Anvers, une chaîne d'or au cou, la chemise ouverte, le menton gras, les yeux levés très haut, inspiré, à la poursuite d'une mélodie qu'il devine dans le silence. Non moins charmant, le portrait du jeune homme inconnu qui pose la main sur sa poitrine. Le justaucorps zébré est si coquet, le manteau de velours est si bien porté, le col est chiffonné avec tant de grâce, les cheveux sont si gaiement ébouriffés par des doigts de femme, la main si aristocratique, qu'on retrouve tout de suite le roman, le conte à la Boccace dont l'inconnu est le héros. Mais le plus remarquable de tous, c'est son propre portrait, tout jeune encore, dans un manteau sombre, une chaîne d'or au cou. Il a tout pour lui, il est beau, riche, brillant de génie. Son élégance est d'un jeune dieu. Voyez cette main, presque une main de femme ; cet œil si vif, si spirituel ; cette lèvre rouge, amoureuse, déjà avancée pour le baiser.

Si l'on revient à Rubens, après avoir bien regardé ces trois portraits, on le trouve dans bon nombre de toiles brutal, grossier, tout à fait prosaïque. Du reste, j'aurais dû remarquer plus haut, — mais vous excuserez le décousu de ces notes, — qu'il est bon de ne pas séparer trop souvent le grand Rubens de Fyt, de Wœnix, de Snyders, des peintres culinaires. Ce qu'il faut en somme à tous ces Flamands, c'est la chair, la chair fraîche, à table et ailleurs. Involontairement, on pense à Rabelais, et voilà tout justement Jordaens, la célèbre *Fête des trois Rois*. Ce qu'il y a de mangeaille et de buvaille sur cette table dépasse toute croyance. Ils sont tous ivres, heureux de leur saoûlerie. Plus leur langue s'épaissit, plus ils boivent, hurlent, croyant chanter. Des enfants sont là, s'empiffrant eux aussi, se grisant. Éducation de Gargantua. Un chien se jette sur un quartier de viande, tout comme le grotesque de la fête, coiffé d'un bonnet de fou, sur une fille de cuisine qui rit aux éclats, ravie d'être violée. Au milieu de cette orgie, trois figures angéliques, un enfant, un jeune garçon, une femme, celle de Jordaens, bonne et douce, des perles dans les cheveux.

Peinture bien faite pour des buveurs de bière, flamands et bavarois. Pour se reposer, il faut regarder quelques sombres, tristes, admirables tableaux de Rembrandt : le *Jeune homme au gland*, le *Jeune homme à la fraise*, surtout le portrait de l'artiste vieilli, si fier dans sa vaste draperie rouge, si austère, si puissant, si dédaigneux, l'*alma sdegnosa* de Dante. Et encore le portrait de Flinck, morne, désespéré, génie incompris; ou celui de la femme du pauvre Flinck, douce enfant, blonde, ensoleillée, à qui Rembrandt, pour l'occasion, a prêté ses bijoux les plus précieux, sa coiffure de perles fines, un collier d'opale et d'or. Puis l'admirable série de la vie du Christ, six toiles, six chefs-d'œuvre.

Je dois finir cette lettre déjà longue. Dans une salle voisine, une amusante série de Murillos, beaucoup trop vantés, suivant moi ; quelques toiles de Ribera, de Zurbaran, puissantes, mais trop dures, trop terribles; enfin, les Italiens, collection nombreuse, parfaitement choisie. — J'ai passé de longues heures à la Glyptothèque (musée de sculpture), la plus riche collection d'antiques qui soit en Allemagne. Si l'Angleterre a volé les frises du Parthénon, la Bavière s'est fait vendre à vil prix les statues du temple d'Égine. — J'en ai acheté de très belles photographies que je reverrai dans l'île même. — J'ai pris, suivant mon habitude, beaucoup de notes, mais qu'il est inutile de transcrire. Le catalogue de Henri Brunn est, dans son genre, un chef-d'œuvre. Je ne vous envoie que quelques lignes sur le *Faune Barberini* que Brunn n'a pas compris.

« Satyre endormi, dit *Faune Barberini*. Il est couché sur un rocher, les jambes écartées. Il dort, appuyé sur son bras droit, le bras gauche pendant sans force. Ivre de vin, dit-on. Oh ! non. Ivre d'amour. Pour ne point voir cela au premier coup d'œil, il faut être un archéologue allemand. Regardez ce torse creusé aux côtes, cette poitrine sous laquelle gronde encore la mer orageuse de la passion, cette gorge encore palpitante, ce cou renversé, ces bras robustes, mais brisés par l'étreinte. Et cette tête surtout, cette jeune, admirable tête, ces yeux alanguis, ces narines encore gonflées, ces lèvres encore humides. Oh ! comme il plane bien dans le ciel bleu ! Il vogue dans le grand éther païen, il entend les mélodies des sphères, il est ivre des parfums de la divine fleur d'amour. »

De Lintz à Vienne, 1er septembre.

Lintz. Elle est délicieusement située sur la rive droite du Danube, l'antique et pittoresque colonie romaine. Un grand pont de fer unit la ville, toute superbe avec ses hôtels monumentaux, ses châteaux, son hôtel de ville, ses casernes, au pauvre faubourg d'Urfahr, très pauvre, cachant parmi des chaumières sa petite église blanche à coupole byzantine. A l'ouest, c'est une montagne abrupte qui ferme l'horizon, dressant des massifs de sapins noirs le long de larges déchirures de terrain rose; à l'est, c'est une île boisée, presque sauvage, avec une chaîne de collines d'un vert pâle pour dernier plan; sur le bord du fleuve, dans l'intervalle des maisons du faubourg, des jardins, des bouquets de saules et de trembles. Il a plu hier toute la journée. Aussi la nature entière semble ce matin comme lavée, comme vernie à neuf. Les arbres ont des feuilles d'émeraude, le ciel est d'un bleu métallique et cependant très doux; là-bas, sur le mont Posthing, la chapelle de la Vierge, fameuse par ses pèlerinages, élève dans l'air vif deux élégantes tourelles qui semblent de marbre de Paros, mais qui sont de plâtre. La journée sera belle.

Les dernières brumes grises attardées achèvent de prendre leur vol aux quatre coins du ciel. Elles s'élèvent lentement au-dessus des bois, comme de grands oiseaux de mer incertains de la route à suivre. Puis une brise légère les saisit, dilate leurs ailes floconneuses; elles montent, elles disparaissent dans le rayonnement d'or du soleil.

La largeur du Danube à Lintz est moyenne. Le fleuve sort d'une gorge étroite, roulant avec rapidité ses eaux jaunâtres. Il y a trois jours, à Ulm, je l'avais franchi pour la première fois, rouge, tourmenté, grondant furieusement contre les arcades du pont et les berges pierreuses. Hier, à la nuit, je l'ai aperçu pendant quelques instants. Sous le grand ciel sombre, dans le déluge qui tombait, il paraissait avoir débordé, et la large étendue de ses eaux noires avait un aspect sinistre. Ce matin, il est un peu calmé, plus royal, plus fort. Nous allons faire une longue route ensemble.

Le bateau à vapeur se met en marche, rasant de près les saules de la rive qui, craintifs, frissonnent à l'approche du monstre. Je m'assieds à la poupe. Cette vue sur la vieille Lentia est très belle. Une colline la domine, que couronne un château flanqué d'une tour en pierre rose et dont les vingt clochers blancs ont un faux air de minaret. L'Orient ne va pas tarder à poindre.

Le fleuve s'élargit d'instant en instant, j'allais dire

de mesure en mesure, comme une symphonie de Beethoven ou de Berlioz. Nous en sommes encore à la première partie, à l'*allegro moderato*, à l'éveil. Des îles verdoyantes, des bancs de sable doré coupent incessamment le lit du fleuve. Parmi les roseaux, des nuées d'oiseaux multicolores, des martins-pêcheurs, des canards sauvages, des grues, des hérons qui dorment sur la rive; la vague les éclabousse de son écume, et ils s'échappent brusquement au-dessus de nos têtes, tournoient, poussent des cris. — Déjà les Allemands se sont attablés, mangeant, buvant. — Dans les prairies, les grands troupeaux de bœufs s'avancent lentement, regardent. Quel est l'instinct qui pousse les bêtes à se grouper d'elles-mêmes avec tant d'art, à former tout naturellement un tableau qui n'attend qu'un crayon?

Des villages entrevus au passage, avec de gracieuses églises, des jardins touffus, des cimetières pleins de fleurs, des ruines qui appartiennent aux ronces, aux hiboux et au vent, des châteaux qui appartiennent à des moines, le vieux et splendide couvent de Saint-Florian, richissime patron des pauvres pompiers. Sur un îlot, le burg de Saurussel, où nichaient jadis de preux chevaliers, lisez d'affreux bandits, qui arrêtaient les barques marchandes et laissaient les voyageurs tout nus parmi les roseaux de la rive.

On s'arrête assez longuement à Manthausen, à

l'embouchure de l'Enns, joli bourg, très agréablement situé. Les quais sont couverts de monde. C'est dimanche. Toute cette population est gaie, contente de vivre, mais peu bruyante. Elle jouit tranquillement du beau soleil, de l'air qui s'attiédit, des senteurs résineuses que la brise lui apporte des forêts voisines. En face du village, dans une île, devant une chaumière enveloppée de feuillages, une station de radeaux, petite toile délicate qu'eût signée Corot. Voici justement deux radeaux qui se détachent de la berge, s'abandonnent au courant, mais non sans avoir pris de nombreuses précautions, car la rapidité du fleuve est extrême. Rien de plus pittoresque. Les matelots qui dirigent les planches sont de beaux gaillards, moitié slaves et moitié allemands, brunis par le soleil, les bras nus; ils chantent, interpellent au passage les fiers pilotes du bateau à vapeur. — Toujours des saules à perte de vue, un ondoiement infini de feuilles blanches. — Partout ici l'existence est douce, calme, peu laborieuse, unie comme ces belles plaines que nous allons quitter et que méprisent les touristes anglais. Pour moi, j'aime cette monotonie qui nous permet de rêver, de vivre pendant une heure ou deux d'une bonne vie inconsciente. Rien n'arrête les yeux. Le regard glissé sans effort sur la grande étendue dont la couleur verte est si douce, si reposante. Le soleil n'est pas encore trop ardent, le ciel est bien bleu.

Cela serait parfait, si l'eau n'était pas grise et sale.

Sur un rocher noir, une vieille tour carrée marque la fin de la région des plaines, le commencement de la région des montagnes. Il faut dire adieu à la rêverie, se lever par acquit de conscience, courir de droite à gauche sur le pont pour regarder les châteaux forts qui se dressent sur le faîte ou les flancs des montagnes, à demi effondrés, vêtus de lierre, jadis lieux terribles et redoutés, aujourd'hui but d'excursion pour les promeneurs. Cela ne vaut pas l'admirable percée du Rhin, de Cologne à Bingen. Au lieu des sombres forêts, qu'on sait habitées par les gnomes et mille autres créatures fantastiques, de maigres bois de sapins courant en zigzag sur le flanc des montagnes. Rien de mystérieux, de sacré. Surtout, l'air n'est pas plein de légendes. Çà et là, parmi les bancs de sable, quelques pierres échouées dans l'eau comme des monstres marins pétrifiés, mais pas une Lourley. On sent que cette bonne et sereine nature autrichienne, cette terre grasse et paisible se fait violence pour avoir l'air terrible. Elle n'y réussit pas. Elle s'agite, elle se démène, elle dresse ici un donjon, là-bas une tour crénelée, elle se hérisse, elle fronce le sourcil; mais, comme le faune de Richepin, elle rit sous sa barbe de pierre. Naguère, le fleuve menaçait ici par de sinistres tourbillons, le *Strudel*, le *Wirbel*. Aujourd'hui, la science a dompté le flot. Quelques sites, sans être très poétiques, sans remuer l'âme, sont cependant remarquables : Weiteneck, rude château qui semble sortir du fleuve; la tour carrée, grandiose, a défié le temps, est presque intacte; le reste du bâtiment est ouvert, crevé, tapissé de lianes vertes; nid de bandits. Presque en face, Mölk, nid de moines. Mais quel nid! un palais immense avec des terrasses surplombant le Danube, des belvédères, de longues galeries couvertes, des jardins suspendus, deux ou trois douzaines de chapelles; riche, superbe, majestueux, dressant avec un air de défi ses hautes coupoles dorées; matériel, lourd, écrasant, pesant sur la verdure légère qui cache la berge du poids terrible de toute l'Inquisition; isolé sur son promontoire, au milieu des eaux, comme le dogme immobile au milieu de la civilisation qui marche. Le fleuve lui envoie sa fraîcheur, le ciel sa rosée la plus douce, le soleil ses rayons les plus tièdes, toute la province la dîme de ses plus beaux crus. Deux fois la grande armée vide les caves de Mölk, les plus riches du monde. Elles se remplissent toujours. A voir ce couvent, debout sur le plateau circulaire du roc énorme, on dirait un château fort, et, au fait, n'est-ce pas encore celui de la superstition, la citadelle de l'odieuse routine jésuitique? Ainsi, sur la rive gauche du Danube, la chevalerie en ruine; sur la rive droite, le catholicisme encore tout-puissant. Mais quel n'eût pas été le rire incrédule du sire de

Weiteneck, si quelque voyant lui avait dit qu'un jour la ronce pousserait dans sa cour et que sa tour farouche ne serait plus habitée que par les oiseaux du ciel?

Ne nous berçons pas de trop douces illusions. Quelque malade qu'il puisse être dans quelques autres contrées, ici le catholicisme est très fort, très bien portant. Partout, sur la route que je viens de parcourir, j'ai vu la foule des paysans affluer aux églises, et les mille calvaires qui s'élèvent sur les rives du fleuve sont couverts de fleurs, couronnés de feuillage. Quand un moine passe, pansu, rubicond, saintement recueilli, la foule s'écarte avec respect, le salue avec dévotion. A Grein, en face du débarcadère, se dresse une espèce de vaste loge couverte; sur la muraille, Jérusalem est peint à fresque et, devant cette fresque grossière, trois grandes croix en pierre portent trois crucifiés en plâtre, hideusement réalistes et barbouillés de couleurs sauvages; au pied de la croix du milieu, rudement modelées, la Vierge et les saintes femmes. Chaque villageois qui passe devant ce monument de vulgaire idolâtrie y vient déposer une couronne, un bouquet, s'agenouille, se signe, murmure un *Ave*. A Marbourg, plus de cent mille pèlerins montent tous les ans à la chapelle de Marie Immaculée. J'en ai vu redescendre toute une bande, béate, chargée de médailles, d'amulettes, de crucifix enrubannés. Pour longtemps encore, la haute et la basse Autriche resteront le paradis terrestre des jésuites.

Voilà six heures que je suis sur le pont à respirer l'air vivifiant du fleuve. Je finis par avoir faim et descends dîner aussi mal que possible. C'est le commencement de la vache enragée. Quand je remonte, nous voici de nouveau dans la région des plaines; mais ce ne sont plus les belles plaines à demi sauvages de ce matin. Ce sont de grasses prairies, de riches campagnes bien cultivées; çà et là quelques étangs verdâtres où reluisent au soleil les ailes blanches des mouettes. Le Danube s'étale librement dans cette vaste plaine, divisé en plusieurs bras, semé de bancs de sable et d'îles basses où se sont réfugiés les derniers castors européens parmi les saules et les trembles. Les deux rives lointaines se couvrent de villages, de jolies maisons de campagne, d'usines. A l'horizon, une brume s'élève. Nous passons au pied de la grande montagne Chauve (le *Kahlenberg*), saluons de loin le magnifique cloître de Neubourg. Le bateau entre dans Vienne par le canal François-Joseph. Dans trois jours, je reprendrai le steamer, pour continuer jusqu'à Pesth la descente du Danube.

Vienne, 3 septembre.

En trois jours de temps, à Paris ou à Londres, il est impossible à un voyageur de se reconnaître dans l'ensemble confus de si grandes métropoles, de dégager des mille et mille objets qu'il a sous les yeux une impression dominante, de percer par lui-même la surface des choses. Ici, il n'en est pas de même. On se sent devant un livre tout ouvert, livre écrit clairement, gaiement, sans recherche, sans pédantisme, sans mystère. Si ce livre n'était connu de tout le monde, je m'amuserais à vous en envoyer l'analyse. — Voici pourtant quelques notes, prises çà et là, au hasard.

Certaines femmes ne sont ni régulièrement belles, ni hautement intelligentes, ni vraiment bonnes; mais elles sont gracieuses, elles veulent plaire, et cela suffit. Vienne ressemble à ces femmes. Le moyen de résister à une ville qui sourit sans cesse, qui vous tend les bras! On n'a pas débarqué que l'on est déjà pris par quelque chose de féminin qui flotte dans l'air. Pour tous, la grande affaire, c'est visiblement le plaisir. Ce sont des Épicuriens, des Vénitiens du XVIII^e siècle qui savent que la vie est courte et qui veulent en jouir le plus qu'ils pourront. Aussi, peu ou point de protestants dans cette ville de gaieté; les doctrines de Luther sont trop lourdes, trop gênantes; le catholicisme est de sa nature plus flexible et plus accommodant. La tolérance est extrême : les hommes ne se cachent pas pour aller chez les courtisanes, et quant aux femmes, *È donna maritata*, comme jadis à Venise, ce mot excuse tout. Il y a eu des années où le nombre des naissances naturelles a dépassé celui des naissances légitimes. Rien de platonique. Réduire le travail au minimum indispensable, manger, boire, faire des parties de campagne, aller au théâtre et au bal tous les soirs de l'année, aimer aussi positivement qu'on mange et qu'on boit, voilà l'idéal du Viennois. « Ah! nous nous amusons ici beaucoup plus qu'à Paris! » m'ont dit avec orgueil plusieurs élégantes. Pourtant, à mon goût, ce plaisir viennois est trop gras, trop bien nourri, trop bien portant. Leur *Pulcinella* s'appelle *Hans Wurst*, Jean Boudin.

Je n'insiste pas davantage, ce serait ingratitude de ma part. Même, si vous n'aviez les théories en horreur, j'essayerais de montrer comment cet amour du plaisir, si franc, si sincère, n'est pas étranger à cette belle facilité de compréhension qui caractérise le Viennois. Ne jugez sur leur propre déclaration ni les hommes qui se disent de simples hommes de plaisir, ni ceux qui prétendent ne vivre que pour l'étude. Ce sont bien souvent les premiers qui ont le plus de connaissances sérieuses, dont l'intelligence est la plus ouverte et la plus riche. Je soupçonne Vienne d'être pour le moins aussi « ville de l'esprit » que Berlin. Seulement, Vienne ne va pas le crier par-dessus les toits du monde; les redingotes râpées des professeurs poméraniens lui font horreur; son goût naturel sera toujours pour les manteaux vénitiens et les brillants costumes de l'Orient.

Au dire des amis que je trouve ici, Vienne, depuis dix ans, s'est entièrement métamorphosée, quelque peu au détriment des souvenirs historiques, mais au grand avantage des habitants et des voyageurs. Ce ne sont que boulevards magnifiques, places spacieuses, hôtels somptueux et maisons monumentales. L'architecture est lourde, on voit plus de plâtre que de pierre; mais c'est si commode!

La moitié du charme de Vienne, c'est à la proximité, au reflet de l'Orient qu'elle le doit. On se sent ici sur la limite des deux mondes. Le soleil est chaud, la lumière dorée, d'une molle transparence. En flânant à travers la ville, on rencontre maint costume bariolé, étrange, nouveau, même pour un Parisien qui vient de passer trois mois à l'Exposition universelle. A tous les coins de rue, on croise des Madgyars dans l'éclat un peu sauvage de leurs habits richement brodés; des papas grecs, avec de longues barbes blanches qui tombent sur un long vêtement violet; des Arméniens, à l'œil futé et perfide; des Serbes, à la taille élancée, légers, coiffés de la barrette rouge si pittoresque; des Slovaques qui s'en vont pieds nus à quelque lointain pèlerinage; des mendiants bohémiens, dont la joie triste a un attrait tout particulier; des Tyroliens à l'air conquérant et vainqueur; de malheureux prisonniers turcs qui viennent de Bosnie. Tout cela amuse, divertit, donne l'avant-goût des pays de lumière. Invinciblement la flânerie se prolonge. Les jardins pleins de musique et les cafés pleins de chansons vous appellent. La bière mousse comme le plus spirituel vin de Champagne; les vins blancs de Hongrie sont traîtres et vite vous grisent à demi; les fruits sont délicieux, les glaces sont parfumées. Les femmes trottent gaiement devant vous, vous cherchent du regard, semblent tout étonnées qu'on ne les aborde pas. La journée se passerait comme une heure, si l'on n'était pressé, si l'on n'avait pas Saint-Étienne et les galeries à revoir, si l'Orient n'appelait plus haut que ces gentilles charmeresses de sa magique voix de sirène.

J'ai commencé par Saint-Étienne. L'extérieur de la cathédrale ressemble à celui de toutes les églises gothiques du XV^e^ siècle, construites dans le style flamboyant. La flèche est d'une élégance exquise, mais la place est trop petite. On ne sait dans quel recoin se reculer pour bien jouir de cette délicate floraison de pierre. On entre, et l'on reste charmé pour tout le jour. Le soleil, qui monte, traverse les vitraux et répand sur les dalles de grandes traînées de lumière. L'abside seule est chrétienne. Tout le reste de l'église est dans le goût raffiné du XVII$^e$ siècle, ni chrétien, ni païen. Les chapelles, avec leurs mille bouquets de fleurs, leurs petits ex-voto, leurs statuettes d'albâtre, leurs crucifix de bronze doré, leurs lustres d'argent, leurs longs cierges, leurs parfums pénétrants, sont de charmants boudoirs. Les prêtres passent doucement, sans bruit. L'orgue ne cesse de pleurer tout près du ciel. Toutes les femmes qui viennent s'agenouiller sur le marbre sont jolies. Elles étaient là, hier matin, en robe très simple, mais déjà décolletée, quelques-unes en simple peignoir. Elles ne regardaient pas les passants, mais elles les voyaient fort bien, tout en priant. Quelle agréable dévotion que la leur! Fille du plaisir et facile expiatrice du plaisir. On deviendrait dévot à ce prix. Je vous ai dit que cette ville est corruptrice. Les anges sculptés au-dessus des portes sont des Amours espiègles et joufflus. Ils font un double métier : ils portent les prières au ciel et les billets doux aux amoureux. — Cette belle phrase de Montaigne, que je comprends si bien à Notre-Dame de Paris ou, mieux encore, dans telle pauvre église de village : « (En ces églises) il n'est âme si revêche qui ne se sente touchée de quelque révérence, » ici, n'a pas de sens.

Les Viennoises vont beaucoup à l'église, à la promenade, au théâtre. Les Viennois vont beaucoup au café. Mais les uns et les autres se soucient des musées comme s'il n'y en avait pas à Vienne. Personne, ce matin, à la galerie des médailles et des pierres précieuses. La *Léda* de Cellini, si grande sur la petite agrafe d'émail et de diamants, donnant avec tant d'abandon son beau corps ivoirin au cygne d'or qui bat des ailes, n'a eu que moi pour spectateur de ses éternelles amours. Personne, dans l'après-midi, à l'Albertina, le palais où l'archiduc Charles a réuni sa merveilleuse collection de dessins, l'esquisse de la *Transfiguration*, où Raphaël a étudié ses personnages tout nus; des crayons de Léonard, qu'il faut regarder à genoux; d'autres de Dürer, de Rembrandt. Plus tard, rien que des étrangers à la galerie du prince Lichtenstein et au Belvédère. Et notez que partout l'entrée est gratuite. Le gardien du palais de la Rossau, galerie Lichtenstein, m'a dit : « Par an, il vient ici vingt Viennois. Ils aiment mieux boire (*saufen*) et s'amuser. »

Ils sont cependant bien beaux, ces musées, si beaux, si pleins de chefs-d'œuvre que je ne songe pas une minute à vous les décrire. Du reste, sauf pour certaines collections italiennes et flamandes où l'unité est réelle, le hasard a trop dominé dans la composition de nos galeries pour que la meilleure description ne ressemble pas à un catalogue raisonné. Et pourtant, même dans ce pêle-mêle d'une galerie, un œil attentif finit par découvrir certaine tendance générale; la direction de l'esprit se manifeste dans le choix des toiles. A Vienne, peu ou point de primitifs, de grands naïfs, de maîtres douloureux et rêveurs. Ce sont les joyeux qui tiennent la place la plus grande, qui ont le plus de fidèles. — Voici cinq ou six morceaux célèbres : du Corrège, une Vénus qui fait signe du doigt aux Amours de ne pas réveiller Eros tendrement endormi sur ses genoux. La déesse est nue, a les plus beaux seins, les plus belles jambes, le plus délicieux sourire de madone. Le peintre est un autre Boccace, un païen qui se plaît à éprouver des émotions chrétiennes et qui n'a plus l'adoration exclusive de la forme. — Deux des plus aristocratiques portraits de Van Dyck, Marie-Louise de Taxis, très douce et très touchante, et le faux Wallenstein; puis, le beau David Ryckaert dans un manteau rouge bordé de fourrures, le plus chaud, sinon le plus parfait des portraits de Van Dyck. — De Caravage, une admirable joueuse de harpe, toute blonde, dégageant avec un frémissement son dos nu de sa robe jaune, prise puissamment par sa propre musique. — Un directeur des Gobelins ne peut rêver de plus merveilleux modèles de tapisserie que la série de toiles où Rubens a si fièrement retracé l'histoire héroïque de Décius. Comme toujours, je trouve un plus haut ragoût aux ébauches de Rubens qu'à ses tableaux même, à des toiles qui ne sont certainement que de sa main, le portrait de ses deux fils et cette toilette de Vénus où, plus qu'audacieusement, il expose sa propre femme, déshabillée, tournant au spectateur ébloui son dos magnifique. Il faut regarder surtout un petit crucifiement, tout rouge et noir : le Christ est inondé de sang, assez vulgaire de forme, le visage sans grande expression ; mais au pied de la croix, combien superbe le gros franciscain qui, tout à coup, découvre dans la nuit le divin supplicié, qui s'arrête stupéfait, frappé de douleur, se désespère, ose toucher de la main le bras mort de son Sauveur! — Dans la salle voisine, un incomparable Rembrandt, *Diane et Endymion*. Dans le berger (un portrait de Rembrandt jeune, qu'on voit tout auprès, ne laisse aucun doute à cet égard) il s'est peint lui-même, et Diane, c'est la fameuse Saskia. Elle rayonne au milieu d'une gloire d'or, et, du haut de son char traîné par des cygnes, elle sourit doucement au pâtre qui tressaille devant tant de beauté, soulève d'une main sa barrette noire, de l'autre retient ses lévriers. Pauvre Endymion! vous savez que Saskia, c'est la Joconde flamande.

Au Belvédère, comme à la Rossau, comme à Munich et à Bruxelles, Rubens est roi. Ces trois grandes toiles, *Ignace de Loyola*, *Saint François-Xavier*, l'*Assomption*, peintes pour le maître-autel de l'église des Jésuites d'Anvers, sont aussi éloquentes, aussi lyriques, aussi rayonnantes que les compositions plus célèbres de Belgique ou de Paris. La splendeur des accessoires est sans pareille. Rien de mystique ou d'ascétique. Cette peinture n'a de chrétien que son titre. En revanche, elle est beaucoup moins mélodramatique et théâtrale que ne l'avance Fromentin. On s'en rend compte en étudiant les esquisses de ces immenses peintures que le conservateur du musée a eu le bon goût de réunir dans une même salle avec les toiles achevées. Dans les grandes compositions de Rubens, ce qui est froid, théâtral, ce qui manque de majesté et de gravité réelles, ne vient pas de lui, mais des nombreux élèves qui l'aidaient dans son œuvre gigantesque, des traducteurs parfois maladroits. Entre une ébauche de Rubens et le tableau exécuté, il y a la même différence qu'entre un discours de Gambetta entendu à la Chambre des députés et le même discours lu dans la pâle reproduction du compte rendu officiel.

Dans toute l'histoire de l'art, il n'est pas un travailleur, il n'est pas un amoureux comparable à Rubens. Mais il n'y a rien de tel que le travail et l'amour pour conserver la santé. Voici le portrait de Rubens à soixante ans. On lui donnerait trente ans à peine, tant il est fier et gaillard dans son manteau de velours noir. Il est beaucoup plus jeune que dans le *Saint Georges* d'Anvers, où il s'est figuré lui-même deux ou trois ans auparavant. Ce qui me frappe surtout, c'est le feu intérieur, la forte et sereine confiance en soi. Mais la perle de la galerie, c'est le portrait de sa femme qu'il a peinte nue, cherchant à s'envelopper d'un grand manteau bleu bordé de fourrure et frangé d'or, soutenant de son bras droit plié ses deux seins en globe, étalant avec orgueil une jambe admirable. C'est inouï d'audace, de couleur, d'insolence, de lumière. Nul de nos pâles réalistes n'est jamais allé aussi loin. Il n'a pas cherché à faire une déesse de son Hélène. Il l'a figurée simplement dans sa grasse nudité flamande, bien blanche et bien rose, dans toute la fluidité de sa chair lymphatique, entourée de la magnificence d'un clair matin qui suit une nuit délicieuse.

Rien de plus aisé devant ce tableau que de reconstituer tout le système de Rubens sur l'amour. Il n'eut guère plus de deux maîtresses, ses deux femmes. Mais ces deux coupes splendides, il les but jusqu'à la dernière goutte. C'est un médiocre expert en volupté que le papillon qui prend une parcelle de parfum à cinquante fleurs différentes. Ce n'est qu'au fond du calice que se cache le divin secret qui révèle la nature et la femme. Ne serait-il pas curieux de pousser cette analyse que je vous indique au passage? Mais il faudrait un Rubens pour expliquer Rubens. Je veux pourtant vous signaler encore une petite, toute petite *Descente de croix*, qui est une sublime page d'amour. Le Christ repose sur les genoux de Madeleine, et la douce pécheresse soulève en frémissant la paupière du crucifié pour regarder une dernière fois l'œil adoré, l'œil qui, avant de se fermer à jamais, a dû la voir passer, elle qui seule l'aimait d'amour, dans l'auréole resplendissante de ses cheveux d'or.

Un dernier mot. Rien de plus curieux que de comparer les nudités de Rubens à celles des premiers peintres de la Renaissance allemande, de Cranach, par exemple. Ils sont aussi réalistes l'un que l'autre, mais combien différemment! Rubens, par passion, par fougue, par tempérament; Lucas Cranach, par respect de la nature, par une espèce de piété qui est admirable. Le moyen âge, temps odieux, était un âge habillé. La Renaissance arrive, plus païenne que le paganisme même, arrache les voiles, montre la femme nue. Cranach fut ébloui de tant de splendeurs ignorées pendant dix affreux siècles. Avec quel amour il fit ses *Ève*, ses *Lucrèce*, ses *Vénus*, ses *Judith*, mais sans oser rien changer à ce qu'il avait sous les yeux! Il sentit certaines rondeurs, certaines formes avec une délicatesse qui n'appartient qu'à celui qui lit pour la première fois le livre de la femme. C'était si beau! Par respect, par crainte, il enlaidissait parfois. Il fit les difformités, les imperfections, les erreurs, les taches, je ne puis tout dire... Cette révélation du nu par la Renaissance est une chose adorable, touchante, que je considère comme sacrée.

Vienne, même date.

Depuis une semaine, tous les soirs, sur une de ses scènes favorites, le public viennois se donne un bien triste spectacle. J'écris *triste*, mais c'est une autre épithète qui s'est d'abord présentée et qui serait plus juste, si l'esprit viennois pouvait être calme et réfléchi, si la légèreté même n'était le fond du caractère autrichien. Voici le fait :

Il y a au Prater un certain *Fürsttheater*, comme qui dirait à Paris les Variétés ou le Palais-Royal. On y joue des opérettes, des vaudevilles, des farces étincelantes de ce curieux esprit qui, souvent, tient à la fois de la bière et du vin de Champagne. Depuis huit jours, la représentation se termine par une pièce militaire, intitulée la *Prise de Sèrajevo*. Comme vous voyez, on n'a pas mis longtemps à l'écrire. Le soir même où est arrivée à Vienne la dépêche du général Philippovitch, l'auteur inconnu a dû prendre la plume, et vingt-quatre heures ont suffi à son inspiration pour créer une œuvre qu'il a fallu deux fois vingt-quatre heures à peine pour mettre en scène. Je ne chercherai pas à analyser la pièce. Outre qu'elle est écœurante de lâcheté, elle est d'une bêtise qui désarmerait, si un autre sentiment ne l'emportait. Il suffit de dire que Hadji-Loja en est le héros burlesque et bouffon. Voleur de bestiaux ou non, cet homme s'est bravement battu. Cela devait suffire pour qu'on le respectât. Il n'en est rien. Dès qu'il paraît sur la scène, la joie du public devient indescriptible. Déjà à demi ivre, il déploie l'étendard vert, il invoque Allah et il demande à boire. Ce sont des transports d'hilarité. Ses compagnons, les Bosniaques, sont présentés comme de vulgaires pourceaux. Deux marchands autrichiens, introduits, Dieu sait comment, dans Sérajevo, se déguisent en femmes, les soûlent d'eau-de-vie, se font à demi violer sur la scène. Inutile de dire que les femmes bosniaques ne servent qu'à une exhibition de jambes. La farce finit par la prise d'assaut de la ville. Tout à coup, la scène s'illumine au feu de Bengale. Toujours brandissant l'étendard vert — quels cris jetterait toute la presse catholique si le moindre crucifix était seulement éclaboussé à Stamboul! — Hadji-Loja paraît, fuyant, hurlant des ordures. Puis, pêle-mêle, la foule des insurgés le suit. Les coups de fusil redoublent. L'armée autrichienne arrive et le premier plan du théâtre disparaît sous les cadavres des insurgés des deux sexes. On déploie l'étendard autrichien, la musique entonne la marche impériale, et le rideau tombe au milieu des acclamations frénétiques de la salle.

Il y a des représentants de tous les mondes dans cette salle, des bourgeois et des hommes du peuple, de grandes dames et des filles entretenues; il y a même des officiers en grande tenue, et, chose triste à constater, ce sont eux qui applaudissent avec le plus de fureur cette pièce, lâche et méprisable insulte à des hommes que l'Autriche, disait-elle, venait civiliser et que l'armée de la Save a traités comme une bande d'anthropophages. Nul ne songe à protester. On trouve cette farce chose toute naturelle et les affiches qui l'annoncent s'étalent avec impudeur sur les murailles de Vienne, à côté de l'appel du comité pour les blessés autrichiens. C'est là un pénible indice de l'état de l'esprit public à Vienne. Cet oubli du *self-respect*, ces insultes à des vaincus qui se sont battus avec courage, si ce n'est point la décadence, je ne sais point alors ce que signifie le mot. Sérajevo a été pendant deux jours et deux nuits abandonné au pillage. Il s'est trouvé des gens pour applaudir au massacre de ces hérétiques, au viol de ces jolies infidèles.

Je vais quitter Vienne sur une impression douloureuse. Le partage de la Pologne a été le signal de la décadence autrichienne, le commencement de la fin, comme disent les Anglais. J'ai bien peur que le partage de la Turquie ne précède pas de longtemps le dénouement de cette longue et parfois glorieuse histoire, l'effondrement de cet édifice si merveilleusement construit de pièces et de morceaux. En causant des derniers événements avec quelques hommes politiques, en me rappelant tout ce que depuis deux années m'ont appris les gazettes de Vienne, il m'a semblé entendre comme des craquements de mauvais augure. Ce sont les assises mêmes de la maison qui sont ébranlées, qui tremblent. L'Autriche a perdu son assiette. Ce n'était pas sans savoir de quel poison est mêlé le suc de ce beau fruit, que la Prusse, depuis un siècle, montrait du doigt à sa rivale les provinces slaves de la Turquie. Le mois dernier, au congrès de Berlin, tout occupé qu'il était de son superbe costume brodé de diamants, le comte Andrassy a oublié qu'il faut craindre les Grecs même dans leurs présents. Ce cadeau, ce pourboire, ce petit morceau (*bischen*) d'Herzégovine ne sera pas moins fatal à l'Autriche que ne le fut à la citadelle de Pergame le cheval de Troie.

Ce qui condamne sans appel la politique suivie par le comte Andrassy, c'est que jamais, depuis un siècle, l'Autriche n'avait été plus forte, plus puissante, et cela pour le bonheur du monde, pour la sécurité de la civilisation, qu'au moment où elle s'est lancée, tête baissée, dans le piège qui lui était tendu. Solferino avait rendu à l'Autriche le service de la débarrasser de ses provinces italiennes, sources incessantes de guerres et de ruines. Sadowa avait créé le dualisme. Condensée pour la première fois, ramassée sur elle-même, l'Autriche-Hongrie était la première puissance de l'Orient. Les criailleries de quelques Slaves et le miroitement d'une conquête facile ont suffi pour la perdre. Elle a commis une première faute irrémédiable qui la mettra sous peu aux prises avec la Russie : elle a laissé détruire l'empire ottoman. Et cette faute commise, elle en a commis une plus grande encore en demandant sa part à la curée. Et quelle part! Une part qui fait de l'élément slave l'élément prédominant de l'empire. L'Autriche-Hongrie n'existe plus que de nom. Ce que je vois sur la carte, c'est un empire slave, flanqué à l'occident d'une riche province allemande et à l'orient d'un royaume madgyar. Les sujets slaves de l'empereur François-Joseph dépassent à cette heure le chiffre de vingt millions, car il faut prendre l'occupation de la Bosnie pour ce qu'elle est réellement : une annexion qui est le prélude d'une série d'autres annexions non moins dangereuses et non moins sanglantes. Sans être très fort prophète, il n'est pas difficile de prévoir qu'à la première occasion les provinces allemandes se sépareront de l'empire slave, que la basse et la haute Autriche se détacheront « comme un haillon qu'une femme découd, » haillon superbe que la Prusse sera toute prête à ramasser. Alors, de la Bohême jusqu'à la Macédoine, peut-être jusqu'à la mer Égée, il ne restera qu'un État slave *en long*, trop faible pour se défendre contre la Russie, contre la terrible poussée du Nord vers le Sud, mais malheureusement assez fort pour arrêter la marche en avant des vrais pionniers de la civilisation en Orient, les Hellènes. Ceux que je plains d'avance, ce sont les Hongrois. Leur grand crime, aux yeux des despotes alliés, c'est d'être les amants fidèles de la liberté, c'est d'avoir été de tout temps et malgré tout les gardes d'honneur, les défenseurs les plus splendides de la grande déesse. Hélas ! ils ont bien senti que le coup qui tuait la Turquie les frappait au cœur. L'étourneau Andrassy leur aura été plus fatal que le traître Georgey. Quel champ de mort que cet Orient magnifique et mystérieux ! Tour à tour, les peuples les plus braves sont couchés, palpitants encore, dans le froid tombeau. Hier la Pologne. Aujourd'hui la Turquie. Demain peut-être la Hongrie. Mais qui sait ? Un Ézéchiel viendra quelque jour qui, d'une voix puissante, dira à tous ces morts de se lever. Et ils se lèveront.

# LE DANUBE

# LE DANUBE

De Vienne à Pesth par bateau à vapeur, 4 septembre.

C'est décidément le mode le plus agréable de voyager, quand on n'est pas pressé, quand le temps est clair, quand l'esprit est désireux de se pénétrer sans fatigue de toutes les beautés pittoresques d'une région nouvelle. Le trajet en chemin de fer ne permet de voir qu'une seule rive, et encore la voit-on mal, trop vite, à travers une méchante vitre qui impose un cadre illogique et bête. Au contraire, à bord d'un bateau à vapeur, on a le spectacle des deux rives se déroulant à la fois. Et, comme une même scène se présente sous deux ou trois aspects différents, on peut choisir entre les points de vue, se faire à soi-même un tableau ayant pour premier plan l'admirable nappe d'eau du grand fleuve. Et puis, ce mode de voyager est propre, commode; point de poussière de charbon, point de gêne sur la largeur du pont.

Ce matin, de bonne heure, je me suis embarqué sur le canal du Danube. Une brume épaisse reposait encore sur les faubourgs qui s'éveillaient; la lumière s'empara lentement du ciel gris de nacre, et, paresseusement, comme s'il regrettait de quitter l'aimable cité, le bateau à vapeur glissa sur l'eau sombre du canal jusqu'à l'entrée du fleuve. Là, un steamer plus grand et plus fort nous attendait, les pavillons au vent, lançant de sa noire cheminée de grosses bouffées de fumée.

On dirait l'entrée d'un large golfe. Avec orgueil, le fleuve étale la nappe de ses eaux pâles entre ses rives basses et plates que prolongent à perte de vue les vastes plaines du Marchfeld. Pour se diviser en plusieurs bras, il ne diminuera point la largeur de son bras principal. Un vent frais s'élève et, en même temps, le soleil triomphe de la résistance des nuages, bleuit le ciel qui se creuse. De ces premiers rayonnements du jour, attendris encore par la vapeur légère du fleuve, vapeur fine comme une robe orientale en gaze d'argent, le charme est incomparable. Voir glisser à droite et à gauche les rives bordées de verdure mate; suivre sur l'île de Lobau et dans la plaine les blanches ondulations des saules, mer de feuillages dont émergent, comme des mâts de vaisseau, des bouquets de peupliers ; se rappeler que ces petits villages aux toits de chaume, Essling et Gross-Aspern, ce sont de grandes batailles ; s'éveiller une seconde fois à la chaleur du jour naissant et à la vivifiante haleine du fleuve : c'est une jouissance exquise qui fait oublier la marche du temps. Des radeaux, de lourdes barques chargées de bizarres maisonnettes en bois descendent le Danube. Sur les bancs de sable, de grands oiseaux, alignés militairement les uns à côté des autres, secouent leurs ailes humides, claquent du bec, saluant le soleil. Au premier plan du tableau, tache heureuse sur le fond clair des saulaies, un village de moulins à eau. La construction de ces moulins est simple : une roue en bois placée entre deux barques, dont l'une reçoit les sacs de farine et dont l'autre porte la maison du meunier. De Vienne à Pesth, on compte plusieurs centaines de ces gracieuses demeures, toujours groupées ensemble par vingt ou trente, pleines de bruit. A ma droite commence la célèbre muraille romaine. Elle s'étend de Petronell jusqu'au lac de Neusiedel. Parfois, sur la plate-forme de ses tertres verts fortement bastionnés et qui semblent sortir du fleuve, se dresse une cabane solitaire comme une guérite avancée.

Pourquoi les riverains disent-ils « le bleu Danube ? » Ici, comme de Lintz à Vienne, les eaux du Danube sont d'un jaune sombre qui est celui de l'ambre quand il n'est pas poli; c'est peut-être par crainte superstitieuse, pour se concilier le dieu aux terribles colères. Les Grecs appelaient les Furies du doux nom d'Euménides, c'est-à-dire les *bienveillantes*, et la farouche mer Noire du nom de Pont-Euxin, la mer *hospitalière*.

Si le fleuve est sombre, en revanche l'air est d'une clarté idéale, d'une infinie transparence. Vers le village de Haimbourg, le Danube, élevant ses berges, se resserre un peu et rassemble ses eaux pour le passage de la porte Hongroise.

Nombre de chapelles et de châteaux forts en ruine se dressent sur les collines boisées qui s'élèvent maintenant des deux côtés du fleuve. Theben me fait penser à la fameuse tour de Cima di Conegliano, qui s'enlève si nette et si blanche sur le bleu limpide et ferme du ciel florentin. Toute droite sur le plateau d'une large montagne en tronc de pyramide, elle domine la plaine entière, le confluent de la Marche et du Danube. On l'appelle dans le pays la tour de la Religieuse, et elle est belle d'une divine légende d'amour. Un chevalier avait enlevé sa maîtresse au cloître où l'avait emprisonnée l'évêque de Presbourg, et, dans la solitude de cette tour, ils s'étaient réfugiés heureux, enivrés l'un de l'autre. Mais les moines d'alors, pas plus que ceux d'aujourd'hui, ne se laissaient aisément enlever une proie aussi riche. Leurs noirs bataillons s'en vinrent assiéger la tour.

Alors, une nuit, saintement enlacés, le chevalier et sa maîtresse montèrent sur un rocher qui domine le fleuve et se précipitèrent dans les eaux profondes.. En cet endroit, le Danube tourbillonne encore, et les couples amoureux qui, pendant les claires nuits de printemps, viennent errer parmi les roseaux de la rive entendent parfois le murmure du chevalier et de sa dame s'élever jusqu'à eux du fond des eaux agitées.

Presbourg, autrefois la capitale de la Hongrie, la ville sacrée du couronnement. Elle n'est plus que la porte d'entrée du royaume, la plus noble fleur des riches campagnes, que les poètes appellent le *Jardin d'or*. De loin, sortant violemment du fleuve, elle apparaît comme une image anticipée de toutes les audaces et de toutes les fougues du génie madgyar. La lourde masse de sa montagne cache tout un coin du ciel. Au pied du mont, la ville, fière, élégante, pleine de rumeurs, avec ses quais ensoleillés, ses foules bariolées, ses chariots attelés de bœufs ou de petits chevaux à la crinière épaisse, son pont de bateaux qui lentement s'entr'ouvre pour nous donner passage, le scintillement des coupoles d'or de sa cathédrale. Au sommet, le palais de Marie-Thérèse, vaste édifice carré, d'une blancheur éclatante, gardé aux quatre coins par des tourelles gracieuses et fortes, de vraies Hongroises.

Courte station, et nous repartons. Le fleuve s'élargit de nouveau après le passage du défilé, étale majestueusement ses eaux royales entre les deux Schutt, les grandes îles trompeuses, aux rivages mobiles. Toujours des villages de moulins. Des troupeaux de cavales, de bœufs aux cornes d'argent, de buffles aux naseaux toujours humides viennent boire parmi les roseaux. Les habitants sont rares; quelques bergers, drapés dans de grands manteaux de laine grisâtre, des enfants bronzés qui se baignent et font retentir l'air de leurs cris d'oiseaux. Le Danube semble une suite de grands lacs. Mais en même temps, « roi qui veut voir tout son domaine, » il ne cesse de vaguer dans les campagnes en d'innombrables circuits, de s'enfoncer puissamment dans les terres pour se perdre au loin sous l'épaisse chevelure des saules; et, dans ces baies profondes, grâce aux jeux de lumière et d'ombre des feuillages, ses eaux semblent perdre leur couleur d'acier bruni, redevenir limpides et claires.

Les villages sont à fleur d'eau, bâtis en vue des inondations, des colères terribles du Danube, peureusement blottis autour de leurs églises. Les villes elles-mêmes, sur ces grands rivages plats, ne sont guère rassurées; on les sent inquiètes, non qu'elles redoutent aucune puissance terrestre, — celle-ci, la vierge inflexible, crie à l'ennemi : « *Komaron!* Viens demain! » d'où son nom, — mais, toutes, elles ont la crainte du fleuve dont la vague bat leurs murailles. Ce n'est que beaucoup plus tard, vers Gran, que la plaine se hérisse encore une fois et tire le long de ses rives un cordon de collines vertes qui se reflètent dans les eaux du fleuve. Presque avant de la voir sur sa base redoutable, j'aperçois dans le Danube la cathédrale de Gran, avec tous ses détails, avec ses terrasses, ses arcades, ses portiques, ses dômes, ses coupoles, ses tourelles légères qui déjà font pressentir les minarets. Les montagnes qui suivent sont découpées de manière étrange, avec des accidents bizarres. Elles ont, ces collines cuirassées, je ne sais quoi de désordonné et de fou ; elles sont bien hongroises, capiteuses comme le sang de leurs vignes. Avez-vous remarqué cette curieuse connexité entre la forme des montagnes et la nature du vin qu'elles donnent ? Le vin est l'âme de la montagne, et vous savez cette théorie que toute âme modèle son corps à sa ressemblance. Les ombres, fortement portées sur les pentes luisantes des collines (c'est pour cette raison qu'on les appelle *cuirassées*), semblent vraiment ces bras gigantesques que chante Henri Heine. Cependant le pays est, dans son ensemble, d'une douceur extrême, presque attiédissante. Gran est une suite de jardins, dont l'un, le plus riant, le plus étoilé de roses, est le cimetière. Les maisons sont assises sur de vieux remparts ; mais ces remparts eux-mêmes, après les siècles de guerre, se sont décidés à sourire, se sont couverts d'herbe et de fleurs. Plus loin, celle qui fut la grande sentinelle de Mathias Corvin contre les peuples d'Asie, Vissegrad, rêve sur son rocher. Un grand silence se fait. Mais toute cette journée a passé comme une heure!

C'est le soir. L'air s'épure, le vent léger frissonne et chante, le flot s'endort dans une ombre molle, les oiseaux s'élancent pour un dernier vol en poussant des cris; les pâtres, nus, une ceinture autour des reins, descendent dans le fleuve avec leurs étalons, qui se cabrent aux baisers de la vague; la noire silhouette des collines se dessine au loin toujours plus nettement; le ciel est bleu à l'extrême horizon, plus haut violet, puis presque blanc au-dessus de ma tête et tout zébré de longs nuages rosés; le Danube resplendit de reflets métalliques; du doigt de sa cathédrale, Vaz montre le soleil rouge qui descend avec lenteur; le croissant de la lune s'éclaire, la nature entière se recueille et pense. Moi, je rêve à cette Egypte sacrée que je verrai quelque jour, et dont vous m'avez si souvent parlé. Le Nil ne peut pas être plus beau que ne l'est le Danube à cette heure.

Et puis, la nuit. Le jour pâle occupe encore toute une moitié du ciel, quand la nuit s'est déjà rendue maîtresse de l'autre moitié. Elle allume ses soleils, ses constellations, le Chariot, l'Aigle, Andromède, la divine étoile bleue, Véga de la Lyre. Et là-bas, d'autres lueurs s'allument, mais terrestres; des points d'or étoilant une base de montagne, on ne sait quelle masse d'ombre... C'est Bude avec sa citadelle, nid d'aigles, avec le palais des rois madgyars. Ce sont les quais illuminés de Pesth. Sur la rive glissent sans bruit des formes blanches, mystérieuses. Je me rends à l'hôtel ; je m'assieds sur un balcon élevé, je regarde longuement, sans me lasser, devant moi ; je ne puis me détacher du spectacle magnifique de cette nuit si calme et si douce. Je ne suis pas habitué à ces grands silences. Je ne suis plus dans la fournaise Europe. C'est l'Asie qui commence.

Buda-Pesth, 5 septembre.

Ce matin, de bonne heure, je me suis mis à mon balcon. Le jour clair resplendissait. C'est une lumière qui doit être unique. Je m'imagine celle du Bosphore plus douce, celle de la Grèce plus pure, s'il est vrai qu'elle soit semblable à celle de la Provence. Celle-ci est surtout éclatante, elle a des violences magnifiques ; si je l'osais, je dirais qu'elle est bruyante, car elle fait penser à la musique des marches triomphales, comme, d'autre part, certaine musique fait penser à la lumière. Je ne sais pas de peintre qui ait trouvé pareille lumière sur sa palette. Elle est trop riche, d'où cet inconvénient : les objets ne se détachent pas sur ce fonds resplendissant avec la précision voulue, et, par un étrange effet d'optique, tout me paraît gris devant un tel rayonnement, les grands jardins verts, les maisons blanches, les dômes aux nervures dorées, le fleuve lui-même dans toute sa majesté.

Devant moi, Bude la Turque, fièrement assise sur sa montagne, disent les poètes madgyars, comme un pacha sur son divan. La ville proprement dite est toute resserrée entre deux collines, dont l'une, masse abrupte de falaises, porte la citadelle, et dont l'autre, plus riante, est couronnée par le palais Palatin. Deux ponts immenses relient Pesth à Bude. De grands bateaux à vapeur sillonnent incessamment le fleuve. Les uns remontent vers Vienne, les autres descendent vers Semlin. Ceux-ci sont plus nombreux. Les troupes hongroises partent pour la guerre de Bosnie.

Je suis descendu sur les quais encombrés de monde pour assister à ce départ. On réunit par de fortes chaînes quatre ou cinq bateaux plats, auxquels on attache un steamer, et l'on embarque sur ce fragile plancher des compagnies tout entières et les escadrons avec leurs chevaux. Sous le beau soleil joyeux, ce départ était profondément triste. Les honveds (réservistes) sont presque tous des hommes mariés, des pères de famille, et ils se font traîner à cette boucherie bosniaque avec un morne abattement. A peine quelques vieux soldats qui chantent et qui poussent des cris de joie, soit pour s'étourdir, soit qu'ils soient vraiment grisés par la découverte des lointains horizons. Mais la foule tout entière est silencieuse, consternée ; les femmes pleurent. De tout ce milieu d'ouvriers et de bourgeois patriotes, pas un *eljen* ne s'élève, pas une acclamation. Puis, lorsqu'un steamer s'éloigne avec sa suite de radeaux et que la musique éclate, ce n'est plus de la tristesse, c'est de la colère. Le nom d'Andrassy n'est prononcé qu'avec des imprécations. Le ministre ne l'ignore pas. « Aujourd'hui, a-t-il dit, je suis l'homme le plus impopulaire de Hongrie ; dans deux ans, je serai l'homme le plus populaire de l'Autriche-Hongrie. » Prédiction douteuse, mais affirmation exacte ; son impopularité est extrême, et cela se comprend. Au 1er septembre, quarante régiments se sont embarqués à Pesth pour se rendre, par le Danube et la Save, à Brod, et de là en Bosnie. Pourquoi cette guerre ? se demande le peuple, et il ne trouve qu'une réponse : pour augmenter l'influence des Serbo-Croates, ce qu'il traduit ainsi : pour étouffer les Hongrois entre les Allemands et les Slaves. Aussi crie-t-il à la trahison, a-t-il brisé à coups de pierres les vitres de l'hôtel de M. Tisza, le président du conseil. Il n'est pas dupe des bulletins officiels, qui ne cessent d'annoncer des victoires, et qui ont toujours pour résultat l'appel de nouvelles troupes. Combien d'hommes se trouvent déjà en Bosnie ? Les estimations les plus modérées disent 150,000, et les plus fortes 280,000. Je conclurais volontiers à une moyenne de 200,000. Naturellement on est persuadé à Pesth que ce sont les Hongrois qui sont toujours en première ligne, aux postes les plus périlleux, volontairement sacrifiés par les chefs allemands et slaves.

Quand il voit juste (comme en l'occasion présente), le peuple voit toujours gros. Pour être plus discrètement exprimée, l'opinion des hommes politiques que j'ai vus dans le courant de la journée n'est pas moins triste ni moins sévère. « Notre situation est des plus critiques, me disait un député ; tout le travail de vingt années est compromis, et l'avenir, de quelque côté que nous regardions, est sombre et sanglant comme aux pires époques. Pour le moment, nous redoutons presque également la victoire ou des échecs momentanés. Les échecs, cela veut dire de nouveaux sacrifices d'hommes et d'argent. La victoire, c'est, à courte échéance, la prédominance de l'élément slave en Autriche-Hongrie, dont le double nom ne sera plus qu'un mensonge. Belle œuvre d'apaisement que celle du congrès de Berlin ! Notre pauvre patrie a pesé dans ses délibérations le poids d'un fétu de paille. On dirait que tous ces nobles diplomates ont oublié jusqu'à notre existence. Cette guerre de Bosnie est un gouffre qui sera le tombeau de milliers de nos enfants, et qui engloutira des trésors. Mais ce qui nous remplit de honte, nous, naguère encore si fiers dans notre haute conscience juridique et constitutionnelle, c'est la manière dont Andrassy, clandestinement, en l'absence du parlement, a conduit cette affaire. Ah! vous êtes heureux, vous autres Français, vous êtes en république! »

Un vieux général madgyar m'a tenu un langage semblable. Je l'avais abordé sur les quais où il assistait, les larmes aux yeux, au départ des honveds. Lui aussi, il devait se rendre en Bosnie. Son beau visage ridé est aussi couvert de balafres que sa poitrine de croix. Il a combattu à Magenta, à Solferino, à Duppel, à Sadova. Il parle avec une colère superbe de cette expédition bosniaque : « Les Turcs sont aujourd'hui nos amis et les Slaves nos ennemis naturels. C'est pour combattre les Turcs et libérer les Slaves que nous versons notre sang. Cette guerre est épouvantable; elle ne pourra certainement être finie avant le mois de novembre; il faudra hiverner dans l'Herzégovine du Nord, reprendre les opérations au printemps et Dieu sait jusqu'où nous entraînera la folie du gouvernement! J'ai visité la Bosnie il y a trois ans, et je ne parlerai jamais des Begs qu'avec respect. Ils forment une véritable aristocratie féodale. Ce sont eux qui m'ont fait comprendre pour la première fois la chevalerie du moyen âge. Ajoutez que plusieurs sont très instruits, ont fait les meilleures études. Ils sont dans leur droit, ils lutteront jusqu'au dernier souffle et nous perdrons des milliers d'hommes, et pour quel profit? Je vous le dis, monsieur : il est un traître, celui-là qui se vantait d'occuper la Bosnie avec un seul régiment s'avançant musique en tête! »

C'est à recueillir ces impressions et d'autres encore que j'ai passé ma journée, tout en me promenant à travers la ville. Pesth, par elle-même, n'offre rien de pittoresque. C'est une grande préfecture de France avec de beaux quais, de larges rues et de riches maisons. L'architecture est sans caractère; l'hôtel de ville, l'Académie, la douane sont de vulgaires bâtisses construites par des maçons slovaques sur les plans médiocres d'architectes qui ont trop de science et trop peu de pensées. Leur prototype est la caserne moderne, agrémentée de quelques ornements gréco-arabes. Ce que l'on appelle le Bazar ressemble, à s'y méprendre, au passage des Panoramas. Les églises sont banales et disgracieuses.

Devant la *Stadtpfarr-Kirche* s'étend la place du Marché. Entre deux criées, vendeurs et acheteurs entrent dans la nef pleine de parfums et d'harmonie, s'agenouillent et prient avec beaucoup de foi, accompagnent à mi-voix la musique sacrée. Les vieilles femmes, à chaque instant, approchent des dalles de marbre leurs lèvres décolorées. Plusieurs des jeunes ont des attitudes sculpturalement belles. Ce matin, j'ai contemplé pendant longtemps, comme on admire une statue antique, une jeune fille de la campagne qui, toute droite dans une robe rose, ses cheveux noirs dénoués, rêvait devant un autel de la Vierge. Ses grands yeux noirs plongeaient dans des profondeurs inconnues; ses narines frémissaient, et parfois un frisson nerveux faisait trembler ce jeune corps souple. Elle restera pour moi comme la vision d'une déité de la Putza.

C'était aujourd'hui jour de marché, et l'animation était grande sur la place de l'Église et sur toute une moitié des quais. Tableau vif et charmant, digne de Pasini. Les chevaux dételés, réunis dans un coin de la place, piétinent avec impatience sur une litière improvisée de roseaux. Sur des nattes, à l'ombre des lourds chariots, les enfants dorment ou jouent, à demi nus. Point de boutiques, mais d'énormes parasols blancs, piqués dans le sol, et sous lesquels s'entassent pêle-mêle des gerbes embaumées de fleurs, des melons dorés, des melons d'eau verts comme des émeraudes, des tomates reluisant comme de gros rubis, des grappes de raisin pareilles à celles de Chanaan; puis, de grands paniers pleins de poules, et, pataugeant en liberté, des oies d'une éblouissante blancheur. Seules, les bêtes crient, piaillent, se démènent. Les marchands attendent immobiles, silencieux; c'est déjà toute la noble indifférence de l'Oriental.

Plus loin, la foire au bétail. Je ne me figure pas les bœufs d'Olympie plus beaux, plus majestueux que ceux de Hongrie; quelques buffles à l'air farouche, grands animaux lourds, bossus, rêveurs, tout tristes loin de leurs marécages de Transylvanie. Tout le bétail hongrois est blanc, et tout le bétail de Transylvanie est noir. Dès que la robe d'un veau est tachetée ou jaune, le taureau madgyar peut être sûr que sa génisse s'est laissé séduire par quelque buffle roumain.

Le vrai spectacle, c'est le peuple qui l'offre. Les hommes, dans toute leur fierté, ont quelque chose de féminin; les femmes, dans toute leur beauté, quelque chose de viril qui est un attrait de plus. Ils sont tout à l'extérieur, ils vivent pour le soleil, pour la lumière, pour l'éclat. A première vue, on devine que ce sont de grands enfants. Quoique très délicats, ils ne savent pas raffiner, ne s'analysent pas, par cela même n'appartiennent pas à notre Europe, qui passe son temps à regarder, comme Narcisse, son visage pâli dans une onde troublée et à se fouiller le cœur d'un scalpel aigu. Nous sommes poursuivis du noble et douloureux désir de nous connaître. Eux n'ont d'autre souci que de se faire voir sous le jour le plus brillant. Leurs yeux grands ouverts sont bons, très doux, mais sans profondeur, comme leur esprit, comme leurs amours. Tout cela est à fleur de peau. Ils sont artistes, mais, comme les Arabes — ce sont deux peuples de gentilshommes, — n'en donnent guère de preuve que par leur tenue superbe et la merveilleuse élégance de leur costume. Ils n'ont produit, depuis des siècles (l'oppression allemande y est bien pour quelque chose), que quatre ou cinq peintres et pas un sculpteur. Ils sont presque tous bâtis comme des statues ; pourtant ils n'ont que très peu le culte de la forme ; ils sont surtout coloristes (Matejko, Munkascy), et ils le sont avec un goût exquis. L'harmonie de certains costumes nationaux est merveilleuse. Comme les oiseaux au printemps, quand, pour plaire à leurs maîtresses ailées, ils font miroiter au soleil leurs plus vives couleurs et, dans l'ardeur du désir, en font éclater de nouvelles, il faut les voir, les rudes Hongrois de la plaine, courtiser quelque belle fille taillée en amazone. Ils ont la dignité naturelle du corps, se tiennent droits, fièrement, le col hardi, les épaules dégagées, la taille serrée dans un spencer de couleur, les hanches un peu amples, les jambes rondes et droites comme des fûts de colonnes. Ils sont les hussards de l'Orient, comme les Polonais en furent les lanciers. Ils sont aussi ardents, aussi voluptueux. A de certains gestes de cavalier caressant le col de cygne de son cheval, on devine que la femme est pour eux un objet de plaisir avant tout, une propriété, un riche capital. Ils n'en ont point l'idéal. Ils ne cachent pas ce que Gœthe appelait « le réalisme effroyable. » Dans la rue, on vous recommande avec le même sang-froid le meilleur concert, le meilleur cabaret, etc. — Ils sont naturellement tapageurs, mais, parfois, d'autant plus silencieux avec une noblesse mystérieuse qui est sans égale. Ils sont pleins de vertus et pleins de vices; mais ces vices sont si effrontés, si hardis, si totalement dénués d'hypocrisie, que je n'ose être sévère.

Les femmes (surtout celles de la campagne) sont des amazones, coulées d'un seul jet, grandes et fortes comme les femmes de Rubens, mais pâles, d'une blancheur légèrement dorée. Ce qui fait la vulgarité des déesses flamandes de Rubens, c'est leur éclat trop rouge, l'épanouissement brutal de leur santé. Ce qui fait la noblesse de celles-ci, c'est leur teint mat, la plénitude des formes, sans la transparence sensuelle de la chair. Simple différence de couleur. Elles s'en vont, dans la route poudreuse de la plaine, celles-ci jambes nues, celles-là leur pied ferme chaussé dans un brodequin rouge, leur corps souple serré dans un corset d'une étoffe brillante; sur l'épaule un dolman de soie jeté avec une désinvolture royale, et, à la housarde, le chapeau à bords relevés que couronne la blanche aigrette de héron. Elles marchent d'un pas vif et décidé, le visage au vent, comme des cavales de la Putza, la prunelle audacieuse parce qu'elle est accoutumée à toutes les hardiesses des regards chargés de convoitise; la lèvre à la fois sensuelle et méprisante, l'oreille, comme chez les bêtes de race, presque toujours fine et petite; le col mince et droit, sortant d'un flot de dentelles.

J'ai passé une heure au musée Esterhazy. Quelques bons tableaux espagnols et italiens, une délicieuse esquisse de Raphaël, un *Ecce homo* de Rembrandt, une curieuse série de Cranach, et tout est dit. L'*Hérodiade*, coiffée d'une toque rouge à grandes plumes blanches, a le sourire le plus doucement farouche qu'on puisse imaginer. Le modelé du cou et de la joue est de toute beauté, digne de Léonard. Deux autres toiles sont fameuses. Dans l'une, Cranach a figuré une vieille femme édentée et ridée, les épaules et la gorge découvertes, et qui s'appuie sur un beau jeune homme auquel elle glisse quelques pièces d'or. Le pendant de cet Alphonse du XIVe siècle est un vieux débauché à l'œil lascif, vêtu de la classique fourrure des magistrats allemands, et qui prend à pleines mains le menton d'une jolie fille, bien jeune et bien fraîche; mais tandis que les doigts osseux du vieillard sont si bien occupés, les doigts de la jeune fille puisent sans vergogne dans une bourse pleine de ducats.

Voilà pour Pesth, la ville moderne. L'autre ville, Bude, est restée turque. Les grands édifices qui s'élèvent autour de la colline Palatine et sur la plate-forme de son sommet, la puissante acropole de la montagne de l'Ouest, dominent la vieille cité, mais n'en rendent point l'esprit. Une large chaussée, bordée de villas et de jardins, conduit au palais Palatin, et d'ici quelques années un escalier monumental descendra de ses hautes terrasses jusqu'au Danube. Les gardiens fauves, deux lions de granit, grincent déjà des dents et regardent du côté des Slaves. Partout ici des traces de la grande lutte entre les Madgyars et les Allemands. Des fenêtres du palais, l'Empereur et Roi peut voir le monument de Hentzi, l'intrépide général fusillé en 1848. Quelles vicissitudes depuis lors! Je ne puis penser sans tristesse au brillant comte, à Andrassy, exilé après la Révolution, condamné à mort, le plus aimé des Madgyars; aujourd'hui ministre de celui qui le condamna et détesté de tous ses anciens compagnons d'armes. C'est une rude montée que celle de l'acropole de Bude. A droite et à gauche du sentier, des reposoirs, les douze stations du Christ. De temps à autre, essoufflé, je m'arrête pour me retourner, pour regarder la campagne lointaine, les vignobles, les villas perdues dans l'ombre, les montagnes violettes qui emplissent l'horizon. Mais ce gracieux panorama n'est rien auprès du magnifique spectacle qui s'est présenté à moi quand je suis arrivé sur le sommet, au pied de la citadelle. Comme un géant qui marche, le Danube vient droit sur la montagne, développant son énorme nappe d'eau avec une majesté de roi, poussant sous le ciel des forêts de saules, l'île délicieuse de Sainte-Marguerite. Sous moi, Bude, tranquille, orientale. Devant moi, Pesth, pleine de mouvement, de ce bruit qui se devine à travers l'espace, avec ses gares immenses, ses chantiers, ses fabriques, son abattoir, les longues cheminées noires des usines d'où s'envolent des flots de fumée, ses quais, ses embarcadères, ses chantiers, ses foules, ses bateaux à vapeur, ses radeaux sur lesquels s'embarquent incessamment les régiments dont les clameurs m'arrivent mêlées aux hennissements des chevaux, inquiets sur leurs écuries flottantes. Et puis au delà, derrière le joli bois où se promènent les belles dames, la plaine historique de Rakos, silencieuse aujourd'hui, et dans une vapeur blonde, à perte de vue, l'immense étendue de la Putza, la grande mer desséchée.

Entre ces deux collines, qui déploient l'une toute la richesse, l'autre toute la splendeur militaire de notre civilisation, la vieille ville, orientale, toute noire, pauvre, misérable, avec d'étroites ruelles sombres, des impasses sinistres, où croupissent des mendiants ; des cabarets, où les tziganes chantent quelques airs tristes et doux au milieu des buveurs attablés ; des fontaines où les jeunes filles, en costume national, viennent puiser de l'eau ; des portes entrebâillées sur des logements infects ou infâmes, des tas d'ordures au milieu des rues, d'affreuses boutiques où l'on débite des légumes, des fruits verts et des melons d'eau dont le peuple fait sa principale nourriture, et, au milieu de ces ombres, les clairs rayons du soleil, une poésie étrange, maladive. Cette poésie et cette crasse donnent comme une première senteur de ces vieux quartiers de Stamboul, dont nous avons tous lu quelque description ou vu quelque dessin. Ici, la poésie, le *turbé* sacré de Gul-Baba, le père des roses, vers lequel cheminent tous les ans les pieux pèlerins musulmans. Là, le fameux bain du Blocksberg, vaste piscine qu'on remplit tous les matins et qu'on ne vide qu'à la nuit. Le bain y coûte six kreutzers, et l'on peut rester au bain toute la journée. Hommes et femmes se baignent ensemble. Les femmes ont un caleçon autour des reins, et les hommes un mouchoir. Cela grouille et piaille, m'a inspiré plus de pitié que de dégoût, et, pour dire vrai, c'est le cœur gros que je suis sorti de cette cuve où les femmes pâles, belles dans leur pauvre nudité, m'avaient longtemps observé avec des yeux étonnés et pleins de larmes. Aux gueux avec lesquels elles vivent, peu leur importe de se montrer sans vêtements : ce ne sont que des misérables comme elles ; mais dès qu'un étranger paraît, elles se souviennent qu'elles sont femmes et, regardées, se trouvent avilies.

Même date.

Ce soir, pendant que je dînais à l'hôtel, une bande de Tziganes est venue nous donner un concert. Vous saurez que les Hongrois, même les plus pauvres, se croient trop grands seigneurs pour jamais pratiquer l'un des deux métiers de musicien ou de maçon. Ceci n'empêche pas qu'ils n'adorent la musique et qu'ils ne couchent qu'à leur corps défendant à la belle étoile. Ils font bâtir leurs maisons par des maçons slovaques et entretiennent de nombreux orchestres de bohémiens. Les Slovaques passent pour avoir l'esprit assez borné. Quant aux Tziganes, ils sont très entendus en affaires et exploitent avec une habileté consommée la passion des Hongrois pour la musique. Tel ouvrier qui rentrait chez lui avec la paye de la semaine n'a rapporté qu'une bourse vide à sa femme, pour avoir rencontré en route un orchestre de Tziganes. Ces gens-là sont les usuriers de la musique.

Si les maisons que construisent les Slovaques sont vulgaires et laides, en revanche la musique que jouent les Bohémiens n'a pas sa pareille au monde. Elle est de pure race madgyare, aussi vierge que la langue elle-même. Les nomades qui la jouent ne l'ont jamais osé germaniser ou italianiser. Les *Hongroises*, car on appelle ainsi toutes ces odes ailées et superbes, sont des filles sauvages de la Putza qui ne veulent d'amants ni de Venise ni de Souabe.

Elles sont bien hongroises, en effet, et résument bien en elles « tout cet ensemble qui est l'état général de l'esprit et des mœurs environnantes. » C'est, du reste, une chose digne de remarque que cette belle qualité résultante est plus sensible dans la musique que dans les trois grands arts d'imitation proprement dits, la peinture, la sculpture, la poésie. Tout de suite et avec une vivacité prodigieuse, elle révèle le caractère du peuple et tout ce qui a contribué à former ce caractère, l'histoire et la terre elle-même. Pourquoi? Parce que la musique est un art presque entièrement subjectif.

Nous avons entendu, l'hiver dernier, la marche de Rakozcy, dans la splendide orchestration de Berlioz. Je l'ai entendue ce soir dans la très simple orchestration de son auteur inconnu du XVIIIe siècle, et, tout en vous écrivant, j'en conserve encore dans l'oreille le merveilleux écho. Un très petit nombre d'instruments forme l'orchestre des Tziganes. Une basse et deux altos disent le chant dans une tonalité sourde, tandis que les violons, les flûtes et les *tzim' baloum* brodent sur ce chant un nombre infini de glorieuses floritures, trilles et arpèges. C'est ce qui explique le caractère à la fois triste et joyeux de cette musique; grâce aux *tzim' baloum*, ce chant, qui est écrit en mineur, semble par instants d'une gaieté folle. « Allons, tzigane, dit le poète, je paye; fais-moi entendre des sons à noyer mon cœur dans son chagrin et dans sa joie. » Ce mélange de chagrin et de joie, voilà bien le caractère du Madgyar. « Heureux celui qui peut vivre de vin et d'amour et mourir pour la patrie... Quand je tomberai, pose un baiser sur mes lèvres, ô belle Liberté. » Si je vous parlais maintenant des mets un peu fades qu'on assaisonne du terrible piment le *poprika*, vous ririez, et cependant je serais tout à fait dans mon sujet.

Quelques accords violents, insolents, cris de défi suivis de silences graves pour attendre la réponse, appel de trompettes. Un temps d'arrêt. Puis, soudain, à travers la plaine sans fin dont il évoque puissamment l'image, le chant éclate, joyeux, léger; notes qui se précipitent, arpèges qui volent, l'harmonie d'une cascade dont l'onde écumeuse saute de rocher en rocher et qui retentit, plus large et plus sonore, à mesure qu'elle approche du gouffre. Ce n'est pas l'hymne d'un peuple de penseurs, d'artisans, de citoyens s'élançant à la bataille parce que la lutte est un devoir et que la liberté est un péril, ce n'est pas la *Marseillaise*. C'est le chant de guerre d'une nation de grands seigneurs qui part pour la bataille comme pour le bal, cavaliers nerveux comme leurs chevaux de la Putza, fiers, pleins de joie, ayant revêtu leurs plus beaux costumes, la plume de héron au vent, héros qui ne voudraient pas d'une lame, fût-elle de Tolède, si le fourreau n'en était d'or et tout reluisant de rubis. Ils ont passé dans l'histoire comme un tourbillon. Cependant la poussière que soulève l'armée en marche s'est dissipée, et dans la splendeur de la lumière l'ennemi immobile apparaît. La musique alors devient plus grave, les appels de trompettes plus perçants, avec quelque chose de désespéré, mais combien joyeux encore, mêlés à de lointaines ritournelles de fêtes! Oh! les bravades meurtrières des gentilshommes de Fontenoy! la poignée de fous conduits par Condé, montant, au son du violon, à l'assaut de Lérida! Ils rient, ils plaisantent, ils piquent de leurs éperons d'or les flancs de leurs chevaux, les font cabrer sous eux, s'amusent de leurs bonds, de leurs écarts. Devant eux, une grande figure se dresse, la Mort ou la Victoire, peu importe, mais une figure de femme belle, rayonnante, vers laquelle, quel que soit son nom, il faut s'élancer d'un seul vol comme vers une maîtresse adorée. La marche se précipite aussitôt: « La balle siffle et le sabre résonne. Voilà ce qui transporte le Hongrois. En avant! » Pause d'une minute; puis de nouveaux appels de trompette, terribles, criant à ceux qui vont mourir le grand mot que dès leur enfance ils avaient toujours sur les lèvres : *Becsület!* « honneur! » et c'est la mêlée qui commence, formidable, désordonnée, épique, comme Salvator Rosa en a peint, avec les décharges incessantes de mousqueterie, avec des galops fous, le cliquetis des armes, cris de triomphe et cris de détresse, sanglots et éclats de rire, quelque chose de surhumain et d'inouï. Enfin, la victoire se décide, l'ennemi prend la fuite, et dans une splendeur nouvelle éclate pour la dernière fois le chant de triomphe et de défi du commencement.

De Pesth à Belgrade par le Danube, 6 septembre.

Navigation monotone, journée longue, mais reposante. Le fleuve se développe entre deux rives, dont l'une est souvent invisible à l'autre, et la Putza prolonge ses rives plates, immense surface herbeuse, plaine tout unie, sans ondulations, sans imprévu. Rien n'arrête le regard qui file droit devant lui, comme la flèche, jusqu'à la ligne lointaine où commence la courbure du ciel. J'ai pu méditer à mon aise au mystère des horizons plats, me figurer l'arrivée des barbares, quand après des mois entiers, peut-être des années de marche, un matin, ils découvrirent le Danube, l'infranchissable masse d'eau qui les séparait de l'empire romain. N'est-ce pas que ce serait une belle scène pour un artiste de génie, que celle du conseil tenu, au lever du soleil, devant le fleuve gigantesque, par les lieutenants d'Attila?

Les villes sont rares; la première que j'ai aperçue ce matin, au bout de deux heures, porte le nom charmant de Baïa, mais n'est qu'un gros village perdu dans la plaine. Auprès de sa station, l'entrée du canal construit par le général Türr. L'indolence malveillante des habitants a fait échouer cette belle entreprise. Le canal s'ensable davantage de jour en jour. Le paysan hongrois se défie de la civilisation; dans chaque entreprise nouvelle, il voit une ruse autrichienne, il veut qu'on le laisse tranquille dans son steppe.

Deux heures plus loin, Mohacz, autre village avec son champ de bataille qui vit la grande défaite des Hongrois par les Turcs, l'Azincourt des Madgyars. Aux forêts de saules succèdent les forêts de saules, aux terres incultes les terres incultes. A peine, de loin en en loin, quelque champ où des paysans en costume bariolé font la fenaison, accourent pour nous saluer au passage. Et cependant il n'est pas en Europe de sol plus fertile que celui de la plaine hongroise. Voici près de dix siècles qu'il se repose, que son riche humus ne demande qu'à produire. Mais Triptolème n'est plus, la terre reste en friche, attend en vain la faux qui la jonchera de ses forêts de roseaux et, après le travail de la faux, « le geste auguste du semeur. » Toujours la même plainte : les bras manquent. Ces gens-là ne font point d'enfants, et pendant qu'ils rêvent ainsi dans leur amour stérile, Slaves et Germains, autour d'eux, ne font que croître et multiplier. Mais ceux-là même qui se rendent compte du mal et qui m'en parlent avec douleur, ceux-là même restent inactifs, les bras croisés ; ils sont célibataires et ne sèment pas de blé.

Le ciel est sans nuages et la Putza est sans ombres. Vous pouvez aisément vous figurer la couleur du ciel, un bleu mat mêlé de blanc. Mais celle de la plaine est inconnue chez nous, et je cherche en vain un mot qui la traduise à peu près. Cette terre n'est ni verte, ni grise, ni blonde ; mais elle est à la fois blonde, grise et verte. Le soleil aime ce steppe illimité, il le chauffe avec bonheur, c'est le domaine favori où sa lumière peut librement éclater dans toute sa joie. Des bandes innombrables de chevaux qui paissent dans les herbes grasses en ordre de bataille, et des grands buffles noirs qui prennent le frais, couchés dans l'eau jusque par-dessus les épaules, un Grec eût certainement fait les troupeaux sacrés d'Hélios. Au passage bruyant du steamer, les chevaux se dressent, inquiets, nerveux ; et Pétœfi a comparé leurs têtes sauvages qui se heurtent aux vagues en colère de l'Océan. Les buffles, dans leurs marais vaseux, restent immobiles, l'œil doux et rêveur, avec quelque chose d'antédiluvien. L'homme est absent. C'est à peine si de loin en loin, debout sur les dunes de sable qui sont les mottes d'Attila, j'aperçois un berger solitaire si fièrement drapé dans son ample manteau de laine blanche qu'on dirait un sénateur de Rome.

L'eau est de deux sortes : l'eau vivante du Danube, si large maintenant qu'on ne sait plus où finit le fleuve et où la plaine commence ; l'eau morte des lacs, des étangs, des marécages épars dans la campagne. Si vous lisez le chapitre *Hongrie*, dans le beau volume d'Élisée Reclus sur l'*Europe centrale*, vous y verrez que, sur une largeur de dix à quinze kilomètres, « la vallée fluviale n'est qu'un lacis embrouillé de lits fluviaux, emplis ou délaissés, et qu'à regarder la carte on dirait une multitude de serpents entrelacés. » L'eau de ce labyrinthe de marais et de chenals croisés à l'infini reluit au soleil, comme des plaques et des filets d'argent... Quand le jour baissa, la perspective sembla devenir plus immense encore. Les rares maisons basses disparurent sous le feuillage des arbres ; plus de villages, de moulins assis dans le fleuve, plus de troupeaux ; seulement, au bord des étangs, des bruits d'ailes et les voix perçantes des cigognes et des grues. Parfois, un grand aigle noir passait au-dessus de nos têtes, et ses ailes déployées faisaient une tache magnifique dans le ciel de cuivre.

Le Danube s'est grossi des eaux abondantes de la Drave. Pour éviter les bancs de sable, très nombreux et qu'on reconnaît à une teinte plus sombre du fleuve, le steamer doit côtoyer les berges de très près et ralentir sa marche. Sur la rive droite, entre Apatin et Kamnitz, le paysage change. A la plaine hongroise ont succédé les montagnes slavonnes, avec leurs noires forêts de chênes dont les glands nourrissent des milliers de porcs aux soies brunes. Leurs Eumées, debout sur les mamelons qui longent le fleuve, sonnent de la trompe... Après une journée très chaude, un vent froid se lève, et la nuit envahit rapidement le ciel. L'obscurité noie les faibles lignes des berges, et la nappe d'eau se confond avec la plaine. La terre disparaît. Au loin cependant, sur son énorme rocher, la citadelle de Peterwardein s'illumine et perce l'ombre de ses yeux de feu. C'est un calme de mort qui règne des montagnes de Syrmie aux derniers horizons de la Putza, blanchis par la lune, quand le vaisseau, après avoir laissé à Neusatz les derniers honveds, poursuit vers Semlin sa marche silencieuse à travers la nuit.

Belgrade, 7 septembre.

Ceci pourrait être intitulé : « Semlin et Belgrade ou le Chameau et les bâtons flottants. »

Le steamer était arrivé si tard dans la nuit à Semlin, que je restai à bord jusqu'au matin à dormir du sommeil du juste. Au point du jour, je saute à terre, et, après avoir exhibé mon passeport au plus méticuleux des employés autrichiens, je me dirige vers l'embarcadère de Belgrade, par une petite rue mal bâtie qui sert de quai. Vous savez que je ne suis pas de ces romantiques qui baptisent la crasse du nom de poésie dès qu'elle n'est pas française. Je vous dirai donc, sans détour, qu'il n'est pas de plus vilaine bourgade que Semlin. Une population en guenilles, laide, d'aspect vicieux, mélange répugnant de ce que la Hongrie a de plus paresseux, l'Allemagne de plus grossier, la Syrmie de plus malpropre, le Ghetto de plus corrompu ; de grands gaillards patibulaires, des vieillards rongés d'ulcères, des enfants nus, des femelles qui le sont à moitié, des chiens ignobles, tout cela grouillant, piaillant, criant, hurlant, se disputant, se roulant dans la poussière, se ruant autour de moi, m'offrant ses services, voulant porter qui mon châle, qui mon parasol, qui mon sac; m'injuriant quand je m'obstine à me passer de leur secours, rappelant, dans tout leur réalisme, certaines gravures de Callot et, dans toute leur fantaisie, certains dessins de Doré. Au milieu de cette tourbe, comme des rayons d'or dans une noire eau-forte de Rembrandt, deux ou trois jeunes femmes serbes, sveltes, légères, gracieuses, soutenant sur leur tête des paniers de légumes et de fruits, canéphores charmantes. La ville elle-même, (ce que j'en ai vu) est en parfaite harmonie avec la population : rien de plus misérable. Je m'embarque à la hâte, et avec quel plaisir je regarde, vers Belgrade, la cité blanche, descendant doucement sur la rive du fleuve et mourant dans la campagne, avec sa haute colline de rochers que couronne la citadelle turque, les taches vertes de ses jardins, ses coupoles dorées, la prodigieuse masse d'eau du confluent du Danube et de la Save, coupée par un charmant îlot peuplé de hérons, toute cette scène baignée dans la plus belle lumière blonde. J'arrive, je débarque, quelle déception ! La ville que j'admirais de loin, si coquette et si blanche, comme par un enchantement funeste s'est évanouie. Je me trouve dans une grosse bourgade de province, tout à fait vulgaire, avec des rues à l'européenne , mais mal pavées, mal entretenues, avec de longues chaussées bordées d'arbres, poussiéreuses, désertes, silencieuses ; les maisons sont peut-être commodes, mais trop certainement laides, ennuyeuses ; quelques rares boutiques à la turque, c'est-à-dire toutes ouvertes sur le devant et abritées par des auvents en bois peinturluré ou sculpté ; toute la population, sauf quelques paysans, ayant adopté nos affreuses modes d'Occident, rien de pittoresque, plus la moindre trace de couleur locale. Le khanak du prince est une grande maison de campagne construite par un épicier prosaïque. Les églises ne sont pas moins banales. Le Kalémédan, malgré son nom historique et bizarre, n'est qu'un simple square médiocrement dessiné. Je monte à la citadelle, je franchis son enceinte crénelée de vieux remparts en brique, je traverse ses grandes cours herbues, je m'avance sur la terrasse qui surplombe le fleuve. Oh ! comme Semlin, là-bas, étincelle splendidement au soleil !

Premier apprentissage qui est triste, mais salutaire, du mirage oriental : « De loin, c'est quelque chose, et de près ce n'est rien ! »

Je n'en ai pas moins passé toute ma matinée à me promener à travers la ville, et cela sans m'ennuyer une minute. C'est d'abord la lumière qui, de plus en plus, me réjouit les yeux, toute claire. C'est ensuite un petit coin de morne poésie qui m'a longtemps retenu, une cinquantaine de maisons qui restent du vieux Belgrade turc, tristes, désertées, tombant en ruine, un pauvre minaret blanc, dont le muezzin a été remplacé par un gypaète. Pas un musulman n'est resté dans Belgrade chrétienne, preuve éclatante de la tolérance orthodoxe. Enfin, les hommes, qui partout, quoi qu'il advienne, sont toujours plus intéressants que les pierres. Aujourd'hui, la ville est en fête, pavoisée pour l'anniversaire du prince, et tout le monde est dans la rue. Les Serbes ne m'ont point déçu. Ils sont bien ce que m'avait appris leur héroïque histoire. « *Every Serbian is a gentleman,* » a dit je ne sais plus quel voyageur anglais. Leur démarche est fière, leur allure pleine de noblesse. L'élégance tient beaucoup à la maigreur, à la sveltesse; un homme trapu est rarement élégant. Presque tous les Serbes que j'ai rencontrés sont sveltes et maigres, et je ne saurais mieux les comparer qu'à ces grands seigneurs de Watteau, qui se tiennent si droits, qui sont si naturellement gracieux et délicats, que du premier coup d'œil on devine galants auprès des femmes et toujours calmes au milieu des dangers. Les traits du visage sont fins, réguliers, un peu durs cependant, les pommettes saillantes; mais les yeux sont très doux, bons et graves.

Nombre de conversations pendant toute cette matinée avec des hommes politiques, des professeurs, et, par interprète, avec des popes, avec des hommes du peuple. Le mécontentement semble général. Ces pauvres Serbes en veulent à tout le monde : aux Autrichiens, qui les menacent en Bosnie ; aux Russes, qui les tiennent par la Bulgarie; aux Turcs, qui les ont battus; aux diplomates du congrès, qui leur ont fait médiocre accueil; à eux-mêmes surtout, pour avoir imprudemment mis le feu aux poudres. La Serbie espérait jouer parmi les Slaves du Sud le rôle que joua le Piémont en Italie; elle s'est trop hâtée, a perdu la partie et ne s'en console point. Les exaltés, à la tête desquels sont les popes, voudraient organiser des levées de volontaires pour la Bosnie. Le prince a sagement compris qu'une pareille folie pourrait amener l'entrée des troupes autrichiennes en Serbie, et s'est rendu à Nisch pour licencier l'armée au plus vite.

Belgrade, même date.

Ici, de midi à quatre heures, il ne faut pas songer à mettre le pied dans la rue. La chaleur est torride, le soleil darde à pic sur les pierres blanches d'un pavé rocailleux, et les grands bœufs dorment sur le foin qui s'entasse au coin des places. Cependant, je suis resté chez moi à boire du café à la turque, à fumer force cigarettes et à sommeiller le plus doucement du monde. Vers quatre heures on est venu m'annoncer « mon carrosse, » et je suis sorti.

Le cocher qui me conduisit à Topsidhéré mérite

une description particulière. Il parle allemand, n'a pour les gospodars francs qu'un médiocre respect et connaît toutes les filles de Belgrade. C'est un grand diable, maigre comme un clou, bronzé et presque rougi par le soleil, bavard comme une pie et plus mélancolique par instants qu'un cheval de corbillard. Je ne sais trop pourquoi, il a commencé par me conduire au cimetière. C'est un grand jardin plein de fleurs. Au milieu, tapissée de vignes vierges et de clématites, une petite chapelle où les enfants apprennent à chanter au lutrin. Les tombes serbes sont très simples et se ressemblent toutes. Elles sont en forme de croix grecque et portent quelques inscriptions, noms du mort et versets de l'Évangile. Ce cimetière n'a rien de funèbre. A l'heure où je l'ai visité, après les fortes chaleurs du jour, le vent passait harmonieusement à travers les branches, toutes les fleurs embaumaient, tous les oiseaux chantaient. Ma promenade a failli se borner à ce délicieux jardin.

Comme je m'éloignais à regret, tout à coup, parmi les arbres, j'entendis une mélodie étrange, une voix de femme qui pleurait sans interruption un refrain qui se pourrait noter comme suit : *Koukou lélé méné léli*. Cette voix triste était charmante, toute musicale. Des sanglots interrompaient la plainte monotone, sanglots qui venaient du cœur, profonds, désespérés. J'écoutai pendant quelque temps, comme on écoute pendant la nuit le chant lointain du rossignol. Puis la curiosité me prit, et je m'égarai de nouveau parmi les arbres pour savoir quelle était cette voix. La plainte déchirante me guidait, et je n'avais pas marché trois minutes que j'aperçus, auprès d'une toute petite tombe, une femme en deuil, agenouillée, et qui se lamentait ainsi. Cette sorte de lamentation s'appelle, en serbe, *naritsati*. La jeune femme ne m'aperçut pas et continua son chant de douleur. Elle pleurait évidemment sur la tombe de son enfant. Trois cierges, plantés en terre près de la croix en pierre, donnaient une pâle lumière qui vacillait au souffle du vent. La pauvre mère ne s'interrompit que pour essuyer ses belles larmes du revers de la main. Certainement elle croyait que son enfant mort entendait ses sanglots et la remerciait de sa douleur.

Je suis remonté en voiture, et mon cocher a lancé ses chevaux au galop sur la large route de Topsidhéré. Tout ce parcours est très animé. Je rencontre de gracieuses paysannes, ayant pour tout costume des corsages brodés très ouverts sur la poitrine et des jupes de laine rouge, très courtes. Elles fixent curieusement sur l'étranger leurs grands yeux noirs et s'interpellent gaiement dans leur belle langue sonore et claire. Les pâtres de la forêt poussent vers Belgrade de nombreux troupeaux de porcs ; les soies noires de ces animaux reluisent comme des fils métalliques, et leur groin pointu, avec leurs petits yeux à peine entr'ouverts, est tout à fait spirituel. Pour les faire ranger aux deux côtés de la route, le porcher jette, au beau milieu de l'épais bataillon, son lourd bâton de *badoujak;* ses bêtes obéissent avec un ensemble tout militaire. Derrière moi, j'ai Belgrade s'étageant sur les bords du Danube et de la Save pour composer un joli paysage sans aucun style, mais d'une aimable tournure semi- orientale.

Bientôt la région des forêts commence, grandes et sombres forêts de chênes qui couvrent, sur une étendue de cent lieues, les collines aux arêtes aiguës des deux Moravas. Un silence parfait règne dans la *Schoumadia;* pas un oiseau chanteur, rien que le murmure très faible du vent qui balance les vagues de feuillage. Les saints arbres, dont chacun, aux jours des dangers, se change en haydouk,—le proverbe dit : Qui tue un arbre tue un Serbe, — semblent tout noirs sous le ciel bleu. Leurs troncs énormes ont la rigidité des colonnes. Leurs feuillages compacts ne laissent filtrer que de rares rayons de soleil. Les clairières sont peu fréquentes. Parfois, du sommet de quelque colline, j'aperçois le magnifique confluent des deux fleuves, les vastes plaines qui continuent l'ancienne mer. Tout cela est grave, triste, plein de mystère, peu sain en somme, trop propice à la rêverie. On manque d'air, on se sent opprimé ; lourde, poignante, la mémoire revient des heures douloureuses de la vie. Ces bois peuplés de vilas et de déités légères évoquent les ombres des êtres aimés qui ne sont plus. Des strophes pleurées jadis pendant l'enfance, tout à coup sortent du passé, chantent à la mémoire qu'ils obsèdent...

Je me suis arrêté pendant une heure au monastère de Rakovitza, caché si habilement parmi les arbres qu'à deux pas je n'en soupçonnais pas l'existence. La cour est plantée de rosiers et d'arbres fruitiers, qui poussent gaiement au milieu des tombes. L'intérieur de la chapelle est orné de fresques très primitives, l'autel est couvert de fleurs. Ce monastère est l'un des plus anciens de la Serbie, moitié maison de campagne et moitié église. Une dizaine de vieux popes l'habitent en compagnie d'un professeur de géométrie, qui s'occupe avec quelques élèves de la triangulation du district. Comme ils savent tous quelques mots de français et d'allemand, nous réussissons, sans trop de peine, à causer, même des affaires politiques. Suivant la mode serbe, ils ont commencé par m'offrir des cigarettes et une soucoupe de confiture de noix. Cette confiture est délicieuse, et je regrette de n'avoir point été compris quand j'en ai demandé la recette. Il était nuit quand je suis rentré à Belgrade.

De Belgrade à Roustchouk par bateau à vapeur, 9 septembre.

Après la région des plaines, celle des montagnes. Je suis de ceux qui préfèrent la grandeur calme aux hérissements rocailleux. Légère et vive, la pensée court librement à travers les plaines. Les grosses masses de rochers et de pierres lui sont lourdes. Au contraire des poitrinaires, je n'ai jamais moins bien respiré qu'en Suisse. Le sentiment le plus exquis, le plus parfait n'est-il pas celui qu'inspirent l'équilibre, l'harmonie? La nature tourmentée ne saurait le donner. Son désordre peut m'intéresser, mais rien de plus. Il ne m'émeut pas. Vous êtes trop de votre siècle pour être de mon avis là-dessus. J'ai toujours regretté de vous voir admirer ce que nos arrière-grands-pères, hommes de sens, appelaient lieux affreux et passions funestes. Ces deux choses se tiennent étroitement.

Donc, j'ai passé dans la journée d'hier par les fameuses Portes de fer, j'ai assisté à ce que les savants appellent « le drame géologique de Golubaz ». Ce drame consiste dans la lutte du Danube, grossi des eaux de trois autres fleuves, contre le mur gigantesque des Karpathes qui lui barrent le chemin. Lutte et triomphe de tous les instants. Après une navigation assez monotone de quelques heures entre la rive boisée de Serbie et la rive plate des Confins militaires, semée de ces étranges guérites, les *tchardaks*, qui semblent des cages à poules montées sur de quadruples échasses, c'est au rocher du Perroquet que le drame commence. A droite et à gauche de cette pyramide de pierre, rigide et farouche au milieu du fleuve, deux promontoires, caps formidables qui projettent au-dessus de l'eau écumeuse des masses de rochers vêtus de bruyères roses. Sur le cap serbe, l'étonnante forteresse de Golubaz. Elle sort du fleuve, violemment, avec une audace inouïe, étageant ses remparts crénelés, ses chemins couverts, ses terrasses et ses tours sur les assises obliques du rocher vif, jusqu'à la dernière plate-forme de la falaise, où quatre donjons se dressent, aires de vautours, merveilleusement rattachés au gros de l'ouvrage par un mur de granit. Puis, plus haut, reposant sur la montagne, d'énormes nuages où l'œil aperçoit de nouvelles citadelles plus fortes encore et plus terribles. De grandes ombres lourdes traînent sur la masse blanche des rochers, dont les formes bizarres, heurtées figurent des monuments humains à côté de cette œuvre des hommes qui semble une œuvre fantastique de la nature. Sur cette double muraille, çà et là, quelques chênes brisés, de maigres broussailles. Dans la falaise, dans la vaste coulée de pierre, une série de gouffres béants et de crevasses insondables, entailles prodigieuses, comme d'un coup de sabre du Roland serbe, le héros Marko Kraliévitch. Voilà Golubaz. Un vent sauvage souffle incessamment sur ces rocs abrupts, et des vautours fauves, nichés là tout exprès pour que la fête romantique soit complète, mêlent à la tempête sonore leurs cris aigus et déchirants.

Le reste du drame répond à merveille à cette farouche exposition. Pendant cinq heures j'assiste, des deux côtés du fleuve, à une succession fantastique d'horreurs. Ce ne sont que falaises plongeant à pic, mordues en vain par la vague agitée; récifs de porphyre rouge étoilé de taches blanches, rochers bizarres ayant le scintillement magnifique des cuirasses persanes, murailles calcaires crevées de cavernes noires qui sont comme les yeux de la montagne ouverts sur le fleuve; par paquets, par charretées, des blocs difformes de granit, de basalte, de marbre richement veiné; puis les ruines capricieuses des châteaux forts des haydouks et des pirates, des arbres tordus par l'orage et pareils, sur les pierres rougeâtres, à des panaches flottants sur un casque d'acier. A mesure qu'il avance, le Danube resserre son lit, comme un lutteur qui se ramasse à l'approche du moment décisif. Les nuages poussés par le vent courent rapidement sur les arêtes des montagnes, qui les déchirent au passage. Parfois, entre deux promontoires, une forêt de chênes ou un vignoble, l'un de ceux que planta Trajan, héros populaire ici et presque national. A travers les bois, des sentiers droits et étroits mènent à la cime du mont, lits creusés d'avance pour les torrents, lorsque les grandes pluies commenceront, qu'éclatera le réservoir céleste et que crouleront en avalanches les pierres de la falaise. De misérables cabanes envoient un peu de fumée dans l'air vif. Les zigzags du fleuve, ses détours sinueux sont innombrables. A chaque instant on le croit fermé; le vaisseau est comme prisonnier dans un lac et sa marche résonne sur la paroi rocailleuse du fleuve comme l'écho d'un tonnerre lointain. Le vent, toujours violent, fait onduler ainsi qu'une mer les cimes des arbres, soulève la poussière en tourbillons aux gueules ouvertes des cavernes noires et semble vouloir déraciner, seuls vestiges de la civilisation au milieu de cette sauvage nature, les poteaux télégraphiques debout sur la rive autrichienne, où le grand comte Széchenyi renouvelant le miracle de Trajan, creusa dans la roche vive la route merveilleuse d'Orschova.

Certainement cette lutte gigantesque du fleuve et de la montagne, ce drame renferme de belles scènes. Mais il est trop long, il occupe trop, il tend trop violemment l'attention; il oppresse la pensée, et même un romantique à crinière mérovingienne, un petit Manfred désespéré, ne doit pas tarder à s'en fatiguer et respire plus à l'aise, quand, sa victoire remportée, le fleuve s'élargit de nouveau, quand à la nature sauvage du val des Chaudronniers et des Portes de fer succède la nature tranquille et calme de Bulgarie et de Valachie.

C'est à Orschova que ce changement s'opère. Les derniers des Daces habitent cette petite bourgade. Ils ont conservé le type de leurs pères, semblent descendus des bas-reliefs de la colonne Trajane. Ce sont d'énormes gaillards, taillés en athlètes, d'un beau bronze doré, très à l'aise dans leurs larges braies de toile et la longue blouse blanche que retient lâchement une veste rouge ou bleue richement brodée, la poitrine nue, puant le bouc, faces patibulaires, chenapans à trente-six karats.

Les femmes de ces rudes démons sont des créatures délicates et charmantes. Comme je descends à terre pendant la longue station que nous faisons à la frontière autrichienne, j'aperçois sur les quais huit ou dix Orschoviennes qui vendent des fruits, accroupies l'une à côté de l'autre, et qui me rappellent aussitôt les *Femmes d'Alger* de Delacroix. Elles étaient là, douces, pâles, souriantes, avec je ne sais quoi de triste et d'amoureux, gazouillant comme des oiseaux et s'épanouissant au soleil comme des fleurs. Devant elles, des fruits superbes entassés sur des nattes, des raisins violets, des melons d'eau, des pastèques dont l'écorce est verte et la chair rose comme un corail pâle qu'on devinerait tendre. Leur costume est d'une grâce originale et tout à fait exquise. Coiffées d'un foulard de couleur, dans lequel elles ont l'habitude de piquer quelques fleurs, elles portent un corset de laine bleue qui laisse voir leur gorge et, comme les Slovaques, une large jupe grise qui ne descend pas plus bas que le genou. Mais, ce qui leur est particulier, c'est une ceinture de cuir d'où pendent, très touffus et très longs, des centaines de crins rouges pareils à ceux qui ornent les casques des trompettes dans nos régiments de cuirassiers. Cette ceinture est leur plus riche ornement. Elles ont les yeux vagues, peu profonds, les mains fines et les pieds d'une extrême petitesse. Les Portes de fer, ce dur pays, devaient produire cette race d'hommes; mais ces femmes, d'où viennent-elles?

Une famille valaque s'installe à bord, le père, la mère, huit enfants. Ils commencent par manger à la gamelle d'une soupe grasse qu'ils ont apportée avec eux. Le père est un bel homme, à la mine sévère, les épaules larges d'un travailleur. Sa femme est encore jeune, mais usée par la misère, fatiguée par l'enfantement; elle est à peine vêtue, tout à fait triste et misérable. Mais tout à coup elle prend sur ses genoux sa plus petite fille; ses autres enfants, repus, se couchent autour d'elle, et voilà qu'elle se redresse, qu'elle resplendit de toute la joie de sa riche maternité; elle redevient belle et elle rayonne de cette infinie tendresse que Dubois a sculptée dans son admirable *Charité*.

Après le passage des secondes Portes de fer (on appelle ainsi trois ou quatre bancs de récifs noirs, qui, par les eaux basses, rendent le passage des bateaux difficile et même dangereux), station à Turnul-Sévérin, sur la rive valaque, en face des quatre pierres qui restent du pont de Trajan. Sur le quai, une foule animée, très pittoresque. Je ne puis détacher les yeux d'un soldat roumain qui, drapé dans un large manteau jaune, se promène en mendiant : il a perdu une jambe dans les Balkans et s'appuie, pour marcher, sur un long bâton qui semble un sceptre dans ses mains. C'est une véritable figure de Ribera, maigre et pâle, sordide et superbe.

Pendant que j'observe ce mutilé de la croisade russe, un grand jeune homme blond s'approche de moi, engage la conversation en très bon français. A la couleur de sa barbe, à ses lunettes, à son air un peu précieux, je le prends pour un étudiant allemand. Au bout de cinq minutes, nous parlons de la dernière guerre, et comme je m'exprimais avec quelque vivacité sur l'égoïsme implacable de la politique moscovite :

— Vous vous méprenez, monsieur, cette politique est tout idéaliste.

— Monsieur, repris-je, je connais ces prétentions à l'idéalisme ; vous ne pouvez être qu'un officier russe.

Le colonel de Bogoluboff se mit à rire et se nomma.

— Ainsi, me dit-il, vous autres Français, vous ne croyez pas du tout au désintéressement de notre politique?

— Je ne parle jamais qu'en mon nom, répondis-je à Bogoluboff. J'admets volontiers que nombre de Russes ont vraiment pensé faire œuvre de pur idéalisme en partant en guerre contre ces pauvres Turcs. Vous avez cru vous battre pour une belle cause, l'indépendance des chrétiens d'Orient, et beaucoup d'entre vous sont noblement morts pour elle. Mais les jésuites aussi se laissent prendre au mirage des mots et pensent faire œuvre pie en exécutant les ordres de leurs Pères directeurs. Vous autres Russes, mon colonel, vous ressemblez aux jésuites. Quand il ne s'agit pour eux que de domination, vos chefs vous parlent de la liberté à donner aux chrétiens d'Orient. Et vous vous dites, vous croyez être des idéalistes, quand vous n'êtes, en somme, que les crédules instruments de la politique la plus égoïste et la plus rapace qui fut jamais.

Bogoluboff n'a pas semblé convaincu, mais nous sommes restés fort bons amis.

J'ai passé une partie de la nuit sur le pont. La campagne était silencieuse, dormait comme je n'ai jamais vu dormir nos campagnes de France, où toujours s'entendent quelques voix d'ouvriers attardés qui rentrent en chantant, de chiens qui aboient.

Quelque temps après le lever de la lune, un incendie a éclaté tout au loin, dans un village bulgare. Aucun bruit ne m'en est arrivé. Mais, distinctement, j'ai vu pendant longtemps une grande étoile rouge qui rayonnait dans les demi-ténèbres de la plaine argentée. Ces nuits du Danube me laisseront un merveilleux souvenir de quiétude et de poésie. Tout l'air est rempli d'une vapeur bleuâtre où le regard plonge doucement. Il ne saisit rien que des taches, quelques formes flottantes, le jeu des rayons pâles dans une ombre qui n'est pas noire. Je ne me suis couché que très tard, après avoir vu passer, comme dans une apparition, la flottille roumaine de Kalafat et les fortifications de Widdin.

Ce matin, à dix heures, j'ai salué la première ville turque, les premiers minarets. Nicopolis est assise dans une jolie vallée, entre deux collines. J'ai compté une demi-douzaine de mosquées. Ma première impression des minarets « C'est blanc ; » rien de plus. Sur la plage, au milieu d'une foule de Bulgares, des officiers russes se démènent, bruyants, insolents, traînant leurs sabres. Un peu plus loin, une bande de Turcs regarde en silence. Ils sont accroupis sur le sable, à l'ombre d'une pile de tonneaux, masse sombre sur laquelle ils mettent les taches brillantes de leurs trubans rouges et de leurs vestes bariolées. Auprès d'eux, de jeunes garçons tenant en main des ânes gris d'une délicatesse charmante. Un groupe de six ou sept femmes voilées s'avance lentement vers l'embarcadère, vêtues de féredjés noirs et traînant leurs pieds nus dans des babouches jaunes. Deux d'entre elles montent à bord. Le yatmak est presque transparent, ne cache rien et ne semble avoir d'autre objet que de rehausser l'éclat des yeux avivés d'antimoine ou de khol. Elles ont les ongles des mains et des pieds enluminés de henné.

Cette première vision des femmes turques me rend indifférent à tout le reste. Je regarde à peine les blondes campagnes de Bulgarie, la rive valaque déroulant sans fin ses steppes d'un vert triste, brûlés par le soleil, où les pâtres roumains poussent tristement devant eux leurs grands troupeaux de moutons; les vastes bancs de sable habités par les pélicans, l'emplacement historique de Sistova, où l'armée russe passa le Danube. Je suis pris tout entier par l'élégant mystère du voile, par le féredjé lâche qui fait deviner si bien tout ce qu'il cache, par la babouche jonquille qui danse sur le pied nu, comme la pantoufle brodée de Marie de Médicis dans l'admirable tableau du Louvre, par d'obliques regards qui sont à la fois attendris et moqueurs, par un bavardage musical de fauvette qui n'arrête pas, par toute la séduction délicate d'un être à demi inconscient et qui tient plus de la gazelle que de la femme.

Quant à ce qui m'arriva à Roustchouk, mon débarquement au milieu d'une foule de Turcs en guenilles, l'interminable visite de mes bagages par les douaniers bulgares, particulièrement de mon nécessaire de toilette; le diable musulman, cocher de haute fantaisie, qui me promène dans toute la ville, veut se faire payer au bout de cinq minutes et ne se remet en marche qu'au cri de *Polizei* que je lui corne aux oreilles par une inspiration subite; le passage du pont de bateaux sur le Danube, l'affreuse plaine poudreuse où je pense périr de chaleur, les buffles valaques qui ressemblent à des rhinocéros, les campements de Tziganes près de Giurgévo, le train de Bucharest qu'il fallut attendre deux heures dans cette affreuse bourgade, —je vous en ferai le récit un soir de l'hiver prochain, au coin du feu. Je suis exténué de fatigue, la plume me tombe des mains. Bonsoir.

Bucharest, 10 septembre.

Ici, toutes les femmes fument
Et tous les amours sont très courts...
Je rêve aux roses qui parfument
Toujours.

Bucharest, ni chair ni poisson, ni Orient ni Occident, ni ville ni campagne, c'est-à-dire point de style, point de couleur, point de caractère. Les Roumains l'appellent *Bucuresci,* « les Bucharest. » En effet, il y a ici deux villes et trois ou quatre villages qui sont assez tristement réunis au milieu d'une grande plaine nue, marécageuse, quelque chose comme la campagne romaine et tout aussi insalubre. Les villes sont vulgaires et laides, les villages prosaïques et sales. Cependant l'ensemble de Bucharest, vu par un temps clair comme celui d'aujourd'hui, soit du campanile de l'église métropolitaine, soit de la terrasse des Cotroceni, forme un assez agréable tableau avec les clochers dorés de ses églises, aussi nombreuses que les jours de l'année, et les jardins de ses faubourgs dont la ville semble émerger comme d'une verte savane.

Au centre, le quartier européen, le beau quartier, disent les Roumains, pour moi le plus laid de tous, une sous-préfecture assez bruyante qui ne cherche à ressembler à Paris que par ses vilains côtés. Les habitants s'habillent tous à la *Belle-Jardinière*. Les jeunes gens à la mode, qui sont fort nombreux, ont pour modèles nos gandins les plus ineptes ; ils ont, comme eux, la raie au milieu du front, des cols ouverts sur la gorge, de petites jaquettes, des bagues au doigt et des maîtresses laides et bêtes qu'ils affichent dans des carrosses de louage et aux perrons des restaurants connus. Vers le soir, ils vont se promener à la chaussée Kisselef, vulgaire route poudreuse qui est bordée de cafés-concerts et de bals publics à l'instar du bal Mabille. La nuit, après le théâtre, on y vient souper dans de petites Maisons-d'Or, et l'on finit par s'égarer sous les bosquets de Herestreu, le Paphos de l'endroit, et dont le nom signifie *scie*.

A côté de la ville élégante, la ville marchande, grosse bourgade allemande aussi peu pittoresque et plus sale. Tout cela me semble d'autant plus laid que j'ai les yeux pleins encore de la belle lumière du Danube et de la poésie des Putzas; que je songe sans cesse aux loques splendides de mes amis les portefaix turcs et aux yeux noirs des douces femmes voilées. Après avoir passé de longues heures avec Fromentin, Decamps et Delacroix, il est déplaisant de se trouver tout à coup dans une imagerie d'Épinal... « Allons voir les quartiers populaires, » se dit-on. Mais là, nouvelle déception. De l'Orient, je ne trouve ici que la crasse, la défroque immonde, les ordures, des taudis infects, des baraques infâmes, des carcasses sur des tas de légumes et de fruits pourris; des mares d'eau empestée, une population sale et vicieuse, des hommes à mine rébarbative vautrés dans la poussière, des femmes en guenilles, rongées de fièvres; de misérables juifs vêtus de haillons, aux longs cheveux gras descendant sur leurs épaules, le dos voûté, l'œil craintif, et au travers de cette tourbe, des chiens, des porcs et des oies errant en liberté, se roulant dans les boues, disputant à des essaims de mouches vénéneuses des tronçons de salade et de melons vidés.

Je vous ai dit que Bucharest compte plus de trois cents églises; je n'en ai visité qu'une douzaine, et cela m'a suffi. Elles sont dépourvues de tout caractère, faites de pièces et de morceaux, méchant mélange des styles byzantin, turc et gothique. De loin, quand le soleil les frappe, leurs clochers ne font pas mauvais effet. Mais, de près, ces minarets terminés par des parapluies en plomb badigeonné de vert sont affreux. Pourtant, je dois faire une exception pour les frêles campaniles de San-Spiridion-Noû et pour son porche, dont les colonnes bordées de feuillage sont d'une délicatesse exquise. Les nefs sont décorées de vastes peintures à fresque. Rien ne peut se voir de plus enfantin. Jamais la Bible et l'Évangile n'ont servi de thème à plus détestables machines. La seule vue de cette imagerie donne envie de rire, et la dévotion orthodoxe n'est guère propre à rendre sérieux un visiteur déjà sceptique en pareille matière.

Comme les nefs grecques ont pour fenêtres de véritables lucarnes et ne sont éclairées qu'à grand renfort de cierges ou de lampes, on se croit tout de suite dans une salle de théâtre. Derrière la scène, je veux dire derrière l'autel, s'élève un grand décor, lourd panneau chargé de tableautins richement encadrés, de figurines d'ivoire et de pierreries disposées en croix. Autour de l'autel (cette esquisse est prise à la métropole) les popes affublés de grandes toges multicolores et coiffés de mitres qui ressemblent à des pots de fleurs. Ils officient de la plus étrange sorte, faisant de grands gestes, se jetant violemment de droite à gauche et de gauche à droite, battant l'air de leurs lourdes manches, disparaissant derrière des draperies écarlates pour ressortir un instant après de petits coins mystérieux et bourdonnant tout le temps de la voix la plus fausse que puissse redouter un tympan musical. Cependant, la fumée des cierges et de l'encens appesantit l'atmosphère. La nef s'emplit d'une lourde vapeur dont la sainte matérialité paraît convenir à merveille aux dévotes roumaines. Les matrones, avec un air de béatitude, sont assises dans des stalles de bois aux deux côtés de l'église et dodelinent de la tête, pendant que leurs lèvres remuent en silence. Les jeunes femmes sont agenouillées çà et là sur les dalles de marbre, qu'elles baisent d'instant en instant avec de grandes démonstrations de ferveur. Elles sont toutes jolies, la peau mate, les yeux battus, mais vifs. Très peu d'hommes, et tous dans l'attitude de Faust guettant Marguerite.

Lorsqu'on a flâné pendant quelques heures dans les rues, qu'on a visité les principales églises et qu'on n'a pas le goût d'aller s'asseoir dans un café, il ne reste plus rien à faire à Bucharest qu'à prendre une voiture et à se promener dans les campagnes environnantes, ou plutôt à avaler beaucoup de poussière sur les chaussées qui, à travers des prairies ou des marais, conduisent à de petits bois de mélèzes ou de sapins. J'ai dirigé ma course vers les Cotroceni, un ancien monastère dont le prince a fait son palais d'été, résidence fort modeste, mais située sur une charmante terrasse et d'où on l'a sur Bucharest une vue agréable. L'intérieur, que j'ai visité, est celui de la maison de campagne d'un honnête bourgeois. Les salons sont simplement meublés et renferment, avec quelques médiocres portraits de famille, de précieuses gravures d'après Raphaël, Véronèse et Poussin. Belle et bonne note pour le prince : le premier livre que j'ai aperçu dans sa bibliothèque est le *Manuel de la liberté de la presse*, par Martin.

Même date.

Pendant cette journée, nombre de conversations avec des hommes politiques de toutes opinions et avec des officiers; comme à Belgrade et comme à Pesth, les mécontents dominent.

L'Europe, me dit-on, a été bien injuste envers la Roumanie; elle a volontairement oublié que la jeune principauté danubienne est sa sentinelle en Orient. A la veille de la guerre, elle lui a refusé ses conseils. Au congrès de Berlin, elle l'a sacrifiée aux convoitises de la Russie. On a beau jeu à reprocher à M. Bratiano la convention du 13 avril. Mais quand les cabinets d'Occident faisaient à ses pressantes demandes des réponses évasives, quand tous l'engageaient, dans leur banale sagesse, à ne point entraver la marche des Russes, il était difficile, presque impossible de ne pas signer. Certes, cette convention a été funeste, mais elle était fatale. On croyait en la Russie, l'occasion était belle de secouer les derniers restes du joug ottoman; qui donc eût osé prévoir la monstrueuse ingratitude du czar?

Je réponds que je n'ai nulle envie de défendre la politique russophile du duc Decazes et de lord Derby, et que l'abandon de la Roumanie par les grandes puissances, à l'exception de la France, est une des hontes du congrès. Mais quelque sympathie qu'on puisse porter à la jeune et vivace principauté danubienne, il est impossible de ne point blâmer l'imprudence et la légèreté dont elle a fait preuve. Au lieu d'être sur ses gardes, au lieu de prendre les précautions élémentaires, elle a donné tête baissée dans l'alliance russe. Elle n'a point hésité une minute, se sentant je ne sais quel orgueil de combattre à côté des puissantes armées moscovites. N'est-il pas vrai que la nation comptait sur un agrandissement de territoire, le prince sur la couronne royale? Ce n'est pas à l'Occident seul que la Roumanie doit s'en prendre, si, de par le droit du plus fort, le czar a contraint le prince de remplacer dans sa couronne la pierre fine de Bessarabie par le méchant caillou de la Dobroudja.

Un jeune lieutenant de vaisseau me fait une objection qui me frappe : « Oui, cette guerre a été funeste, impolitique, désastreuse, mais elle n'a pas été inutile. C'est à la bravoure des soldats roumains tombés à Plewna que nous devons la considération qui nous était marchandée naguère, et que nul aujourd'hui ne peut nous refuser. L'Europe, avant la campagne des Balkans, nous considérait quelque peu comme une nation d'hommes de plaisir, de corrompus, de libertins. Nous avons montré sur les champs de bataille que les petits-fils de Rodolphe le Noir et de Dragosch n'ont pas dégénéré. Cette constatation est importante. Quand un peuple ne sait pas se battre, on peut le protéger, mais on ne l'estime pas ; alors, il ne doit la vie qu'au hasard. Mais quand un peuple sait se battre, on l'estime, alors même qu'on lui refuse aide et secours. Tant mieux pour un peuple qui ne doit sa liberté qu'à lui seul ! »

Ce qui est général, c'est la colère contre la Russie. Selon mon officier, on reçoit tous les jours de nouveaux détails sur la situation désespérée où se trouvait l'armée du grand-duc quand les troupes roumaines se sont portées à son secours ; sans elles, les Turcs vainqueurs jetaient le grand-duc dans le Danube. Ce service a été trop important ; il commandait l'ingratitude, l'occupation de la Bessarabie. Ce qui confirme les dires que je recueille sur ce drame terrible des Balkans, c'est la colère des Russes contre les Roumains, colère qui se manifeste de toutes manières. Cette pensée de Tacite me revient à la mémoire : « Les bienfaits, dès qu'ils dépassent une certaine mesure, engendrent la haine au lieu de la reconnaissance, *pro gratiâ odium redditur.* »

Pour l'instant, les officiers russes se promènent dans Bucharest comme dans une ville conquise. Ils seront seuls à célébrer demain la fête de l'empereur, du « libérateur des chrétiens. » Si ce n'est pour le besoin du service, jamais un officier roumain ne leur adresse la parole ; tout officier qui s'attablerait ou même se promènerait avec eux serait mis à la quarantaine par ses camarades. Cette attitude des Roumains est d'une dignité parfaite, cette protestation morale est éloquente. Les Russes s'en rendent compte à merveille, et leur dépit va croissant.

Ce soir, comme j'étais allé passer une heure dans un café-concert, un acteur déguisé en juif grotesque est venu débiter avec force gestes indécents une chanson obscène. Le public ne se tenait pas de joie, riait aux éclats, applaudissait avec transport. Cette farce grossière se répète tous les soirs, et c'est chaque fois le grand succès de la séance.

Presque toute la bourgeoisie et toutes les classes laborieuses sont passionnées contre les juifs. L'article du traité de Berlin qui subordonne la reconnaissance de l'autonomie roumaine à la proclamation de l'égalité politique de tous les cultes a suscité autant de colères que la cession de la Bessarabie. Les juifs sont généralement détestés ; on fait aux candidats à la députation une obligation de s'engager « à voter contre toute proposition favorable aux Hébreux. » Pas d'année sans quelque massacre de juifs. Depuis dix ans, malgré les efforts du gouvernement, près de cinquante synagogues ont été violées, pillées, démolies par une foule enivrée de haine. A Galatz, en 1868, les murs se couvrirent pendant une nuit d'affiches ainsi conçues : « Vrais chrétiens, levez-vous ! Le jour est venu de massacrer les juifs, les francs-maçons et leurs amis. » Quelques-uns des plus honnêtes gens que j'ai vus, des plus libéraux, ne blâmant que les violences, partagent à cet égard les préjugés les plus féroces.

Pour les questions politiques, ils sont les adeptes de nos révolutions de 89 et de 48. Ils en sont encore, pour les questions sociales et religieuses, au XIVe et au XVe siècle. Cela semble extraordinaire et l'est en effet, mais beaucoup moins qu'on ne pourrait le croire. C'est une belle chose que l'amour de la patrie, mais chez beaucoup de nations et surtout chez les nations jeunes, il se manifeste surtout par la haine de l'étranger. Les Moldo-Valaques sont une nation jeune, et pour eux tous les juifs sont des étrangers, donc des ennemis. Aussi, sur les objections que je présente : « Nous ne sommes pas intolérants; les mesures répressives dont on nous fait un crime ne s'adressent point au culte israélite. C'est une question de nationalité. Les juifs accaparent tout le commerce et l'industrie. Ils ne cessent d'invoquer contre nous la protection des puissances étrangères. Ils sont les apôtres du germanisme, l'avant-garde des Allemands; ils ont contre nous des sentiments de haine inextinguible. Si la race juive triomphe, la race roumaine doit périr. »

Autre mode de raisonnement : « Les juifs de Roumanie ne ressemblent en rien aux juifs de France ou d'Angleterre. C'est une bande d'usuriers, de coquins, de vagabonds cosmopolites. Ils vivent de rien. Si nous leur accordons l'égalité, toutes les terres passeront entre leurs mains; ce sera pour nous la ruine, la misère. » Ce qui revient à dire : « Ils sont plus actifs et plus sobres que nous. »

Je réponds : « Un pays a toujours les juifs qu'il mérite. Vous avez fait vos juifs ce qu'ils sont. Vous les enfermez dans je ne sais quel hideux ghetto moral d'abjection et de mépris. Vous les repoussez comme des chiens, vous leur jetez des pierres, vous habituez vos enfants à cracher sur eux ; comment leur dégradation vous surprend-elle? Pour que l'homme s'épanouisse à sa manière, il lui faut la liberté, l'égalité, le respect. Vous vous dites les élèves de notre Révolution. Montrez-le en imitant l'exemple que la France a donné à la voix de Mirabeau. Je ne pense pas que mes ancêtres des ghettos d'Occident fussent de beaucoup supérieurs aux juifs que vous persécutez aujourd'hui. La Révolution leur a tendu la main, les a relevés. Voyez ce que leurs fils sont devenus depuis un siècle. »

Un grand industriel à qui je tiens ce langage me répond : « Vous prêchez un converti, et les convertis de mon espèce sont nombreux. Mais vous semblez croire que les trois cent mille israélites qui habitent le territoire de la Roumanie sont des indigènes. Il n'en est rien. Cette population est, pour un tiers au moins, étrangère, soit allemande, autrichienne, polonaise ou russe. Le congrès a-t-il pu exiger en bonne justice que nous donnions la jouissance des droits civils et politiques à tous ces hommes, sans distinction de nationalité? Vous conviendrez que non. Faire sortir de leur ghetto politique les israélites roumains, c'est-à-dire tous ceux qui, nés en Roumanie, acquièrent par leur participation aux charges un titre réel à la jouissance des droits, c'est là, je le reconnais, une œuvre bonne et légitime. Mais ce serait attenter au principe de l'autonomie nationale que de nous contraindre de concéder ces droits à des hommes qui se sont toujours soustraits chez eux, comme chez nous, à toutes les obligations civiques, en réalité de naturaliser par un seul décret tous les juifs étrangers qui habitent la Roumanie. » Rien de plus juste que cette solution. Mais le gouvernement aura-t-il le courage de l'imposer aux partis?

Curtea d'Argesch, 11 septembre.

Je n'ai pas voulu quitter Bucharest sans faire une excursion au monastère de Manol, sans voir de plus près les montagnes bleues que de la terrasse de San-Spiridion on découvre à l'extrême horizon. Le chemin de fer conduit jusqu'à Pitésti. On n'imagine pas un pays plus gras et plus fertile; c'est la Lombardie des pays danubiens. Aux blondes plantations de maïs succèdent des prairies, dont les herbes vertes sont si hautes qu'elles cachent jusqu'au toit les chaumières valaques; les plantations de mûriers alternent avec les vignobles; on a remarqué que les meules de foin qui arrondissent leur dôme au milieu de la plaine unie sont telles encore que les sculpteurs romains les figurèrent sur la colonne Trajane. Pourtant, ce n'est pas une sensation de bien-être que donne cette campagne. Elle est riche, mais elle n'est pas gaie. Elle a cette gravité songeuse des grands buffles noirs qui pendant de longues heures se tiennent debout dans les marais, ayant de l'eau jusqu'aux épaules. Au loin, les Karpathes s'échelonnent dans la transparence du matin, bleues sur l'azur plus solide du ciel.

A Pitesti, je tombe au milieu d'une foire aux chevaux. Les chevaux roumains sont de petites bêtes trapues, aux jambes courtes, à l'encolure épaisse, la crinière très longue, les yeux étroits et très vifs. Ils ne sont pas élégants, mais on les dit robustes et vites. A part quelques marchands de Bucharest, je ne vois sur la colline où s'étage la foire que des Valaques de la plaine. C'est une race d'hommes magnifiques, de haute taille, les traits du visage réguliers et très fins, les épaules bien effacées, les longues boucles de leur chevelure tombant sur le dos, les pieds et les mains d'une délicatesse toute féminine. On dirait de belles statues de bronze doré. Leurs attitudes sont celles des antiques. Drapés dans leurs *cachoulas*, grands manteaux en poil de mouton, ils ont conservé pour le reste le costume de leurs aïeux de la colonne Trajane, la chemise ouverte, les larges braies retenues par une ceinture de cuir. Ils vivent durement, couchent sur la paille, se nourrissent de fromage et de fruits, ne s'en portent que mieux. Ce qui frappe, c'est l'indolence superbe qui leur est naturelle et qui contraste à plaisir avec l'énergie musculaire dont ils ont sans cesse à faire preuve. Les femmes sont la grâce même, rêveuses et sensuelles à la fois, très frêles et très solides, charmantes dans leur lumineux costume : une large chemise brodée, une veste flottante couverte d'arabesques d'or, un tablier rouge et bleu, et dans leurs cheveux noirs des résilles et des sequins. Mais ces fleurs se fanent vite, étant trop heureuses de vivre, s'épanouissant trop tôt aux rayons chauds de l'ardent soleil. A partir de la trentième année, fatiguées d'amour, épuisées par les difficultés de la vie, elles se rident, se courbent, de fées deviennent presque sans transition d'affreuses sorcières. En revanche, la beauté des hommes ne fait que croître avec l'âge. J'ai rencontré ce matin, au sortir de la gare, le type idéal de Nestor. C'était un vieux mendiant tout brun de hâle, la poitrine nue, ses cheveux blancs inondant ses épaules, la barbe longue et touffue, le nez et les yeux de l'aigle, et qui s'appuyait sur son bâton de vagabond aussi fièrement que le roi de Pylos sur son sceptre d'or.

Ne sachant ni le slave, ni le roumain, ni le turc, je suis en voie d'acquérir une réelle virtuosité dans le langage des signes. Je ne saurais pourtant vous traduire en mots ceux dont je me suis servi pour louer une berline à quatre chevaux à destination de Curtea d'Argesch. Mon cocher est un des plus beaux garçons du pays; il a du vif-argent dans ses veines saillantes ; les yeux sont de feu, les lèvres rouges comme des cerises et riant toujours pour montrer aux fillettes une rangée de dents plus blanches que les perles. Il tient d'une seule main les quatre paires de rênes, fait claquer son long fouet sans trêve ni repos, et pousse d'instants en instants des mugissements féroces pour exciter ses bêtes. — Autour de Pitesti, des vallées profondes, de petits ruisseaux, des étangs peuplés de roseaux, des horizons variés, la lointaine montée des Karpathes, nues, abruptes, l'union harmonieuse des plaines et des collines, une verdure claire avec un duvet pâle de poussière, quelques hameaux blottis au milieu du feuillage et dont toutes les huttes sont de bois, décor agréable et médiocre qui permet de rêver, pendant que les quatre chevaux courent ventre à terre sur la route de Curtea. J'ai déjà remarqué que cette verte et fertile campagne devrait être riante, mais qu'elle est triste, mélancolique. Je ne sais quoi de sombre et de fatal règne sur toute cette étendue. Plus les collines s'élèvent et plus je me rapproche de l'entassement des énormes pyramides des Karpathes, plus cette tristesse augmente. Est-ce le génie de la fièvre qui la cause, le souverain redouté de toute cette région trop grasse, trop humide — ce grand oiseau de malheur qui plane là-haut, déployant au-dessus de la vallée l'ombre funeste de ses ailes noires? Est-ce lui qu'on devine, qu'on pressent partout? La loi d'harmonie voudrait que là-bas, dans le col resserré de Curtea, se dressassent de sombres ruines crevassées, douloureuses, couvertes de mousse et n'ayant pour habitants que des oiseaux de nuit. Mais non, et c'est la vie que je retrouve, la vie dans tout son éclat, dans toute son activité, avec tous ses bruits, une foule d'ouvriers au travail pour reconstruire sous la direction d'un Français la vieille église de Manol, la renaissance, un corps rendu à l'âme des temps passés qui régnait parmi les décombres.

Je sais combien vous aimez les vieilles légendes. Il n'en est pas beaucoup de plus belles, de plus touchantes que celle du monastère de Manol. La voici telle que l'a mise en ballade le Macpherson roumain, le noble poète Basile Alexandri.

## I

Le long de l'Argis, — sur un beau rivage, — passe Nigra Voda, — avec ses compagnons, — neuf maîtres maçons, — et Manol, dixième, — à tous supérieur. — Ensemble ils vont choisir, — au fond de la vallée, — un bel emplacement — pour un monastère. — Voici qu'en chemin ils firent rencontre — d'un jeune berger — jouant de la flûte, jouant des doïnas. — Et l'apercevant, — le prince lui dit :

« Gentil bergeret, — jouant des doïnas, — tu as rencontré — le cours de l'Argis — avec tes moutons. — N'aurais-tu point vu, — par où tu passas, — un mur délaissé — et non achevé, — dans le vert fouillis — des noisetiers?

— Oui, prince, j'ai vu, — par où j'ai passé, — un mur délaissé — et non achevé; — mes chiens, à sa vue, — se sont élancés — en hurlant à mort — comme en un désert. »

Le prince, à ces mots, — devient tout joyeux — et repart soudain, — allant droit au mur — avec ses maçons, — neuf maîtres maçons, — et Manol, dixième, — à tous supérieur.

« Voici le vieux mur; — ici je choisis — un emplacement — pour un monastère. — Or, vous, mes maçons, — mes maîtres maçons, — jour et nuit, en hâte, — mettez-vous à l'œuvre, — afin de bâtir, — d'élever ici — un beau monastère — sans pareil au monde. — Vous aurez richesses — et rang de boyard; — ou sinon, par Dieu! — je vous fais murer, — murer tout vivants — dans les fondements. »

## II

Les maçons, en hâte, — tendent leurs ficelles, — prennent leurs mesures — et creusent le sol. — Bientôt ils bâtissent, — bâtissent un mur. — Mais tout ce travail — dans la nuit s'écroule; — le second jour de même; — le troisième de même; — le quatrième de même. — Leurs efforts sont vains; — car tout le travail du jour — dans la nuit s'écroule. — Le prince étonné —

leur fait des reproches, — puis, dans sa colère, — de nouveau menace — de les murer tous — dans les fondements. — Les pauvres maçons — se remettent à l'œuvre — et travaillent en tremblant — et tremblant en travaillant — tout le long d'un jour d'été, — d'un grand jour jusqu'au soir. — Voilà que Manol — quitte ses outils, — se couche et s'endort — et fait un rêve étrange, — puis soudain se lève — et dit ces paroles :

« Vous, mes compagnons, — neuf maîtres maçons, — savez-vous quel rêve — j'ai fait en dormant? — Une voix au ciel — m'a dit clairement — que tous mes travaux — iront s'écroulant — jusqu'à ce qu'ensemble — nous jurions ici — de murer dans le mur — la première femme, — épouse ou sœur, — qui apparaîtra — demain à l'aurore, — apportant des vivres — pour l'un d'entre nous. — Donc, si vous voulez — achever de bâtir — ce saint monastère, — monument de gloire, — jurons tous ensemble — de garder le secret, — jurons d'immoler, — de murer dans le mur — la première femme, — épouse ou sœur, — qui apparaîtra — demain à l'aurore. »

## III

Voici qu'à l'aurore — Manol s'éveille, — et en s'éveillant, — il grimpe aussitôt, — d'abord sur la haie, — puis il monte encore — sur l'échafaudage — et regarde au loin — les champs et les monts. — Mais qu'aperçoit-il? — qui voit-il venir? — C'est sa jeune épouse,

— la Flora des champs. — Elle se rapprochait — et lui apportait — des mets à manger — et du vin à boire. — Manol la voit; — lors sa vue se trouble, — et, saisi d'effroi, — il tombe à genoux, joint les mains et dit :

« O Seigneur, mon Dieu! — répands sur la terre — une pluie écumante, — qui trace des ruisseaux — et creuse des torrents; — que les eaux se gonflent — pour inonder la plaine — et forcent ma femme — de rebrousser chemin. »

Dieu prend pitié — et, à sa prière, — assemble les nuages — qui dérobent le ciel. — Soudain il en tombe — une pluie écumante, — qui trace des ruisseaux — et coule en torrents. — Mais elle ne peut — arrêter l'épouse, — qui toujours avance, — traverse les eaux — et toujours approche. — Manol la voit, — et son cœur gémit. — Il s'incline encore, — joint les mains et dit :

« O Seigneur, mon Dieu! — déchaîne un grand vent, — au loin sur la terre, — qui torde les platanes, — dépouille les sapins, — renverse les montagnes — et force ma femme — de s'en retourner, — loin dans la vallée. »

Dieu prend pitié — et, à sa prière, — déchaîne un grand vent — du ciel sur la terre; — le vent souffle, siffle; — il tord les platanes, — dépouille les sapins, — renverse les montagnes; — mais il ne peut encore — arrêter l'épouse, — qui toujours avance, — traverse les eaux — et toujours approche, — fait de longs circuits, — mais toujours approche, — approche, ô malheur! — du terme fatal.

## IV

Pourtant les maçons, — neuf maîtres maçons, — éprouvent à sa vue — un frisson de joie; — tandis que Manol, — la douleur dans l'âme, — la prend dans ses bras, — grimpe sur le mur — et l'y dépose, hélas! — et lui parle ainsi :

« Reste, ma fière amie, — reste ainsi sans crainte, — car nous voulons rire, — pour rire te murer. »

La femme le croit — et rit de bon cœur, — tandis que Manol, — fidèle à son rêve, — soupire et commence — à bâtir le mur.

La muraille monte — et couvre l'épouse — jusqu'à ses chevilles, — jusqu'à ses genoux. — Mais elle, la pauvrette, — a cessé de rire — et, saisie d'effroi, — se lamente ainsi :

« Manoli, Manol, — ô maître Manol! — assez de ce jeu, — car il est fatal. — Manoli, Manol, — ô maître Manol! — ce mur se resserre — et brise mon corps. »

Manoli se tait — et bâtit toujours. — Le mur monte encore — et couvre l'épouse — jusqu'à ses chevilles, — jusqu'à ses genoux, — et jusqu'à ses hanches, — et jusqu'à ses seins; — mais elle, ô douleur, — pleure amèrement — et se plaint toujours.

« Manoli, Manol, — ô maître Manol! — assez de ce jeu, — car je vais être mère. — Manoli, Manol, — ô maître Manol! — ce mur se resserre — et tue mon enfant; — mon sein souffre et pleure — des larmes de lait. »

Mais Manol se tait — et bâtit toujours; — le mur monte encore — et couvre l'épouse — jusqu'à ses chevilles, — jusqu'à ses genoux, — et jusqu'à ses hanches, — et jusqu'à ses seins, — et jusqu'à ses yeux, — et jusqu'à sa tête; — si bien qu'aux regards elle disparaît — et qu'à peine encore on entend sa voix — gémir dans le mur :

« Manoli, Manol, — ô maître Manol! — le mur se resserre — et ma vie s'éteint. »

Comme je venais d'entrer dans la cour du monastère, me redisant le doux refrain de la ballade de Manol, j'entendis tout à coup une voix entonner derrière un échafaudage la chanson de *Madame Angot*. Je m'approche, et je me trouve en présence d'un ouvrier français qui chantait en travaillant. Connaissance fut vite liée. C'était un menuisier jurassien qu'avait amené avec lui l'architecte français chargé de restaurer le monastère, M. Lecomte, le frère de mon ami Lecomte de Nouy. Par malheur, M. Lecomte venait de partir pour Paris. Ce fut donc l'ouvrier qui me servit de guide à travers le dédale des constructions nouvelles, guide excellent, instruit, très intelligent, un de ces compatriotes qu'on est plus fier de rencontrer à l'étranger que nombre de petits diplomates musqués.

L'église d'Argesch est tout à fait isolée des autres bâtiments du monastère. Elle a été érigée sous Négou

Bassaraba, est tombée en ruine, et il a été nécessaire de la reconstruire tout entière. C'est une œuvre singulière, d'orfèvre plutôt que d'architecte, et qui ne vaut en réalité que par le détail. Figurez-vous une grande châsse byzantine surmontée de deux tours taillées en spirale, et qui, par un singulier caprice de l'artiste, sont inclinées de manière à faire croire qu'elles vont tomber. Un escalier de douze marches conduit au portique, dont huit colonnes de marbre supportent le chapiteau. Sur le bord, encerclant les deux tours, se développe une galerie dont la balustrade à jour est d'une légèreté tout aérienne. La forme qui domine est celle du globe. La ligne droite s'enlevant claire et ferme sur le ciel clair, parallèle à l'horizon des campagnes unies et de la mer; tout le génie grec est là, comme celui du catholicisme jeune et fervent se trouve tout entier dans la flèche aiguë qui part de terre pour monter légère, dentelée, presque immatérielle vers le ciel mystique de la foi. De même cette ligne courbe, mais d'une courbe lourde et gauche, est bien byzantine, traduit à merveille l'esprit vulgairement tortueux de ces Romains dégénérés, de cette race énervée et amollie. Cette ligne domine, elle fait la loi, elle est le principe régulateur; c'est d'elle que tout le reste dépend. De là ce changement : toutes les surfaces rectilignes, carrées, angulaires des temps païens sont remplacées dans les églises byzantines par des surfaces circulaires, curvilignes, concaves à l'intérieur. Ainsi, la netteté, la franchise, la clarté, l'unité de parti pris, toutes ces choses grecques sont contraires à l'esprit de Byzance, aussi sophistique, baroque, méticuleux et pédant chez ses artistes que chez ses hommes d'État, ses juristes et ses prêtres. Je ne dirai pas que la simplicité leur répugne, car ils ne la comprennent même pas, ils ne s'en doutent point. La beauté ne les préoccupe jamais; ils ne recherchent que l'éclat, la richesse, la complication qui est un luxe de mauvais aloi. Dans toute leur architecture, vous ne trouverez pas un profil se découpant nettement sur le vide, un contour de colonne qui ne soit pas tors ou fuselé, une architrave qui soit plane et unie, une courbe qui ne soit pas excentrique, un contour qui ne soit pas un évidement ou un gonflement. « Toute notre admiration est réservée aujourd'hui pour les tisserands et les orfèvres, » écrivait saint Jean Chrysostome. Comme sur une certaine tunique on voyait plus de six cents figures, saint Astérius se plaignit que « les habits des chrétiens efféminés étaient peints comme les murailles de leurs maisons. »

Ils n'ont pas le génie géométrique et plastique de la Grèce. Ils n'ont pas la fantaisie charmante et folle des Maures et des Hindous. Ils sont médiocres, archipédants. Pour s'en rendre un compte exact, il faut étudier cette ornementation même dont ils tirent vanité, leur art de décoration monumentale. Rien du fouillis de l'arabesque, de la floraison innombrable des ciseleurs indiens, ni oves, ni trèfles, ni feuilles d'eau, ni semis d'étoiles, ni lotus, ni courbures infinies, ni lettres capricieuses, ni fantaisies d'entrelacs, ni gaufrure indéchiffrable, ni dentelles ; rien que la combinaison sèche et rigide de deux ou trois lignes droites qui, cinquante fois brisées, forment un zigzag régulier, dessinent un panneau mathématique. La folie raisonnable, sérieuse, compassée est la plus odieuse ; c'est la leur. Ils ne savent ni ne veulent être jeunes. « Leur encombrement est désordonné et leur richesse inintelligente. » Ils croiraient déchoir en laissant un panneau dans la nudité du marbre ; mais quand ils le veulent orner, ils ne trouvent rien dans leur cerveau énervé, rien que l'assemblage de lignes géométriques brisées et croisées. Aussi n'excitent-ils ni l'admiration comme les architectes de l'Acropole, ni l'éblouissement comme ceux de l'Alhambra. Que font-ils? Ils étonnent, cela leur suffit. Mais leur puérilité finit par amuser, leur sénilité devient curieuse ; à la longue, leur pédantisme ne déplaît plus, quelque chose d'étrange, de fascinateur perce sous leur radotage. On trouve la critique trop facile, et, partant de là, on se contente du plaisir tout particulier, mais très réel, que cause la singularité du genre. On découvre à cette église d'Argis la splendeur bizarre de ces coquillages aux spirales lustrées qu'on pêche dans les mers du Sud. La justesse des rapports n'existe pas plus dans la coquille que dans l'église. L'esprit en souffre d'abord, puis cherche autre chose, se rabat, avec ce désir d'admiration qui est un des nobles côtés de l'homme, sur la hardiesse des tours, sur l'étrangeté des colonnes, sur la grâce des balustrades, sur la prodigieuse régularité des fouillis décoratifs, sur la reluisante harmonie des marbres et des ors, sur le bleu intense qui avive les ciselures des aiguilles et des croix.

Pour soutenir la grande nef, des colonnes en marbre blanc forment un carré dont les côtés, suivant la mode byzantine, se prolongent en quatre nefs égales. A chacun des angles se dresse un faisceau de piliers liés par des arcades dont les pendentifs forment le cercle de la coupole. Le désordre de la reconstruction est tel qu'il est difficile de s'orienter au premier abord. Quand on s'est reconnu, une chose frappe tout de suite : comme cette église en ruine, sans autre lumière que celle du jour qui entre violemment par les fenêtres sans vitraux, vide de son Dieu et de ses idoles, montre bien la pauvreté de cet art byzantin d'où le culte de la forme pour elle-même est banni, la vacuité de la civilisation en moisissure qui a produit cet art ! La pompe en moins, l'or, la pourpre, les pierreries, le marbre, les albâtres, les porphyres, les encens, qu'elle est misérable la carcasse qui reste ! Le vêtement enlevé, la parure brisée, plus rien pour charmer l'œil, pas une ligne n'est belle, pas une forme n'est grande, rien de simple, rien d'harmonieux. Les arcades se dessinent dans toute la lourdeur de leurs courbes, les pendentifs étalent gauchement leurs formes pesantes, la coupole écrase, les colonnes vont fléchir sous le faix excessif. Au-dessus des chapiteaux, on aperçoit encore les gigantesques figures de Négou Bassaraba et de ses hiératiques compagnons, énormes fresques à demi effacées par la pluie et les vents, et qui font l'effet d'un reste de fard sur un visage mal lavé. Ils sont tous roides, de bois, sans ressort, sans vie. Ils ont le regard vague, l'attitude inerte, la pensée figée. Ce ne sont pas même des ombres d'hommes. Et combien plus affreux encore ils devaient être, plus stupides, plus idiots dans la crudité première des couleurs! En sortant du monastère d'Argis, je me sens très fort contre les enthousiastes du style byzantin. Le milieu politique et social où s'est produit cet art était le plus mesquin qui fût jamais, le plus impuissant. L'art byzantin manque naturellement de grandeur. Il est curieux, il peut amuser, il peut éblouir, mais voilà tout. Il ressemble à ces mouches qui se nourrissent de charogne et dont les ailes aux reflets de rubis et de saphirs sont cent fois plus brillantes que les ailes des abeilles qui se nourrissent du suc des roses.

Au retour, je me croise avec la foule des paysans qui reviennent de Pitesti. Leurs lourds chariots sont attelés de bœufs graves, pensifs, philosophes, le front baissé, leurs longues cornes brillant comme de l'argent dans l'ombre qui descend. J'ai remarqué plusieurs types de Valaques, admirables, tout à fait classiques. Un grand vieillard, couché sur les sacs de farine qui remplissent son char, m'a rappelé le dieu Tibre du musée du Louvre, si dédaigneux, si superbe, si perdu dans sa songerie. Plus loin, une jeune femme qui conduisait elle-même son attelage de bœufs, c'était la déesse Isis en personne, taillée dans le rose granit d'Égypte, dardant sur je ne sais quel astre deviné la largeur de son regard, des épis et des fleurs dans les cheveux, la chemise ouverte, ne cachant pas l'ampleur de ses seins féconds. Vous souvient-il de la nymphe brune d'Hébert, nue dans la forêt de roseaux? Je l'ai rencontrée, elle aussi : elle était debout dans l'eau d'un petit étang, occupée à faire la lessive, sa jupe rouge tordue autour des reins comme une ceinture, les cheveux épars, les bras humides de perles. On eût voulu lui murmurer les vers de Hugo : « Elle était déchaussée, elle était décoiffée... » mais les chevaux courent ventre à terre, emportés par le vent qui souffle des Karpathes assombris...

Roustchouk, 12 septembre.

Je me suis souvenu aujourd'hui de la distinction que les psychologues ont judicieusement établie entre la durée subjective du temps et sa durée objective. Vous savez l'histoire de ce brahmane de l'Inde, qui séjourna neuf cent quatre années avec une nymphe céleste et la retint, lorsqu'elle voulut partir, en s'écriant : « La nuit n'est pas encore venue. » Il avait pris neuf siècles pour un jour. — Je puis vous certifier que le temps passe beaucoup moins vite à Roustchouk.

C'est, en effet, une affreuse bourgade. Elle est assise sur la rive droite du Danube, à l'extrémité d'un vaste steppe, brûlé par le soleil. Le rues en sont tortueuses et malpropres, les maisons basses et d'aspect misérable, le tout d'un gris mélancolique, sous un ciel implacablement bleu. De toute la population turque, il ne reste que quelques vieux mendiants, dont la maigreur est effrayante, et sur qui la mort semble déjà avoir passé sa main décharnée. Étendus dans la poussière, au seuil d'un cabaret où les Bulgares s'enivrent, ils fument lentement une dernière chibouque et rêvent à la splendeur éteinte du Croissant

L'auberge où je me réfugie pendant la terrible chaleur de midi n'est riche qu'en insectes, et pour augmenter les charmes d'un pareil séjour, j'ai sous ma fenêtre un campement de blessés russes, dont les plus valides rôdent, clopin-clopant, la figure rongée par la fièvre, grelottant sous leurs lourds manteaux par une température de trente degrés. Cependant les fonctionnaires russes se distraient à rosser les portefaix bulgares, la plus riche collection de coquins qui soit au monde, et, vers le soir, les officiers généraux viennent promener sur le bord du fleuve des demoiselles au chignon d'or fauve. Voilà la libération des chrétiens et la civilisation des Moscovites.

Que faire en un tel trou, si ce n'est causer avec le plus de monde possible, pour avoir quelque idée de la situation réelle des choses dans le nouvel État indépendant de Bulgarie? Par bonheur, la plupart des officiers russes parlent allemand ou français, et je trouve ici toute une colonie de Marseillais qui connaissent à merveille le pays et ses habitants. Alors, on fait venir des cigares, on s'assied sur une petite terrasse qui reçoit la brise du fleuve, et l'on bavarde.

Premier fait très caractéristique. Après avoir versé des flots de sang pour libérer les Bulgares, les Russes en sont arrivés à professer pour ces bons frères slaves le plus profond mépris. Au second verre de slubovitz, l'eau-de-vie du pays, leurs officiers en conviennent avec la plus grande franchise. « Le Bulgare, me disent-ils, est de sa nature essentiellement paresseux, voleur, cruel et sale. La terre est d'une admirable fertilité. Il ne la cultive point. Il aime mieux se faire cocher ou charretier, ou encore pratiquer l'un des deux métiers d'usurier ou de pourvoyeur, qui lui semblent particulièrement profitables et pleins de charme. Étant absolument dépourvu de sens moral, il considère le vol comme la source la plus légitime de la propriété; il vole ce qu'il peut, quand il peut et où il peut. S'il est surpris et qu'il soit armé, il tue et n'en va pas moins à la messe. Quand cette racaille est en nombre, sa sauvagerie croît en des proportions formidables. En l'absence des troupes russes, ce que les Bulgares ont commis d'horreurs, ce qu'ils ont tué de musulmans après les avoir torturés, ce qu'ils ont violé de femmes et brûlé de villages, on ne le saura jamais. Il suffit, du reste, de voir les figures patibulaires de ces misérables rôdeurs, qui ne valaient pas à eux tous la vie d'un seul de nos soldats, d'un seul Turc, d'un seul Roumain. »

Comme pendant au mépris des Russes pour les Bulgares, la haine des Bulgares contre les Russes. Les conversations que je vous rapporte forcent un peu la note juste, mais n'en sont que plus significatives. Les Bulgares, il y a trois ou quatre ans, ne songeaient nullement à s'affranchir du joug turc, sous lequel ils croupissaient assez doucement. Mais, dès qu'on a lancé parmi eux le grand mot de liberté, ils ont compris qu'être libres cela signifiait qu'on pouvait impunément s'approprier le bien d'autrui et se débarrasser d'un voisin gênant. Dès que les Russes leur ont fait entendre que cette interprétation n'était pas rigoureusement exacte, qu'être indépendant et pour les Bulgares cela veut dire être les sujets du czar; dès qu'enfin, comme je l'ai vu aujourd'hui de mes propres yeux, le fouet russe a commencé à claquer aux oreilles de ces bons Slaves et à cingler leurs maigres épaules, voilà mes Bulgares pris d'une cordiale haine contre les Russes, et qui, grave imprudence de leur part, ne s'en sont pas suffisamment cachés. En résumé, la Discorde est déjà descendue au camp de l'Agramant slave. L'Europe sera quelque temps à s'en apercevoir, se laissera, pendant quelques années encore, prendre aux apparences officielles. Peu importe, c'est la vérité vraie que je crois avoir entrevue.

De Roustchouk à Varna, 13 septembre.

Imaginez un pays tout de prairies et de marécages, enfiévré par les vents de l'est et brûlé par le soleil; une terre toute verte, qu'on ne sent pas solide, coupée de petits ruisseaux clairs et de flaques d'eau; des traces rares de culture, quelques villages et des troupeaux innombrables; parfois de petits bois de chênes dont les branches se balancent à portée de la main tendue hors du wagon; des collines horizontales, dernières ondulations des Balkans, nues, inhabitées, fuyant lentement dans l'azur ferme et sans tache d'un ciel profond; des vallées parallèles qu'on dit des jardins d'Éden, jetant leur note plus sombre sur l'uniformité pâle des montagnes; vers le Lom, à l'ouest, une longue muraille calcaire, qui fait luire sa ceinture blanche au milieu de la verdure; et tout cela grave, triste, reposant pour l'œil, sans motif de paysage, voilà la Bulgarie de Roustchouk à Choumla.

Nous avons mis près de huit heures à faire ce trajet d'une centaine de kilomètres. Les locomotives turques ont la vitesse des tortues. Parfois on s'arrête devant un poste de Cosaques. Les officiers russes en tournée descendent de wagon, donnent des ordres, passent des inspections avec une grande minutie. Tous ceux avec qui j'ai causé sont très instruits, d'une intelligence forte et solide, ayant au plus haut degré le sentiment du devoir militaire; très patriotes, très dévoués au czar, et avec cela magiquement séduits par les théories socialistes les plus hardies. D'une politesse exquise quand ils causent avec un Français, durs et insolents dès qu'ils s'adressent à leurs soldats, aux Turcs et aux Bulgares. Ces trois catégories de bipèdes ne sont pas dignes d'envie. Les soldats russes sont presque tous malades, rongés par la fièvre ; les Turcs meurent de faim et émigrent en masse ; de petits Bulgares, à demi nus, sortent de terre à toutes les stations pour venir mendier d'une voix lamentable. Quand on leur donne quelques *paras*, ils ne remercient pas, mais font un signe de croix profondément douloureux et s'éloignent lentement en regardant leur petite pièce de cuivre.

A Choumla, j'assiste à une scène d'exode qui est navrante. Un Turc, d'une quarantaine d'années, émigre avec sa femme malade. Il a cet air toujours si imposant d'un homme fort qui lutte avec la douleur, essaye de sourire à la malheureuse qu'il porte dans ses bras avec une tendresse infinie. Elle, pleure, se lamente, son voile tout ouvert, pâle comme la mort. Une adorable petite fille les accompagne, chantant comme un oiseau au milieu de cette tristesse, n'emportant pour sa part qu'un bouquet de fleurs des champs déjà fanées. Deux serviteurs portent les armes de l'effendi, une douzaine de sacs, quelques provisions, des pastèques, la grande pipe du maître. Les Turcs qui restent encore aujourd'hui, mais qui partiront demain, car l'exil est pour eux une question de vie ou de mort, s'empressent autour des émigrants, leur donnent rendez-vous à Stamboul ou à Brousse. Plusieurs officiers russes se sentent émus, s'excusent :

« C'est une nécessité politique, musulmans et chrétiens ne peuvent pas vivre ensemble, côte à côte... — Mais seulement depuis la libération des Bulgares, n'est-ce pas? »

A partir de Choumla, les montagnes se rapprochent de la voie ferrée. Elles ont perdu leur caractère de douceur grave, sont devenues abruptes, farouches, violentes. Une longue suite de falaises grises court sur leurs cimes, murailles naturelles où l'œil découvre, dans les énormes pyramides de granit, des citadelles, des tours à créneaux, des donjons, des portes fortifiées. On a peine à se figurer que ces puissantes défenses ne sont pas l'œuvre de l'homme. Sur les pentes roides, de grandes forêts s'étalent, sombres, pleines de bruits. Des aigles tourbillonnent dans l'air, au-dessus des lourds nuages de cuivre qui reposent comme des casques sur le sommet des montagnes. C'est bien « le pays sauvage, la terre hyperboréenne » du pauvre Ovide. A travers la vallée étroite serpentent des sentiers ensoleillés qui conduisent aux villes blanches, à Paravadi, si gracieusement cachée au milieu des bosquets et des jardins et dressant vers le ciel bleu ses vingt minarets.

Le jour baisse. Nous voici maintenant dans cette vaste région de marais où le souffle d'Orient vient puiser ses fièvres mortelles parmi les herbes aquatiques, les roseaux et les larges coupes des nénufars. Au passage du train, des hérons, des oiseaux bleus et verts dont j'ignore les noms s'échappent en battant des ailes. Ce sont les eaux stagnantes, pestilentielles qui donnent les plus brillantes couleurs aux habitants de leurs profondeurs et de leurs rives. Cette extrémité de la Dobroudja est lugubre. Sur des tertres, j'aperçois les croix tumulaires des soldats d'Espinasse. Point de villages; l'homme a disparu. Ce trajet dure une heure, pendant laquelle le soir tombe tout à fait. Nous approchons. A notre droite, une baie profonde de la mer Noire, étalant à perte de vue la masse de ses flots assombris pendant que le soleil rouge descend à l'extrême horizon. On dirait un de ces paysages des grands lacs d'Afrique, que nous ont fait entrevoir en rêve les intrépides pionniers Baker et Livingstone. La nuit est venue quand j'arrive à Varna; la lune monte lentement dans le ciel nuageux et les minarets s'illuminent d'une triple rangée de feux. C'est le grand jeûne de la journée qui finit. Je vais tomber à Constantinople en plein ramazan.

Varna, 14 septembre.

Le bleu Danube est jaune et la mer Noire est toute bleue. Oh! logique des dénominations! Il est vrai qu'on appelle « fanatisme » le patriotisme des Turcs, et l'ambition cupide des Russes « amour de la civilisation ». Du balcon de l'auberge où j'attends l'heure de m'embarquer, j'aperçois toute la baie de Varna, développant, dans un amphithéâtre de collines claires, l'intense azur de ses eaux. A droite, le port; à gauche, en dehors de la ville, le camp des Russes. Une petite vallée, étroite et toute verte, le rattache au rivage. Le pays est malsain, à cause du voisinage des marais et du peu d'élévation des collines, qui laissent la ville sans défense du côté de la Dobroudja. Aujourd'hui, dès dix heures du matin, la chaleur était si accablante sur la plage de sable, que j'ai dû rentrer précipitamment, de crainte d'insolation. La brise de mer n'était qu'un souffle, accompagnait à peine d'un tremblant murmure la voix harmonieuse du muezzin : « Li Allah il Allah. »

Varna me donne une première idée du Babel des villes orientales. Mon hôtesse est anglaise, la fille de chambre allemande, le *cameriere* italien, le cuisinier français, les marmitons turcs, et j'ai soupé hier au soir entre un officier russe et un marchand grec. Dans les rues, où j'errais dès l'aube, j'ai remarqué même mélange de races. Les femmes turques sortent peu. En revanche, les juives sont partout. Quand elles viennent puiser de l'eau à la gracieuse fontaine du quartier grec, la pensée se reporte à l'instant vers les belles légendes bibliques, vers le puits chaldéen où Rébecca reçut Éliézer. Elles sont grandes, sveltes, ne portent pas de voile, marchent d'un pas de déesse, leurs pieds nus claquant dans des babouches de couleur safran. Elles sont naturellement brunes et, de plus, toutes bronzées par le chaud soleil; chacune pourrait dire, comme la femme du *Cantique des cantiques :* « Je suis noire, mais je suis belle. » Elles sont admirables de forme, faites comme des statues. Pourquoi Henner n'est-il pas parti avec moi?

La ville elle-même ne présente aucun intérêt. Toutes les maisons sont teintées d'une couleur différente, les unes vertes, les autres violettes, celles-ci jaunes, celles-là roses. De loin, l'effet général est agréable, celui d'un bouquet de fleurs. Mais, de près, cela est fort laid, d'autant plus que ce plâtre ainsi badigeonné s'émiette sous la chaleur et que la saleté des rues est extrême. Je n'ai pas eu le courage de pousser jusqu'au monastère. Les officiers russes y dansent toutes les nuits avec les belles Grecques jusqu'au lever de l'aurore. Mais on annonce l'arrivée prochaine de Todleben. Ce vieux hibou chassera tous ces insouciants oiseaux.

Les abords des fortifications sont encombrés des canons que les Turcs, avec leur habituelle lenteur, sont en train d'embarquer pour Stamboul. C'est hier que les Russes ont occupé les forts. Le croisement incessant des soldats des deux nations est un spectacle curieux. Ce matin, ce n'étaient qu'escadrons russes et turcs allant à l'abreuvoir ou en venant. Les officiers se saluent courtoisement, les soldats se regardent d'un œil sombre où brillent des éclairs.

La muraille, assez délabrée, longe tout le bord de la mer. Pour arriver à la plage, il faut passer par un couloir sombre, qui est gardé par des sentinelles turques assises sur le sable, les pieds nus dans des savates éculées et le fusil couché à travers les genoux. Ils rêvent, mornes, abattus, humiliés par la présence des Russes, affaiblis par le grand jeûne de douze heures. Le ramazan, ce long carême pendant lequel, du lever au coucher du soleil, il est interdit aux fidèles de manger, de boire et même de fumer, se passera-t-il sans quelque explosion de colère, sans quelque émeute religieuse? Je ne suis pas rassuré à cet égard.

Au bord de la mer, un spectacle magnifique m'attendait : le bain d'un escadron de cosaques. Sur la plage d'or, les cavaliers du steppe, entièrement nus, lançaient au galop leurs petits chevaux nerveux, qui se cabraient en entrant dans la mer, éclaboussés par les vagues. Alors les Cosaques poussaient des cris sauvages, pressaient de leurs jambes sèches les flancs de leurs bêtes et finissant par triompher de leur résistance, voguaient au milieu des flots comme des dieux marins. Sur leur tête, dans l'air limpide, tourbillonnaient des essaims de mouettes. J'ai pensé aux cavaliers numides de Jugurtha, et que ces farouches ennemis de la république romaine ne pouvaient être plus beaux ni plus hardis.

Je me suis assis sur le sable fin, à regarder longuement cette scène, et au loin la grande nappe d'azur, d'une tonalité si ferme, si luisante, si veloutée, m'a rappelé un admirable petit tableau de Bonnat que vous connaissez. C'est le même sable blanc devant la même mer bleue. Quand l'escadron numide est parti, une troupe de polissons turcs a dégringolé du haut des remparts. En un clin d'œil, leurs loques multicolores étaient étendues sur le sable, et cette marmaille de bronze troublait la mer de cris plus retentissants que ceux des mouettes et des goélands, s'amusant, tout comme des gamins français, à se lancer de grandes fouettées d'eau au visage. Tout à l'heure je regrettais Henner; maintenant je regrette Decamps. Ici, le peintre n'a pas besoin de composer; le tableau se compose de lui-même.

En continuant ma promenade sur la plage, j'ai aperçu dans une petite crique mes belles juives de ce matin qui se baignaient, leur longue chevelure noire éparse sur leur dos, vêtues d'une chemise transparente qui, se collant au corps, en modelait sculpturalement les formes. Ma présence ne les gêna nullement, et elles continuèrent à jouer dans l'eau comme des nymphes grecques, sans que j'eusse à craindre le sort d'Actéon.

Comme je m'en retournais vers Varna, les yeux pleins de ce charmant tableau, tout à coup j'ai entendu des cris d'oiseaux et des aboiements de chiens. J'ai regardé. Devant moi, une hideuse charogne de cheval était étendue sur la plage, rouge, purulente, immonde. « Le soleil rayonnait sur cette pourriture, » et les chiens de la ville la disputaient aux oiseaux du ciel... Je me suis éloigné à la hâte, troublé par ce contraste fréquent en Orient, de la beauté dans la plénitude de ses formes, et de la décomposition dans sa hideuse poussière, me disant à mi-voix les strophes admirables de Baudelaire, dans les *Fleurs du mal*.

# LE BOSPHORE

# LE BOSPHORE

---

A bord du *Nil*, 14 septembre.

Je me suis [illegible]barqué au coucher du soleil, comme le canon de [illegible]resse annonçait la fin du jeûne; mais le bateau ne doit partir qu'après minuit, et j'en profite pour causer encore avec vous. Demain, vers trois heures, je serai à Constantinople.

J'ai assisté à de nouvelles scènes d'exode. Comme Varna est en communication quotidienne avec le Bosphore, c'est vers son port qu'afflue la foule des émigrés musulmans, des familles turques que le *libérateur des chrétiens* a chassées de Bulgarie. Les quais délabrés ressemblent à un campement de nomades. Vous souvient-il du premier chant d'*Hermann et Dorothée*, de ce long défilé de malheureux, emportant pêle-mêle les débris de leur fortune, « ayant abandonné maintes choses de prix pour se charger d'objets sans valeur? » Je viens de voir ces scènes de mes yeux, mais plus tristes encore par le contraste de la douce nature environnante, par cette dignité dans le malheur qui distingue l'Osmanli entre tous les peuples. Pas une larme, pas une parole de colère. Ces pâles visages restent calmes, presque sereins. Ces hommes forts croiraient déchoir en se plaignant. Tout cela n'est-il pas écrit?

Le *Nil* vient d'embarquer deux cents émigrés. Quand les lourds caïques sur lesquels ils sont entassés viennent s'attacher aux flancs du grand vaisseau, les hommes s'élancent lestement, montent à bord avec un rayonnement dans les yeux. N'échappent-ils pas aux chrétiens civilisateurs? Les femmes ont peur; elles restent les dernières dans les barques, pleurent, poussent des cris de détresse, se lèvent avec peine, chancellent, retombent sur les bancs, rajustent leurs yatmaks, s'accrochent aux bateliers, grimpent à l'échelle en tremblant, s'affaissent sur le pont, partent d'un éclat de rire qui ressemble à un sanglot; puis, indolentes, se couchent dans un coin en tas, vaincues d'avance, gracieuses, charmantes, indifférentes à tout.

Cependant, les hommes courent, s'agitent, rangent leur pauvre bagage d'émigrés, aidés par de délicieuses fillettes qui n'ont pas encore, pour unique occupation de leur existence, le souci de rester voilées. Dans les caïques, les barcarols se battent à grands coups de rames et s'injurient pour un backchisch de cinq *paras*, comme jadis dans la mêlée épique les divins goujats d'Homère.

Constantinople, 15 septembre.

Après une longue nuit de tempête sur la mer Noire, ce matin, à dix heures, nous sommes entrés dans le Bosphore. Je n'ai jamais éprouvé pareille déception.

Le ciel était lourd, gris, rayé de grands nuages noirs que des rafales de vent poussaient vers l'ouest; l'horizon tout entier était plein de brouillards, dont la teinte sombre était en parfaite harmonie avec celles du ciel et de la mer. On ne devinait pas même le soleil; il faisait froid, une humidité pénétrante tombait sur le pont. La mer, dont la violence avait été terrible pendant toute la nuit, se calmait à peine à l'embouchure du Bosphore, entre les deux promontoires de Roumili et d'Anadoli-Fener. Elle tressaillait encore comme un sein que vient d'agiter la colère, et ses vagues rapides se brisaient avec une dernière fureur sur les rochers des Symplégades, les pierres mobiles des Argonautes. Devant moi, dans ce gris brouillé plus triste que le noir, parce qu'il est vague, s'ouvrait l'immortel détroit. L'Europe finissait à ma droite, et à ma gauche commençait l'Asie. Les deux rivages, aussi ternes que la mer, se dressaient dans un ciel couleur de boue. Le bateau à vapeur entra dans le Bosphore que rejoignait à cent pas la coupole du ciel bas, comme les gondoles de Venise rentrent à la nuit sous l'arcade écrasée de leur étroite remise.

Vous savez ce que je cherchais en partant pour l'Orient, pour les pays de lumière. Oh! mes pauvres rêves de bleu, comme vous vous envolez!... Nous serrons de près la côte d'Asie, la grande terrasse volcanique qui descend dans la mer par les rudes falaises de porphyre d'Anadoli-Kadak; j'aperçois la base énorme du mont du Géant; je vois sur la côte d'Europe s'arrondir le golfe de Thérapia, en face du golfe asiatique de Beykos. Non, ce n'est pas possible, je ne navigue pas sur le Bosphore; ce n'est pas Hiéron, Buyuk-Déré, Sultanieh que s'appellent ces villages et ces baies; à ces vulgaires grisailles n'appartiennent pas ces noms sonores, ces noms pleins de lumière et de parfums. Il y a quelque mirage là-dessous, quelque jeu cruel d'une Fata Morgana en deuil... Il pleut de nouveau. Le vent, qui s'était un instant apaisé, souffle avec force et soulève, en rasant les flots sans transparence, une froide poussière d'écume. Les nuages noirs s'abaissent encore, passent presque au-dessus de nos têtes, pendant que les brumes continuent de rétrécir l'horizon. Cette vallée marine, que j'avais rêvée un grand miroir d'azur, ressemble à l'embouchure de la Seine par un jour humide de novembre. Ces rives merveilleuses, chantées par tous les poètes, ne sont qu'une suite de hameaux malpropres, de rades couleur de bois d'ébène, de buttes Montmartre entremêlées de carrières d'Amérique. Pas un rayon, pas une échappée de bleu; tout est gris. La désillusion est cruelle. S'attendre à toutes les splendeurs de la palette la plus riche, et trouver le plus terne des fusains!

La mosquée de Foundouklou est doublée; le *Nil* s'arrête à l'entrée de la Corne d'or. Ce qu'il y a de pénible dans ma déception, vous ririez si je le disais avec une entière franchise. Je sens que j'ai perdu un beau souvenir, une belle page. Mes espérances trompées assombrissent encore les couleurs déjà chagrines du ciel et l'eau. Je ne puis que répéter encore mon cri de désespoir : « Tout est gris! » Les flots mornes du Bosphore battent d'un bruit monotone la pointe dévastée du sérail et le débarcardère de Top-Hané. Un rideau de brouillard cache l'entrée de la Propontide, voile à demi les trois villes sœurs, Galata, Scutari, Stamboul. Dans la vague perspective de l'eau qui tombe, les minarets sont lugubres, n'étant pas habitués, comme les flèches des cathédrales gothiques, à percer la tristesse opaque des brumes. Quant à la Corne d'or, avec son grand mouvement de port de mer, avec ses vaisseaux sans nombre, ses forêts de mâts, ses mille embarcations, ses flots de fumée, sa population bigarrée, elle me laisse indifférent, ne me cause aucune joie d'artiste. Ces mêmes choses, sans en être ému pendant une minute, je les ai vues au Havre, à Londres, à Portsmouth. Cependant le vent cesse peu à peu de souffler, les eaux noires se calment ; un voisin m'affirme que demain le temps sera très beau. S'il en est ainsi, je devrai peut-être me féliciter de cette arrivée à Constantinople.

Vous devinez pourquoi. Dès le premier jour, le soupçon que j'avais avant de partir se sera changé en certitude : les paysages du Bosphore ne valent que par le soleil. Tout devient beau dès qu'il resplendit, dès que sa lumière bleuit le ciel et l'eau, dès que ses rayons viennent répandre la vie, la chaleur, l'éclat. Mais, quand il est absent, tout est vulgaire et laid. La forme ne peut se sauver par elle-même. Vous souvient-il de cette page exquise de Fromentin, parlant d'un autre pays du soleil : « Heureux pays, dont la seule expression naturelle est le sourire ! » Or aujourd'hui, ce pays-ci pleurait ; il était en deuil comme l'Islam humilié, en deuil comme le Coran vaincu. Les femmes d'Orient ne sont semblables ni aux déités grecques, qui ne sont jamais plus belles que quand elles sont nues, ni aux châtelaines du moyen âge, pour qui les longues robes sombres étaient la parure la plus favorable; elles ont besoin, pour plaire, d'une fine robe d'azur pailletée d'or et de pierreries.

Le Bosphore, 16 septembre.

Mon compagnon de voyage avait raison : le temps est redevenu très beau, et moi, j'avais deviné juste le secret de la splendeur orientale.

Ce matin, il faisait un soleil superbe; Péra lui-même était transfiguré, tout était bleu. Je ne sais quel souffle de jeunesse et de bien-être circulait dans l'air; je me sentais léger et joyeux dans tous mes membres. Je suis descendu à Top-Hané, et j'ai loué pour me rendre à Thérapia un caïque à trois rameurs de la flottille du sultan.

Le caïque est au Bosphore ce que la gondole est aux lagunes. C'est une barque étroite et longue, toute plate, légèrement recourbée vers la proue, tirant d'autant moins d'eau qu'elle est mieux construite. Elle est de bois de noyer ou de sapin, enduite d'un vernis couleur d'ambre et dorée de mille arabesques d'une finesse charmante, qui courent, comme une guirlande, autour du bordage. Un tapis de Smyrne garnit le fond des caïques du sultan. Il n'y a point de *felces* comme dans les gondoles, mais parfois, dans les grandes occasions, un simple tendelet de soie rose. Un banc étroit, de forme circulaire, est adossé à la poupe et porte trois coussins de satin noir, avec dossiers de même couleur. Chaque fois que l'on s'assied, il faut résoudre un petit problème de statique, car le moindre déplacement d'équilibre suffit à faire chavirer la barque. Au contraire des gondoliers de Venise, les caïqdji *nagent* assis.

Les trois rameurs que j'ai loués pour la journée sont des gaillards superbes, n'ayant pour tout costume que de larges braies de toile blanche, s'arrêtant à hauteur du genou, et une chemise de soie jaune, fendue sur leur poitrine de bronze. Sous le chaud soleil, ils rament avec une merveilleuse énergie, et cette grande dorade, le caïque, vole si vite sur la calme étendue des flots, qu'elle arrive à Thérapia avant les bateaux à vapeur, obligés de faire station à chaque escale. Nous sommes en plein ramazan, et pendant toute la journée, quelle que soit la fatigue, pas une goutte d'eau, pas une cigarette ne doit approcher des lèvres musulmanes. Mes rameurs n'ont point l'air de souffrir de ce jeûne terrible; ils sont graves, bons, pleins d'égards pour ce chien de giaour qui s'étend mollement sur les coussins, à l'ombre d'un parasol clair et fumant pour la première fois de sa vie un vrai *latakieh iavach* (1).

Vous ai-je dit que Top-Hané, c'est l'arsenal de Constantinople? C'est là que je m'embarque. La place qui prolonge le quai, toute dallée, s'allonge en rectangle jusqu'aux premières maisons de Galata, entre la fonderie de canons et la mosquée de Mahmoud dont les minarets se distinguent par une sveltesse élancée, inconnue aux siècles précédents. Derrière cette place charmante s'élèvent les comptoirs des riches marchands grecs, et Péra s'entasse sur Galata, immense fouillis de murs, de terrasses ensoleillées et de toits multicolores, semé des taches noires que font les cyprès du Petit-Champ et des taches blanches des minarets de Foundouklou. Plus loin, vers le milieu de la Corne d'or, la lourde tour de Galata penche sa masse grise et laisse flotter à la brise marine le drapeau rouge qui termine sa couronne de cuivre; tout cela, enveloppé d'une fine vapeur transparente, qui donne une grâce indicible aux contours flottants, aux formes trop vagues. Mais on regarde vers l'entrée de la Corne, vers le Bosphore et vers la lointaine Propontide, et l'œil demeure à jamais ébloui. Le premier plan est formé par les bateaux du port, par une forêt de mâts ornée de banderoles et de pavillons; les steamers poussent dans l'air léger leurs épais panaches de

(1) Tabac doux.

fumée; les chaloupes déploient leurs voiles comme des ailes, les caïques courent parmi les grands vaisseaux comme des cyprins dorés parmi une armée de baleines; c'est un bruit, une agitation, une explosion de vie qui n'ont point leurs pareils au monde. La pointe du sérail et Stamboul forment le second plan, longue ligne harmonieuse qui commence à la mer de Marmara pour monter progressivement jusqu'aux collines funéraires d'Eyoub. Les bosquets touffus du sérail, les maisons blanches et roses, les dômes azurés des mosquées et les flèches aiguës des minarets, les coupoles bleues des bazars, les ruines de l'aqueduc de Valens découpant sur le ciel ferme leurs arcades sévères, la tour pensive du Séraskiérat, tout cela reluit comme reluisent sur les porcelaines du Japon les oiseaux fantastiques et les plantes merveilleuses aux reflets de rubis, d'émeraude et d'or. Hier, quand les nuages voilaient le soleil, quand la lumière était absente, tout ce coin du monde était muet. Aujourd'hui que la lumière éclate de toutes parts, il chante comme jamais n'ont chanté jardins et maisons; inondé de rayons, il rayonne lui-même; il rit, il s'épanouit comme une floraison immense.

Je prends une résolution : mon culte de la forme, mon souci de cette noblesse morale qui ressort des plus beaux paysages, je vais oublier tout cela. Ici, je ne veux voir que la lumière, je veux l'absorber par tous les pores, la boire jusqu'à m'enivrer. A quoi bon me préoccuper d'autre chose devant cette eau qui étincelle, cette grande nappe d'un bleu velouté qui est bordée, près des rivages, d'une ligne verte aux transparences cristallines? La lumière peinte, le fût-elle par un artiste plus puissant que Delacroix, plus délicat que Fromentin, plus amoureux d'elle que Regnault, peut à peine donner une faible idée de la lumière réelle de l'Orient. Elle est dans l'eau comme elle est dans l'air, sur terre comme au ciel. On en est enveloppé, baigné, pénétré. Ce qui est merveilleux, c'est l'infinie tendresse qui est mêlée à son grand éclat. Elle est splendide, mais douce, surtout harmonieuse. Le bleu du ciel est opalin, le bleu de l'eau est argenté. Toutes les teintes sont fondues. Rien de stable. Les flèches d'or du soleil qui volent sur l'eau changent à chaque instant cette fête des yeux. On ne tarde pas à se rendre compte que le sens de la vision est en travail, s'affine d'heure en heure.

Nous avons tourné la pointe de Top-Hané et mon caïque longe le rivage d'Europe. Cela ne peut pas se décrire; je ne parle pas des accidents de paysage des côtes d'Europe et d'Asie, des forêts de l'une et des palais de l'autre, mais de la jouissance d'une course pareille, du bien-être qu'on éprouve. Seule, la musique pourrait rendre ces choses. Le caïque vole comme une mouette sur les flots qu'il rase à peine; le bruit des avirons est léger comme un battement d'ailes, les rayons sont tièdes, des senteurs inconnues passent à travers l'éther transparent; les deux continents semblent se rejoindre aux extrémités d'un lac. Tout chante autour de moi; la seule vue de l'eau est une jouissance. Vous dire du Bosphore qu'il est bleu, c'est n'en rien dire. Tâchez plutôt de comprendre ceci : pénétré par le soleil jusque dans les profondeurs, il luit, il rayonne, il semble connaître sa beauté, il en est fier, il est joyeux.

Dans cette fête de tous les sens, ce qui est admirable, c'est la tranquillité, le calme. Rien n'est brusqué, rien n'est violent, l'harmonie est parfaite. Ce n'est pas la grande eurythmie grecque qui nous est révélée par les chefs-d'œuvre du paganisme, noble, sévère, un peu rigide et froide. C'est une harmonie d'un degré inférieur, plus douce, plus voluptueuse, qni s'adresse plus aux sens qu'à l'âme même. La pensée ne s'envole pas vers les hautes régions; elle reste près de terre, ne s'élève pas plus haut que les mouettes blanches qui dansent sur les crêtes diamantées des flots, que les tourterelles qui roucoulent dans la verdure épaisse et sombre. Elle n'a pas d'aspirations, plus de désirs; elle est contente, heureuse, satisfaite; elle se replie sur elle-même, elle se laisse aller, flotter, voguer. Pour elle, sous ce ciel merveilleux, tout est bien, car tout est beau, tout est lumineux, tout est tiède. Ici, l'optimisme est une fleur du sol, venue naturellement comme les rosiers et les platanes. Ici, un Schopenhauer serait une créature plus monstrueuse qu'un cheval à deux têtes.

La teinte des horizons est aussi délicate que celle de l'eau est éclatante. Pour en savourer toute l'exquise tendresse, c'est vers la côte d'Asie qu'il faut tourner les yeux. Cette côte semble, à quelques coups de rames de mon caïque, décrire derrière le miroir indolent du Bosphore une courbe d'une grâce toute sensuelle. Elle est reliée par le pâle archipel des îles des Princes à la sombre presqu'île du Sérail et, depuis Scutari jusqu'au château d'Anadoli-Hissar, figure à peu près un demi-cercle, dont le palais de Beyglerbey est le milieu. Sur le rideau foncé de ses cyprès séculaires, les plus grands de toute la région du Bosphore, Scutari resplendit au soleil, ville d'or dressant dans la molle vapeur de son ciel les flèches argentées de ses minarets, et ce phare léger que les chrétiens appellent la tour de Léandre, et les musulmans la tour de la Jeune Fille. Le rivage même n'est pendant longtemps qu'une suite de villages, de palais, de kiosques, de terrasses, de petites mosquées qui semblent sortir de l'eau, frange de marbre fixée à cette table de lapis-lazuli, le Bosphore. Mais c'est sur les hautes montagnes qui forment le fond du tableau que repose avec le plus de plaisir le regard charmé, montagnes rondes, aux formes molles, aux croupes voluptueuses, fuyant lentement dans la profondeur du ciel. Elles sont couvertes de forêts, et cette robe de verdure leur donne, dans l'éloignement, je ne sais quelle délicieuse transparence. Elles semblent de cristal, chassent toute idée de glèbe, de dureté âpre et pierreuse. La ligne même de l'horizon n'existe pas; la cime des montagnes et le bas du ciel se confondent dans une même gaze de couleur laiteuse. Cela est doux, impalpable, comme le duvet des ailes des papillons blancs. Est-ce mystérieux? Non, pour une âme vierge, pour un cerveau ignorant du passé. Mais de nous, il n'en est pas ainsi, et derrière ces pâles collines s'ouvre fatalement pour nos esprits alourdis par la science tout le livre grave de l'histoire; les grands fantômes des peuples morts se dressent; les images des rois conquérants et des prophètes déifiés apparaissent au-dessus du berceau des hommes.

Faut-il s'arrêter à ces majestueux souvenirs? Je ne le pense pas, et pour ma part je ne m'y suis point attardé. Le mieux, sur ce merveilleux Bosphore, c'est de songer, d'analyser, de comparer, de juger le moins possible; le mieux, c'est de jouir, c'est tout simplement d'être heureux, comme l'animal et comme la plante. Il faudrait, pour un mois, aliéner son âme et vivre d'une bonne vie naïve, caressé par les tièdes rayons. Ici, avec son désir incessant de savoir et de critique, le cerveau est de trop, ne fait que gêner l'épiderme dans sa sensibilité et la rétine dans sa délicatesse... J'ai tout oublié, sauf que la chaleur est bonne au sang qui coule dans les veines, et que l'ombre sur la lumière, un ton clair près d'un ton sombre, c'est pour l'œil une jouissance exquise.

Je suis couché dans mon caïque, et je regarde passer comme un rapide décor le rivage d'Europe que nous longeons. C'est d'abord une longue suite de résidences royales, de pavillons, de kiosques, de villas, de terrasses, de colonnades, toute une architecture qui sort de l'eau comme une luxuriante végétation marine. A l'horizon, vers le cap Defterdar, on dirait une épaisse frange d'écume. Tous ces palais sont blancs, semés de taches vertes que font les buissons de rosiers, les massifs de cyprès, de platanes et de sycomores. Dolma-Bagtché, Tchéragan, Orta-Kéui, palais de la sultane validé, de Riza-pacha, de Mourad, du khédive d'Egypte, des frères du sultan, des pachas, des ministres; mon drogman me dit tous leurs noms que j'entends comme un murmure harmonieux, pendant que l'œil glisse avec ravissement sur les grandes façades neigeuses qui reluisent au soleil, sur la floraison d'or des kiosques, sur les perrons festonnés qui descendent dans le Bosphore, sur le rideau velouté des massifs où les pigeons volent par milliers. Les jardins s'étagent sur les jardins, et sur le faîte des collines court une nouvelle ligne de palais et de kiosques, Filamour, le pavillon des Tilleuls, et tout en haut, dominant la mer, digne de son nom, ce joyau resplendissant, Yildiz, le kiosque de l'Étoile.

Je n'essayerai pas de décrire cette architecture. Elle n'est d'aucun style, elle est tout à la fois grecque, sarrasine, chinoise, persane, vénitienne et lombarde. C'est le mélange le plus fantastique, le fouillis le plus bizarre et le plus riche qu'on puisse rêver. Il faut voir passer cela sans regarder autre chose que le miroitement des marbres à travers l'air plein de rayons, sans autre esthétique que celle-ci : C'est blanc, et la blancheur est belle quand elle se détache sur le rideau noir des arbres au-dessus de l'eau bleue. Comme des lianes charmantes et folles, les arabesques déroulent autour des kiosques leurs zigzags délicats, leurs fleurs capricieuses, leurs mille feuilles merveilleusement ciselées. Rien de nu et de froid ; tout est sculpté, fouillé, brodé, riche et joyeux, d'un luxe sans pareil, chaud, rayonnant, léger, épanoui, insensé, amusant au possible. De quoi tout cela est-il fait? De bois, sauf les colonnes ; mais le bois est si adroitement badigeonné de blanc de chaux, que, frappé par le soleil, il resplendit comme le marbre lui-même. Ce n'est pas de l'orfèvrerie, c'est tout au plus de la pâtisserie savante. Mais qu'importe, puisque les drôles arméniens qui ont bâti ces gigantesques gâteaux de stuc étaient sûrs de cet éblouissant complice : le mirage du flot azuré et de la bruyante lumière?

Après les palais, les villages, assis sur la pente mourante des collines, souriants, pleins de soleil, avec toutes les apparences du bonheur. Les quais étroits, peu élevés, portent les premières maisons des villages et sont percés à fleur d'eau des hangars où les caïques sont remisés, avançant leur bec de métal hors du trou noir. De distance en distance, la côte est coupée par des anses profondes où vient mourir quelque rivière vive échappée de la colline de l'Étoile. C'est un pays de bocage, riche, fertile. On y voit des massifs au feuillage satiné, des maisonnettes de bois qui sont peintes des plus douces nuances de l'arc-en-ciel, des villas de plaisance aux toits en surplomb, aux murailles roses, et qui appartiennent aux riches Phanariotes; de petites mosquées qui piquent la sombre verdure de leurs minarets argentés, comme une femme qui étoile sa chevelure de diamants; le tout sillonné de sentiers où près des fontaines, à l'ombre des platanes, les Turcs enturbannés fument le narghilé, tandis que les belles Grecques, le visage découvert, se promènent avec des ondulations de cygne et gazouillent comme des oiseaux chanteurs.

A côté de la vie, la mort; prolongeant Bébek, le village d'amour, la cité des Tombes, l'immense cimetière qui s'étend jusqu'à Roumili-Hissar, au bord du bleu courant de la mer. Les tombeaux turcs, les cippes de marbre coiffés de turbans coloriés se reflètent avec des miroitements sans fin dans l'eau tranquille, tandis que les noirs cyprès dressent sur les pentes de la colline leurs obélisques de feuillage, où nichent les tourterelles. On doit dormir bien doucement à l'ombre de ces arbres, sous la mince couche de terre qui laisse venir aux oreilles du mort le frais murmure du Bosphore! Sommeil qui suit une vie de plaisir et dont on ne se réveille que pour le plaisir. Ici-bas, les kadines et les odalisques; là haut, les houris; partout des roses.

Le Bosphore se rétrécit, et l'on voit sortir de l'eau les châteaux de Mahomet II, Roumili-Hissar en Europe, Anadoli-Hissar en Asie. Hier, dans la pluie tombante, sous le ciel sombre, leurs lourdes tours m'ont semblé plus pittoresques qu'aujourd'hui. Elles détonnent dans l'air bleu, dans ce grand sourire de la nature. La tristesse de la brume leur allait mieux, comme le deuil à certaines femmes. Je vous donne, comme elle me vient, quitte à la rectifier un autre jour, cette simple impression d'artiste. Ce lieu est un des plus fameux dans l'histoire : là, Histiée a gardé le pont de Darius ; les Croisés ont passé là pour aller à la conquête de Jérusalem et Mahomet pour prendre Byzance. Maintenant, ce sont les vaisseaux russes qui sillonnent les eaux frémissantes, toutes voiles aux vents, et les vainqueurs des Balkans réveillent par leurs hourras farouches les échos endormis de l'Asie.

Un peu plus loin que les châteaux d'Europe, en suivant une nouvelle courbe du Bosphore, également semée de jardins et de maisons, j'aperçois le village de Thérapia, que les ambassadeurs de France et d'Angleterre ont choisi comme résidence d'été. Le lieu est délicieux. Les villas de plaisance, construites avec peu de luxe et beaucoup d'élégance, les cafés toujours pleins de monde, s'abritent au pied d'une forêt de platanes séculaires qui sont les plus beaux du monde. Au milieu, les palais des ambassadeurs développent leurs longues murailles de bois percées de fenêtres à baies très larges. Ils sont adossés à de hautes terrasses et devant eux s'étale le golfe limpide de Buyuk-Déré, que prolonge le canal de la mer Noire.

Je suis descendu à Thérapia, et j'ai rendu visite à l'ambassadeur de la République. Vous savez si j'ai jamais désiré habiter un seul des palais que j'ai rencontrés dans mes voyages. Les plus riches, les plus superbes m'ennuyaient. Celui-ci, tout en bois, d'une simplicité extrême, mais plongeant sur le Bosphore, mais frais comme la fraîcheur même, c'est le palais idéal, c'est la première chose en ce monde qui m'ait fait connaître le sentiment d'envie.

Stamboul, les rues.

Il y a trois villes dans Constantinople : la ville franque, c'est-à-dire européenne, qui se déploie sur le sommet des collines de l'est et se prolonge jusqu'au grand champ des morts, au-dessus du faubourg turc de Foundouklou ; la ville grecque, Galata, qui commence où Péra finit, couvrant de ses maisons grises, aussi rapprochées que les alvéoles d'une ruche, une montagne de forme conique couronnée par la tour ronde des Génois; de l'autre côté de la Corne d'or, la ville musulmane, Stamboul, qui, s'étendant, comme Rome, sur sept collines, rêve dans l'air bleu, ainsi qu'un grand dromadaire au repos.

Péra, la ville européenne, n'offre aucune sorte d'intérêt. Elle est laide, vulgaire, toute en montées, sale d'une malpropreté qui n'a pas même le mérite d'être orientale, étant celle de tous les ports de mer du monde. Les ruelles ignobles sont des espèces d'escaliers à pic, mais dont les marches usées ont fini par disparaître dans une pente irrégulière, toute pleine de trous et toute semée d'ordures. Les bâtisses qui se disent à *la Franka* n'ont rien ni de la commode élégance des demeures occidentales, ni de la poésie pittoresque des maisonnettes turques. Quand le hammal qui portait ma malle, le jour de mon arrivée, s'est arrêté devant une bicoque en bois d'un aspect tout à fait misérable : « A l'hôtel d'Angleterre ! » lui dis-je, ayant appris que c'était le premier de Constantinople. Le portefaix me fit signe que nous étions à la porte dudit hôtel, et vous savez que les Turcs ne mentent jamais. L'auberge du vieux Missirieh donne sur la grande rue de Péra, longue chaussée étroite qui monte du Tékké des derviches tourneurs à la place des Casernes, les Taxim, escarpée, odieusement pavée de petits cailloux qui meurtrissent la plante des pieds. C'est la voie du commerce, des affaires. Le matin, une foule descend vers Galata, bruyante, active, empressée, tous les yeux brillants de l'espoir du gain. Le soir, cette même foule remonte, silencieuse, fatiguée, déçue, les fronts presque toujours assombris. Des gamins turcs promènent des chevaux d'Arabie et de Roumélie; on voit circuler quelques voitures, quelques chaises à porteurs. A l'ombre des maisons dorment les fameux chiens lépreux, les grands nettoyeurs de la ville, les mangeurs d'ordures.

Voilà pour la ville européenne. De Péra on descend à Galata, soit par la ruelle du Tékké, soit par le chemin de fer souterrain de la rue Yeni-Djami, qui est la place de la Bourse de la colonie grecque. Il règne là un mouvement extraordinaire, une agitation toute fébrile. Les tramways roulent sur les rails, précédés de jeunes garçons turcs qui courent en poussant, pour écarter la foule, le cri retentissant de *Wardar;* les Grecs, les Juifs et les Arméniens brassent leurs affaires en discourant à voix haute; les hammals circulent en tous sens, ployés sous le faix des fardeaux qu'ils portent sur un coussinet adapté tout au bas du dos; les chevaux, conduits à la main par les petits Arnautes, piétinent et hennissent ; une nuée d'enfants, bruissant comme des oiseaux de volière, poursuit le passant et lui propose le change du Caïmé ; des fillettes grecques vendent des rameaux odorants de ghazi à boules d'or, de vieilles sorcières turques mendient d'une voix glapissante; et parfois, descendu de son Téké plein d'ombre, un derviche tourneur promène lentement au milieu de cette fourmilière sa douce gravité monacale, les yeux perdus dans le vague de sa rêverie, le front tristement pensif sous le cylindre de son bonnet de feutre brun.

On fait quelques pas, et tout d'un coup on se trouve en présence de la Corne d'or, à l'entrée du pont de la sultane Validé. Entre la ville chrétienne et la ville musulmane, il y a cette barrière : le large golfe bleu qui est le port du monde ; à l'orient, les Grecs et les Francs ; à l'occident, les Turcs.

Une autre fois, je vous parlerai du pont de la Validé, de la foule pittoresque et toujours renouvelée qui l'encombre, de la vue merveilleuse sur le Bosphore, sur la Corne, sur les mosquées, sur les cyprès de Kassim-Pacha. Aujourd'hui, je vous demande de me suivre dans la vieille ville turque, dans celle qui fut Byzance et Constantinople, dans ce Stamboul qui rêve au bord de l'eau, sans souci de demain, sous la bienfaisante chaleur du soleil. Je vais au hasard, sans plan arrêté d'avance, sans méthode, sans autre but que celui-ci : voir un monde qui est aux antipodes du nôtre, au milieu de la lumière sans voile.

C'est sur la place de la halle au poisson, Balouk-Bazar-Kapoussi, que débouche le pont de la Validé. La gracieuse place, bordée d'échoppes en plein vent et de boutiques aux devantures ouvertes, est toute grouillante des deux courants d'hommes qui vont et viennent de l'une à l'autre rive de la Corne d'or. Ici aboutissent les rues qui mènent au Phanar et celles qui montent vers le Séraskiérat et la Sublime Porte. Ici, toutes les nations du monde sont mélangées, les négociants d'Europe, les Grecs, les Arméniens, les juifs de Balata, des nègres d'Afrique, des Maures de Tanger et, en masse compacte, les Turcs enturbannés, toujours tranquilles et graves au milieu du mouvement et du bruit.

A droite, des rues étroites, pleines d'ombre mènent à la mosquée de Soliman et au grand bazar. Presque toutes les maisons sont bâties en bois, les fenêtres du premier étage avançant en saillie sur la rue comme dans les villes gothiques. Les autres maisons sont bâties en pierre, ou plutôt avec un platras qui défie l'analyse, mais qui, badigeonné de chaux vive, a de charmants reflets d'une blancheur mate. Des deux côtés de la rue, des boutiques sont ouvertes, devant lesquelles les femmes voilées, gracieusement drapées dans leurs féredjés du matin, viennent marchander et bavarder entre elles, grandes enfants qui n'arrêtent pas de rire. Les Turcs se promènent lentement, privés par ce temps de ramazan du plaisir délicieux de fumer et se contentant, par force majeure, d'égrener leurs *comboloio* d'ambre ou de sandal. Cela fait une suite de charmants tableaux. Les plus jolies boutiques sont celles des confiseurs, toutes tendues de voiles légers en gaze rose, bleue et jaune, qui servent à envelopper les sucreries.

La note dominante, c'est le recueillement, l'amour de la tranquillité, la haine du bruit. Quand ces hommes travaillent, ils ne déploient une activité si grande, une force musculaire si étonnante que pour en avoir fini plus vite, que pour retourner plus tôt au kief incomparable. Le contraste avec les Grecs est frappant : ceux-ci semblent n'être au monde que pour travailler, les Turcs ne travaillent que pour vivre. Quand ils ont gagné de quoi ne pas mourir de faim, ils sont contents, s'arrêtent et se reposent. Leur vie privée est si close qu'il est presque impossible de juger de leurs passions. Mais, à les regarder d'un œil de physiologiste, je doute qu'elles soient bien vives. Il suffit de voir pendant une minute un Provençal, un Italien, un Madgyar pour deviner le foyer intérieur, le volcan toujours prêt à éclater. Nul indice pareil sur ces pâles visages qui sont tous calmes, graves, presque solennels, mais avec je ne sais quoi d'ennuyé, d'indifférent. Le mot qu'ils disent le plus souvent est celui-ci : *Bakkaloum!* « Qu'importe ! Cela m'est égal. » La vie, pour eux, n'a rien d'imprévu, par suite rien d'intéressant. C'est comme un grand rouleau de papier à musique réglé d'avance avec une invariable régularité. Je voudrais savoir le turc, rien que pour développer à quelques-uns d'entre eux les théories spiritualistes sur le but de la vie. Je m'imagine qu'ils ouvriraient tout larges leurs yeux incrédules et que, hochant de la tête, suivant leur habitude, ils répondraient par ce *yok* si définitivement négatif qu'ils prononcent en claquant de la langue contre le haut du palais, et qui semble sortir du plus profond de leur poitrine.

Ils ne sont pas beaux, ils sont presque absolument dépourvus de type. Qu'on leur enlève leur turban, leur costume, on les prendrait pour des Occidentaux. Cela se remarque surtout chez les soldats. Remplacez le fez par le képi, et vous penserez être en présence de fantassins français, dont les uns vous sembleront Bretons ou Picards, les autres Normands ou Berrichons. Ils sont généralement petits, trapus, carrés d'épaules; le front est peu développé, le nez court, la lèvre épaisse, mais sensuelle plutôt que voluptueuse; les attaches manquent de finesse. Ils sont silencieux, mais sans avoir l'air de penser. Leur vie est celle de l'animal, je dirai presque de la plante. Ils n'ont jamais poursuivi de plus lointains horizons que ceux du Bosphore. Quand un Arabe paraît parmi eux, leur infériorité de race, soit d'intelligence et de beauté, saute aux yeux. On dirait un étalon de l'Hedjaz au milieu d'une troupe de chevaux limousins. Malgré cela, ils plaisent, ils séduisent; leur recueillement est si grand qu'il faut s'incliner; les plus misérables imposent le respect. Je ne crois pas me tromper en disant dès aujourd'hui que leur seule beauté est dans la dignité. Le premier regard les juge incapables d'une platitude, d'une bassesse. Je les vois souffrir sans qu'un murmure tombe de leurs lèvres. « On les écorche vifs, me dit quelqu'un qui les a beaucoup pratiqués, mais ils ne se plaignent pas ; cela est sublime et bête. »

En effet, la misère est terrible. La ville est encombrée de malheureux émigrés du Balkan et du Rhodope; la détresse est partout. Dans cette première promenade à travers Stamboul, j'ai rencontré à tous les coins de rue le spectre de la faim. Je n'ai jamais vu de maigreurs plus effrayantes qu'aujourd'hui. De pauvres négresses, voilées de yatmaks noirs, se traînent le long des murs comme des fantômes. Couchés au coin des rues, des Bulgares musulmans, riches hier, meurent de faim, lentement, cherchant à ranimer au soleil la chaleur qui s'éteint. Dans les cimetières et dans les cours des mosquées, les émigrés campent avec leurs femmes et leurs enfants, entassés les uns sur les autres, à demi nus, rongés de fièvres, abandonnés par l'incurie criminelle du gouvernement et par l'insuffisance de la charité chrétienne. On les nourrit à peine; on ne soigne point les malades, on n'enterre les morts que par crainte de la peste. Autour de la claire fontaine de la mosquée d'Achmet, et sous la galerie couverte qui environne la cour d'une frange délicieuse d'arcades moresques, le spectacle est navrant. La semaine dernière, dans l'intervalle d'une visite d'une demi-heure que faisait ici l'un de mes amis de Péra, il est mort six personnes, sans qu'un médecin les ait vues, sans que les mourants s'en soient émus autour d'eux. On ne peut mendier avec une plus belle dignité. Le Turc qui demande l'aumône ne s'humilie pas; il reste droit, la tête haute, ses yeux pâles grands ouverts; d'un geste simple, il montre sa famille qui grelotte d'inanition et de fièvre contre une colonne de marbre, et il attend.

Il était environ midi, quand, ce matin, je suis arrivé, après avoir flâné pendant trois heures de Yeni-Djami au faubourg de Kondoskalé, sur la place fameuse de l'At-Meïdan. Ce n'est en réalité qu'un grand champ rectangulaire, semé de petites pierres, et sur lequel, devant un massif d'arbres verts, se dressent les trois derniers débris de la splendeur byzantine, l'obélisque de Théodore, la colonne Serpentine et l'obélisque de Constantin, que l'on appelle la pyramide murée. Les historiens et les archéologues ont tout dit sur ces monuments; je ne perdrai pas mon temps à les répéter et constaterai simplement les notes charmantes que font sur le ciel bleu ces flèches roses, les obélisques; ces flèches blanches, les minarets d'Achmet et de Sainte-Sophie; ces flèches noires, les cyprès. La chaleur du jour était tempérée par le vent de la Propontide, l'heure était délicieuse. La lumière était d'une pureté admirable, donnait à tous les objets un velouté d'une tonalité épaisse et molle, très reposante. En revanche, le terrain pierreux rayonnait. A l'extrémité de la place, Sainte-Sophie étendait sa lourde masse, toute pareille à un éléphant qui se couche. L'impression que la célèbre mosquée produit à ce premier aspect n'est pas celle de la grandeur, mais bien de la pesanteur. Elle est énorme, sans grâce, sans harmonie d'aucune sorte, maladroitement flanquée de contreforts, de bâtisses, de bains, de medressés, de boutiques, de tombeaux et d'échoppes sans nombre. Je m'étais figuré autre chose.

En poussant plus loin, je suis arrivé à la gueule sombre de Bin-Bir-Derek, la citerne des mille et une colonnes. Des cordiers arméniens ont établi dans cette grande salle souterraine une manufacture de soie et travaillent paisiblement parmi les colonnes de marbre blanc, dans un demi-jour mystérieux. La fraîcheur est extrême et saisit vivement, quand on descend par l'escalier de bois qui relie la citerne à la place. Il existe à Stamboul deux ou trois autres citernes semblables, mais beaucoup moins spacieuses.

Elles n'ont tenté aucun cordier, les djinns les habitent et les Turcs n'en approchent qu'en tremblant.

Je suis revenu à la Corne d'or par Bagtché-Kapoussi, la porte du jardin, enchanté de ma première visite à Stamboul. Comme je passais le pont de la Validé, j'ai entendu tout à coup une fanfare qui éclatait, superbe, farouche. C'était un vaisseau turc qui transportait des régiments en Asie. Le soleil resplendissait, le Bosphore brillait de mille et mille paillettes d'or ; l'Islam, dans toute sa gloire, se redressait pour un instant devant moi. C'était une fête pour les yeux et pour les oreilles. Tout en haut, sur la colline, le kiosque de l'Éclair luisait comme une grande pierre précieuse.

### Kiahat-Hané.

J'ai pris une voiture et je me suis fait conduire à Kiahat-Hané, la vallée de la Papeterie, que les Francs appellent Eaux-Douces d'Europe. La route à travers la campagne est poudreuse, l'herbe des coteaux est rôtie par le soleil ; pas un bruit, pas un chant d'oiseau. Au dernier horizon, sur le versant d'une colline pâle, une fumée blanche. C'est le camp des

Russes à San-Stefano. Comme une grande ceinture d'azur, le Bosphore et la Propontide entourent Constantinople. A l'orient, la côte d'Asie et la côte d'Europe se confondent. Des monticules de l'un à celui de l'autre, il n'y a qu'une toute petite enjambée.

La chaussée que nous suivons commence au village de San-Dimitri par monter par les croupes molles des collines jusqu'au kiosque des Eaux-Douces. Cette route de plusieurs kilomètres est presque déserte. Nous n'y avons rencontré que de rares piétons, bergers bulgares, vêtus d'un sayon semblable à celui des pâtres antiques, poussant devant eux des troupeaux de chevaux ou de chèvres ; cavaliers arméniens, qui passaient au galop, dans un tourbillon de poussière ; quelques rôdeurs tziganes revenant des villages voisins, l'œil furtif, leurs sacs de toile lourds de quelque profitable larcin. Dans les champs, dépouillés, depuis quelques jours à peine, de leurs moissons, il n'y avait âme qui vive. Ce pays est triste, et la terre, surchauffée pendant le jour, exhale vers le soir de lourdes bouffées de vapeur. La teinte générale du pays est d'un gris clair que violacent les jeux de lumière. L'ombre des nuages zèbre les montagnes de Roumélie. A l'arrivée sur les bords du Barbyzès, le contraste qu'offre cette exquise vallée n'est que plus charmant.

Imaginez-vous un immense jardin abandonné, tout planté de rosiers, de lilas et de platanes ; et au milieu de cette verdure et de ces parfums, le plus délicieux des nids d'amour, un kiosque de marbre blanc qui reçoit la fraîcheur d'un long canal aux eaux murmurantes. Ce sont là les Eaux-Douces d'Europe. Tout est aimable dans cette retraite. Des cygnes nagent sur les bassins qu'ombragent des ormes et des pins admirables ; les oiseaux chantent gaiement au bruit mélodieux de la cascade, une végétation folle fait de la prairie tout entière un paradis qui embaume l'air tiède de la soirée. Un gardien nous a conduits à travers les salles du palais ; elles sont spacieuses, éclairées de tous côtés par de larges baies qui laissent entrer la lumière à flots, tapissées de nattes de jonc où le pied glisse sans fatigue, et tout entourées de divans soyeux brodés par des mains de fées. C'est dans ce kiosque que le farouche massacreur des janissaires aima d'amour vrai une odalisque géorgienne. Quand cette fleur adorée fut fanée, Mahmoud fit fermer les portes du jardin et demeura triste jusqu'à la mort. J'ai demandé le nom de la fleur de Géorgie. Mais le gardien l'ignorait, et les sycomores qui le savent n'ont pas voulu le dire au giaour indiscret.

Jusqu'au mois dernier, il y avait un jour par semaine, le vendredi, où les femmes riches de Constantinople venaient en partie de campagne à Kiahat-Hané, ce qui était une fête pour les Francs de Péra et pour les voyageurs de passage. Les belles élégantes, vêtues de leurs féredjés les plus brillants, couvertes de bijoux, commençaient par se promener en arabas dans la grande avenue des Sycomores, tout comme les Florentines aux cascines et nos Parisiennes autour du lac ; puis elles s'installaient sur la prairie des Eaux-Douces par petits groupes, étendaient des haïks en guise de nappes et grignotaient des doundourmas (sucreries), ou fumaient des cigarettes, tout en bavardant comme des oiseaux de volière. Or, quand les Russes arrivèrent à San-Stefano, les officiers s'en vinrent naturellement se faire voir tous les vendredis à Kiahat-Hané et parader devant les belles Turques de patriotisme peu solide. Des féredjés s'écartèrent et laissèrent voir des gorges en globe ; des yatmaks furent soulevés et des lèvres roses sourirent, pendant que les yeux bordés de khol battaient langoureusement des paupières ; on affirme même que des rendez-vous furent secrètement donnés et tenus. Toujours est-il que les maris s'alarmèrent, et le sultan a rendu un iradé interdisant la promenade de Kiahat-Hané pour toute la durée de l'occupation russe.

Cette histoire m'amène à répondre par avance à certaine question qui m'attend au retour. Sachez donc que, des femmes musulmanes, les chrétiens de Constantinople ne connaissent qu'une vague silhouette entrevue dans les rues, aux promenades, au bazar et aux cimetières. A la vérité, le voile de mousseline n'est guère opaque ; il estompe à peine les contours du visage et n'est plus maintenant qu'une parure coquette destinée à faire paraître les yeux plus brillants et plus doux. Le docteur Milliden, celui-là même qui reçut le dernier soupir de Byron et qui est aujourd'hui l'un des médecins du sérail, me conte que les vieilles Turques incriminent gravement cette transparence du yatmak, qu'elles l'estiment chose scandaleuse et sacrilège, qu'elles regrettent *in petto* de n'en pouvoir plus profiter à cette heure. Mais cette transparence même ne permet que de discrets sourires et rien de plus. Jamais une Turque ne parle publiquement à un Franc, et soyez persuadés que les voyageurs qui se disent les héros d'une bonne fortune musulmane n'ont été plumés que par des Arméniennes. Ce n'est pas à dire cependant que la chose — la chose par excellence, comme dit le président de Brosses, — soit absolument irréalisable ; mais il faut pour cela tout un concours de circonstances. Il faut un giaour beau comme Narcisse, riche comme Crésus, sachant le turc comme le Grand Turc en personne ; il faut une petite maison silencieuse et retirée ; il faut la complicité de dix entremetteuses et d'une douzaine d'eunuques. Alors, il n'est pas impossible qu'une vieille mendiante toute courbée et vêtue de haillons vienne un matin ou un soir demander l'aumône aux abords du pavillon discret, qu'un intendant généreux l'interpelle : « Approchez, pauvre vieille, mon maître est bon et charitable, il veut vous servir du pain et des viandes ; » que la mendiante suive l'intendant ; qu'à peine entrée dans un boudoir mystérieux, Carabosse se change en Zuleïka pour rendre heureux un jeune fat et *kérata* un brave homme de Turc. Mais cela est si rare, mais une telle intrigue d'amour exige tant de dépenses et de soins, qu'il est encore plus simple de se faire musulman.

Au retour des Eaux-Douces, je me suis arrêté au grand champ des morts de Péra, et j'ai regardé le Bosphore. Plus je le vois, plus je le trouve beau, mais d'une beauté désespérante que le pinceau ne saurait rendre davantage que la plume, car elle est toute dans la mobilité des couleurs, dans l'infinie délicatesse des nuances. L'impression n'est jamais la même, se renouvelle à chaque instant. Ce soir, le Bosphore était d'un bleu foncé, mais sillonné de petites dentelures d'or qui reluisaient comme des écailles, et, vers les rives d'Europe et d'Asie, roulant des larmes minces d'une teinte indicible, moitié glauque et moitié rose. Le soleil disparaissait à l'occident, derrière le rideau de velours des jardins du sérail, et les derniers rayons tombant sur Scutari faisaient de chaque vitre un immense rubis de flamme, de sorte que j'avais l'illusion d'un magnifique incendie. Vers la Propontide, les îles des Princes semblaient des arches de bois doré flottant sur les eaux. Pas une voix ne troublait le silence qui régnait sur cet admirable coin du monde. Sous mes pieds croulaient les cailloux dont est jonchée l'herbe jaune du cimetière; autour de moi, les tombes rêvaient; un souffle à peine perceptible passait parmi les cyprès noirs et, sans bruit, quelques chiens pelés rongeaient des ossements déterrés. — Les chaloupes et les bateaux pêcheurs rentraient à la Corne d'or, et vues à travers les branches, leurs voiles d'une blancheur mate semblaient de grands papillons qui glissaient sur les eaux.

17 septembre.

Le soir, je reste généralement à l'hôtel, à causer avec quelques amis très au courant des affaires orientales et dont les renseignements me sont très précieux. Vers dix heures, nous nous séparons. Je vais alors fumer une cigarette sur la terrasse qui domine le Bosphore et je monte dans ma chambre où je revis mes journées à vous les conter.

Jamais la situation politique de l'Orient n'a été plus triste qu'aujourd'hui, jamais l'avenir n'a été plus sombre. Le XVIII^e^ siècle a vu le partage de la Pologne. Je crains bien que le XIX^e^ ne soit complice du partage de la Turquie. L'analogie des situations est frappante, jusque dans les détails. Ainsi, la Porte commet aujourd'hui la même faute que la Pologne : comme celle-ci, après le premier traité, elle tourne les yeux vers le czar, elle a la naïveté d'espérer en son pire ennemi. En attendant, la Russie est souveraine dans toute la Péninsule. Son armée n'est pas entrée à Constantinople, cela est vrai ; mais, chose plus grave, ses diplomates commandent à Yildiz-Kioz ; le sultan les préfère à ceux qui l'ont dépouillé sans lui faire la guerre, aux Autrichiens qui lui ont pris la Bosnie et l'Herzégovine, aux Anglais qui se sont emparés de Cypre. L'autre jour, l'émir de Kaboul a écrit au commandeur des croyants une lettre de condoléance sur ses défaites et lui a démontré, avec une adresse toute slave, que ses malheurs provenaient uniquement de sa confiance en l'Angleterre, que seule l'alliance avec la Russie pourrait relever la Sublime Porte de son abaissement. Si le padischah se laisse convaincre, si quelque victoire des Anglais ne vient ébranler en Asie le prestige du czar, bien fort sera celui qui gardera quelque foi dans l'avenir !

Tous ceux que j'interroge me font la même réponse : « Les indices d'une fin prochaine sont partout. L'empire ottoman s'écroule de tous les côtés, le gouvernement est pourri, la race dépérit en regardant vers son grand berceau d'Asie. Pour empêcher la Russie d'aller à Constantinople, l'Autriche à Salonique, l'Angleterre à Alexandrette; pour rendre l'Orient à lui-même, pour rétablir l'équilibre européen, il faudrait, du Rhin à l'Oural et du Danube à la Néva, Dieu sait quelles révolutions prodigieuses sur lesquelles nous ne comptons pas. »

Je suis moins pessimiste que mes amis, je me refuse encore à douter tout à fait de l'avenir. Il faut avouer cependant que le présent est très sombre, que la désespérance des plus vaillants n'est pas faite pour surprendre. Les Russes sont aujourd'hui à San-Stefano, comme jadis, à la veille de la conquête, les Turcs eux-mêmes à Roumili-Hissar. La flotte britannique, comme autrefois la flotte vénitienne, est à l'ancre dans la Propontide. Aussi, plus je réfléchis, plus je questionne autour de moi, et plus je demeure persuadé que l'empire musulman de Stamboul disparaît par les mêmes causes que l'empire grec de Byzance. Ils auront péri l'un et l'autre par la trop grande douceur du Bosphore qui énerve le corps et amollit les âmes; par les vices sans égaux de l'administration fiscale; par la tutelle débilitante, puis par l'abandon de l'Occident.

L'influence du climat sur les hommes n'a pas la place qui lui revient dans les histoires. Ici, elle se manifeste dans toute sa puissance; sa terrible évidence crève les yeux. Sous ce ciel trop doux, dans cet air trop tendre, les races les plus fortes doivent fatalement tomber en décadence. Les Grecs n'y ont pas résisté, et, après eux, les Romains, puis les Osmanlis. Si l'on faisait de la politique à vue longue d'un siècle, il faudrait applaudir à la prise de Constantinople par les Slaves. Au bout de cent ans, ces hommes blonds seraient plus affaiblis, plus énervés, plus corrompus, plus inoffensifs encore que ne le sont maintenant, après trois siècles, les petits-fils des Turcomans. Les délices de Capoue ont perdu l'armée d'Annibal. Le ciel de la Campanie est rude en comparaison du ciel du Bosphore.

L'infamie de l'administration fiscale dépasse toute croyance, et l'État tout entier en meurt, comme meurt le corps humain, quand le sang de ses veines est vicié. Le peuple, accablé par la dîme, a cessé depuis longtemps de cultiver la terre; l'agriculture périt. Les emprunts répétés n'ont enrichi que les usuriers des grandes places de commerce. Les hautes classes n'ont su rapporter d'Occident qu'un surcroît de débauches. Je demande à un ambassadeur: « Savez-vous un moyen d'arrêter la décadence? — Oui, un seul. Il faut pendre cinquante pachas et pendant dix jours exposer leurs cadavres dans la cour du Séraskiérat. » Les trois quarts des pachas sont des Antinoüs de bas étage, ne sont arrivés au pouvoir qu'en se prostituant. A leur tour, ils remarquent de jolis garçons. Voilà comment le gouvernement se recrute. La dépravation est universelle. Les fonctionnaires, n'étant pas payés, ont carte blanche pour voler, pour se faire acheter. La justice n'est jamais rendue, elle est vendue. Le chéri empêche tout progrès. Surgit-il par hasard un grand vizir qui soit honnête homme, la validé, les sultanes, les odalisques, les frères du sultan, ses favoris, les eunuques, tous besogneux, tous insatiables, ont vite fait de le corrompre ou de le perdre. La constitution est illusoire, néfaste. Le harem est plus puissant que le divan, le kisslar-aga que le grand vizir, l'astrologue du palais que le séraskier.

La tutelle de l'Europe a fait le reste ; elle a arrêté tout ce qui marchait encore, elle a paralysé les membres qui gardaient quelque vitalité, elle a stérilisé les quelques germes que la liberté eût pu développer, elle a désappris aux Turcs de compter sur eux-mêmes. Le contraste vaut la peine d'être signalé. A la fin du XVIIIe siècle, Harebone, ministre anglais, reçoit du capoudan-pacha un message lui promettant mille bastonnades ; Ghislen de Busbeck tremble pendant huit jours pour ses oreilles et pour son nez ; Michael Starger est prévenu un soir qu'il sera pendu ou tout au moins fustigé comme un âne ; les ambassadeurs ne se voient entre eux que la nuit ; il leur est interdit de boire du vin, ils se couchent à plat ventre devant le sultan. Trente ans plus tard, les ambassadeurs d'Angleterre, de France, de Russie et d'Autriche commandent en maîtres à Constantinople. Ils sont, contre les Osmanlis les plus honnêtes, les protecteurs intraitables et farouches de chenapans qui ne pourraient rentrer chez eux de crainte des galères. Ils s'amusent à faire destituer tout vizir honnête, tout ministre, tout vali qui se permet de les contredire. Ils ont sans cesse des menaces de guerre à la bouche. « L'empire turc, dit cet homme de grand cœur et de grand sens que j'apprends à connaître ici, J.-B. Collas, l'empire turc fut traité comme un mineur soumis à un conseil de tutelle dont chaque membre ayant un intérêt contraire chercherait bien plus à nuire à son voisin qu'à aider son pupille, à le conseiller sagement, à sauvegarder ses intérêts. » Quand ce grand vizir qui fut un grand ministre, Fuad-pacha, voulait mettre le moindre projet à exécution, immédiatement les ambassadeurs de toutes les puissances accouraient à la Porte. Chaque fois que la France approuvait, l'Angleterre blâmait, l'Autriche menaçait; la Russie, riant sous cape, proposait des moyens termes, achevait de brouiller les cartes. Ainsi tiraillé, le malheureux vizir n'avait qu'une ressource, déclarer que le projet avait besoin d'un nouvel examen, le retirer, le replonger dans le poudreux sommeil de ses cartons, et rien ne se faisait, pas la moindre réforme. Là où il n'y a pas progrès, il y a recul, car l'immobilité politique n'existe pas; on ne peut rester stationnaire, il faut forcément avancer ou rétrograder. Collas a dit en vain à tous les vizirs qu'il a pratiqués depuis vingt ans: « Cessez donc de faire tour à tour de la politique française, de la politique anglaise, de la politique russe. Faites une bonne fois de la politique turque. Le salut est à ce prix. » On ne l'a pas écouté. Quelle a été la conséquence de cette longue tutelle de la Porte? — Son abandon par l'Europe à l'heure du danger.

Il ne faudrait ni plus ni moins qu'un Machiavel, un cardinal de Retz ou un Saint-Simon pour faire l'historique de la diplomatie russe à Constantinople depuis le traité de Paris jusqu'aux conférences de Londres, et surtout le tableau de la mission du général Ignatieff. Jamais habileté plus grande, astuce plus consommée, déloyauté plus insolente n'ont été mises en jeu. Le palais de l'ambassade fut le foyer de toutes les intrigues qui renversaient les vizirs, de toutes les émeutes qui soulevèrent les provinces. Faire croire à l'Europe que les chrétiens de Turquie étaient misérablement opprimés par les musulmans, tel était le grand objectif du général, et sa persévérance sut l'atteindre. On a pu l'accuser d'avoir ordonné lui-même tous ces massacres de Bulgarie qui ont ému l'Occident. Il recevait ostensiblement à Buyuk-Déré toute la canaille arménienne et grecque, inventait provocation sur provocation afin de surexciter le patriotisme musulman, d'amener quelque rixe très sanglante, une bonne émeute où il y aurait nombre de morts et de blessés et qui servirait de prétexte à son maître pour libérer les chrétiens. Le hasard le servit à merveille : un beau matin, les consuls de France et d'Allemagne furent assassinés à Salonique. Le soir même où la nouvelle du crime se répandit à Constantinople, le général se rendit dans un salon diplomatique, le visage pâle et triste, serrant la main des invités comme on la serre, à la porte d'un cimetière, aux proches parents d'un défunt qu'on vient d'enterrer. Un de mes amis était là qui, souriant, observait l'habile tactique ; quand l'ambassadeur s'approcha de lui et lui prit la main avec un air navré : « Ah! général, s'écria le Parisien, je ne dirai pas que cela comble tous vos vœux, car cela dépasse toutes vos espérances! »

### Le Sérail.

Chaque architecture a son idéal ; celui des artistes d'Orient est tout entier dans la nature sensible. C'est elle seule qu'ils aiment, qu'ils analysent, qu'ils s'appliquent à copier. Hors des puissances et des attributs du monde extérieur, ils ne connaissent rien. Leur vie est toute matérielle. Aucune idée métaphysique n'entre dans la poésie du kief. Leur art est essentiellement imitatif ; ils ne bâtissent qu'à l'instar des forêts, des oasis, des bosquets. Ils ne cherchent qu'à exprimer les formes de la nature. Ils n'ont pas de principes plastiques.

L'Orient est le pays du soleil; l'été y dure pendant neuf mois de l'année, les journées sont chaudes, la brise marine n'apporte de fraîcheur qu'à la première heure du matin et à la dernière heure du soir; les nuits sont tièdes. Sur les bords du Bosphore, la flore n'est pas riche; le sol est médiocre; la végétation ordinaire se compose de cyprès; on connaît de nom les beaux platanes; les jardins sont entretenus avec peine par les Monténégrins et les juifs de Bulgarie; une seule forêt, celle de Belgrade, qui semblerait presque misérable chez nous avec ses maigres bouquets de hêtres, de chênes et d'ormes, qui passe ici pour l'endroit le plus délicieux des environs de Constantinople. Les sources vives sont rares; on leur donne des noms divins;. celle du village d'Anadouli-Hissar s'appelle Gueuk-sou, « le ruisseau céleste; » les fontaines des villes et des moindres villages sont des chefs-d'œuvre de la plus exquise orfèvrerie, travaillés comme des châsses byzantines, comme des boîtes à bijoux. Dans les rues de Stamboul circulent des marchands d'eau comme chez nous, pendant l'été, des marchands de coco; l'eau se vend à des prix très différents; celle de Bebek est plus chère que celle de Top-Hané, celle de Scutari que celle de Thérapia; un palais musulman distingue les eaux, comme le nôtre les vins. Les pluies sont rares; le ciel est presque toujours d'un bleu foncé, sans le plus petit nuage. Partout l'homme est ainsi fait qu'il prise le plus ce qui lui fait le plus défaut. Donc, ici, l'ombre et l'eau, c'est-à-dire la fraîcheur.

Je m'en étais douté dès ma première promenade sur le Bosphore; donner aux habitants la fraîcheur et aux passants l'idée de la fraîcheur, toute l'architecture des Turcs est là. — Promenez-vous sur les quais d'Anvers et dans les ruelles d'Amsterdam. Est-ce que ces vieilles bâtisses bien étroites, bien closes, bien lourdes ne donnent pas une impression de chaleur, de bien-être, de confort? Est-ce qu'on ne devine pas du premier coup d'œil, assis derrière ces doubles fenêtres garnies d'épais volets, des hommes gras, rubiconds, pansus qui, près d'un bon feu, mangent de la saucisse, boivent de la bière et fument de longues pipes bourrées de tabac? Est-ce que toute la matérialité batave, lente et lourde, ne se révèle pas par les moindres détails? Est-ce que tout ne concorde pas à en faire naître l'idée, à en donner la sensation? De même ici, l'architecture trahit la vie musulmane, la conception que l'Oriental se fait du bonheur. Ce bonheur est dans le repos, dans la molle volupté, dans les langueurs qui suivent le plaisir, dans le sentiment de la fraîcheur, dans l'oubli du monde, dans cette vague jouissance qui consiste à regarder pendant des heures le mer implacablement bleue sous le ciel sans nuée. Par suite, les palais sont des temples d'ombre, des sanctuaires de silence et de mystère; leur légèreté aérienne, la merveilleuse floraison des arabesques d'or et d'azur, les fenêtres garnies de mouscharabiés, les toits en saillie et très bas s'arrondissant en coupoles, les bosquets voisins de rosiers, les rideaux de cyprès, les massifs de sycomores, tout cela fait deviner au premier regard des retraites cachées, très douces, défiant les ardeurs du soleil, des salons dorés, tapissés de nattes fines, des ottomanes près des croisées, d'où l'on peut voir sans être vu. Les matériaux employés sont ceux-là qui n'absorbent pas les chauds rayons du midi pour les rendre à la nuit tombante ; donc le marbre, et surtout le plâtre, le stuc, les bois d'Asie. L'édifice tout entier semble sortir d'un bouquet d'odorante verdure; beaucoup de ciel et beaucoup d'eau, très peu de la terre.

On entre au sérail par trois portes, dont la première s'appelle Bab-Humaïoun, la *porte auguste*, et la troisième Bab-Seadet, la *porte de la félicité*, et tout de suite un sentiment délicieux de mollesse s'empare de l'être tout entier. Le drogman a beau faire étalage de sa science, expliquer qu'à telle muraille on suspendait jadis les têtes des pachas décapités, que sur telle pierre les grands vizirs, condamnés à mort, posaient le col en tremblant ; qu'ici jaillit la source de Jésus Sauveur et que là-bas s'élève la cage où le sultan enfermait ses frères ; la pensée est à toute autre chose qu'à ces souvenirs historiques. A quoi? Je ne saurais trop le dire. Mais l'œil jouit, et cela suffit. Il jouit de tout, de la tonalité sombre des derniers plans, des jeux de la lumière à travers les feuillages, de la délicatesse des mille nuances changeantes, de l'élégance des fontaines brodées de filigrane d'or, moitié mauresques et moitié chinoises, et dont la seule vue désaltère ; du fouillis capricieux des arabesques qui sont partout, de la tache blanche que font sur les arbres noirs les pavillons qu'épargna le grand incendie de 1865, les kiosques aux noms charmants, les Perles, Alaï, Gulhané ; du scintillement au soleil des faïences persanes, d'un bleu aussi tendre que celui du Bosphore est épais ; du mystère des fenêtres, à qui les grilles de dentelle donnent la même profondeur que le yatmak aux yeux des femmes voilées ; de la volupté qui flotte dans l'air, bien que le sultan soit absent et les kadines envolées de l'autre côté de la Corne d'or.

Certes, au point de vue de l'art, tout cela est très inférieur. « La fin de l'architecte, disait le sophiste Héliodore de Larisse, est de mettre son œuvre en harmonie avec les exigences des sens et d'inventer des procédés pour duper la vue dans la mesure où cela est possible, en se posant pour but, non la symétrie et l'eurythmie réelles, mais la symétrie et l'eurythmie apparentes. » Cette décadence de l'art grec, c'est le point de départ de l'art oriental. Il ne s'agit pour l'architecte du Bosphore que de charmer l'œil, de l'amuser, de le tromper. Le kiosque doit sembler faire partie de la végétation environnante. Comme elle, il est luxueux, brillant, de haut en bas doré et azuré. La beauté vraie, celle des lignes, est inconnue. Point de solidité, point de simplicité; tous ces architectes ne sont en somme que des orfèvres, des émailleurs, mais combien délicats, combien sensibles! C'est Boutmy qui a fait cette remarque, qu'il est oiseux de parler du mauvais goût oriental (1). « Il n'y a point, dit-il, de mauvais goût en Orient; cette catégorie n'existe pas. Le mot n'a point encore de sens. On ne rencontre ici ni juste ni fausse appropriation des formes à un fond défini; il y a absence même de ce fond défini, point de départ de tous nos jugements sur l'harmonie et la mesure et le style. » Il faut donc ici faire abstraction des grandes règles de l'art, les oublier, si possible. On n'est point austère en Orient; pour plaire, une œuvre d'architecture doit être riche, joyeuse, légère, brodée capricieusement, fleurie. Dès lors, ce qu'il y a de plus sage à faire, c'est, dans le détail, d'admirer toute cette joaillerie merveilleuse le plus simplement du monde, comme on fait, sans autre préoccupation, pour un kandjar ruisselant de diamants et de rubis, pour un écrin d'argent bosselé et semé de perles; dans l'ensemble, de se pénétrer de l'instinct domi-

(1) Dans son beau livre : *Philosophie de l'architecture en Grèce.*

nant de ces artistes, une intelligence des beaux sites qui est unique, un amour de la nature qui n'a pas son pareil. Dans le choix du cadre, ils sont incomparables. Je ne verrai l'Acropole que dans trois semaines; pour le moment, je ne connais pas de cadre plus beau que celui-ci, que cette pointe du Sérail s'avançant comme le bec d'une galère au milieu de la mer bleue, entre la Corne d'or et la Propontide, ayant devant elle l'immense horizon d'Asie.

Depuis plusieurs années, comme s'il s'agissait d'un simple roi d'Europe, un officier du palais est chargé de montrer aux giaours le trésor du commandeur des croyants. Ces richesses sont fabuleuses, éblouissent tous les yeux, mais me laissent l'esprit très indifférent, très froid. Les trônes en or festonnés de diamants et d'émeraudes, les tapis et les coussins brodés de perles, les meubles de lapis-lazuli parsemés de diamants, les armes niellées, incrustées de pierres précieuses; les écritoires d'or massif, les coupes d'agate, les terrines pleines de topazes et de rubis, les bracelets des sultanes, toute la voie lactée sous dix vitrines; ces choses-là me font plus de plaisir dans les *Mille et une nuits* que dans la réalité. Je préfère à tous les trésors découverts par le plongeur dans la mer des Indes l'empâtement de cadmium, d'ocre et d'outremer qui, dans un portrait de Rembrandt, serpente en collier de perles autour du col arrondi de Saskia.

J'entre dans le kiosque d'Abdul-Medjid, qui domine le Bosphore, et dans le salon léger, n'ayant pour décoration que de grands miroirs de Venise couvrant toute la surface des murs, quelques vases du Japon sur des tables de marbre, des cages en or suspendues au-dessus de larges divans en soie, des éventails en plumes de paon disposés en faisceaux; au bruit des sources vives qui murmurent dans une cour plantée de rosiers, à la vue de la mer d'azur qui rayonne entre les croisées, je pense à ce que peut être cette chose étrange, l'âme d'un sultan. Et comme je m'égare dans une vision aussi fantastique que la chose elle-même; comme je me plais, dans ce kiosque délicieux, à évoquer les ombres de toutes les filles adorables du harem qui sont la propriété du maître, tout à coup une musique éclate autour de moi, farouche et pleine de défis, qui fait tressaillir les colonnettes légères au bruit retentissant des notes d'acier répercutées sur les flots. Je m'approche de la croisée. Une frégate russe entre dans le Bosphore, ramenant de San-Stefano à Varna un détachement de la garde impériale.

### Promenades dans Stamboul, le Bazar.

.... Jamais, en voyage, je ne me suis senti plus heureux. Je me laisse prendre doucement par le charme de cette nature, par la tiédeur de l'air, par la blonde mollesse de la lumière. Chaque matin, quand je passe de Top-Hané au sérail, je fais arrêter mon caïque à l'entrée du Bosphore, et je ne me lasse pas de regarder ces merveilleuses rives d'Europe et d'Asie, d'en graver, au plus profond de ma mémoire, les formes gracieuses et les nuances délicates. J'ai marqué sur mon plan, au tiers environ de la largeur de la Corne, un certain point d'où la vue sur Constantinople est la plus belle, où le peintre qu'attend encore cette ville admirable devra dresser son chevalet. Quand mes caïqdji arrivent à cet endroit, Constantinople étend droit sur moi ses deux bras immenses, celui de l'Arsenal et celui du Séraï; et dans l'ouverture de ces deux bras, l'eau joyeuse scintille au jeune soleil, presque sombre aux environs de Yeni-Djami, presque blanche au-dessous d'Eyoub. Des nuées de mouettes dansent sur les crêtes des flots. On les appelle d'un nom poétique, les *âmes en peine*. Autour de moi, les grands vaisseaux à l'ancre, noirs et lourds, dressent dans l'air pur du matin leurs forêts de mâts et livrent au vent qui les gonfle leurs larges voiles. Dans Stamboul, perçant de leurs masses énormes les cent mille toits qui reluisent comme des vagues, les mosquées apparaissent comme d'autres vaisseaux à l'ancre, ayant les minarets pour mâts et les coupoles arrondies pour voiles. De tout cela, une rumeur monte, puissante, comme un sourd accompagnement de basse à l'hymne triomphal de la lumière.

Voilà pour les sens. Plaisir extrême, mais dangereux ; je m'en rends compte avec quelque inquiétude, je sens le *kief* oriental qui m'envahit de tous côtés, la rêverie qui s'empare de moi. Pour ne pas succomber tout à fait, pour réveiller l'intelligence qui s'assoupit, il faut se faire débarquer après quelques minutes, prendre son vol à travers la ville, marcher, s'agiter, chercher à comprendre cette ville unique au monde. Je n'y ai pas encore réussi et, sans doute, n'y réussirai point. Elle restera pour moi pareille à ces arabesques fantastiques, à ces signatures turques ou persanes tracées dans l'or sur une plaque de marbre bleu, sans signification aucune pour les non-initiés, mais qui sont un amusement pour tous les yeux, étant si bizarres, si gracieuses, si charmantes dans leurs caprices sans fin.

Je m'enfonce dans les ruelles les plus secrètes, je m'arrête devant les boutiques, j'étudie les passants ; dès qu'une porte s'entre-bâille, mon regard curieux essaye de pénétrer dans l'intérieur mystérieux de la maison. Mais je ne vous cacherai pas que mon carnet d'observations sociales renferme une forte majorité de pages blanches, tandis que je pourrais, tous les jours, noircir les feuillets d'un album. Chaque rue, chaque carrefour, chaque boutique est un tableau d'une délicatesse extrême de couleurs, mais discret comme la mer et comme la vie musulmane. On passe incessamment de l'ombre à la lumière, d'une rue étroite et noire à une place toute blanche. Les maisons sont silencieuses ; on les dirait inhabitées, abandonnées par ce peuple qui s'en va, qui meurt visiblement. Sur la terrasse des minarets, d'heure en en heure, s'élève la voix du muezzin qui rappelle les fidèles aux devoirs de la prière, et cette voix claire et mélodique a le charme du son des cloches venant d'une campagne lointaine. Seuls, les marchés sont bruyants, mais par le fait des Arméniens et des Grecs, et les maisons d'école, d'où s'échappe la rumeur confuse des enfants turcs qui psalmodient. Rien de plus rare qu'une rixe. Quand une querelle s'élève, il y a cent contre un à parier que c'est entre Grecs, « ces canailles de Grecs, me dit un Levantin, qui ont toujours le couteau à la main. » Hommes de sac et de corde, soit ! Mais aussi ardents à la vie que les Osmanlis sont indifférents. L'avenir leur appartient.

Nombre de grandes mosquées, dites *djami*, ou lieux de réunion. Les petites mosquées, *mesdjid*, ou lieux de prière, sont incalculables. Je ne les ai encore vues qu'à l'extérieur et les trouve toutes laides et disgracieuses, à l'exception des trois mosquées de Soliman, d'Achmet et de Bajazet, qui sont construites dans le style arabe le plus pur. La plupart du temps, elles sont entourées de masures, de turbés et de bâtisses sans nombre ; on ne peut retrouver le plan primitif ; les coupoles basses sont lourdes, rappellent ces grands oiseaux maladroits qui se traînent pesamment sur le sable de la mer. Mais les minarets me causent toujours un plaisir nouveau. Toutes les architectures imitent de près ou de loin la végétation de leur pays : le chêne est le modèle des colonnes grecques, le palmier et le lotus ont inspiré les artistes indiens; à l'Alhambra, les Maures ont copié le grenadier; c'est du cyprès que procède le minaret. Les minarets sont des cyprès blancs.

Quelquefois je m'arrête dans la cour d'un caravansérail. Voici la description exacte d'un de ces khani : au centre, une grande cour rectangulaire, où les hammals chargent et déchargent incessamment les ballots de marchandises. Autour de la cour, comme dans les cloîtres toscans, circule une galerie en bois qui sert de hangar; puis au-dessus de ces magasins tout primitifs se superposent trois étages où sont les chambres louées aux commerçants étrangers. L'aspect général est triste, les grands murs noirs sont sales, presques funèbres; les malheureux hammals peinent comme des damnés de Dante. Une seule note gaie : au milieu de la cour, une petite fontaine entourée de sycomores. C'est là que le soir, après le rude labeur de la journée, les marchands s'accroupissent sur des nattes et fument le narghilé. Ce qui est étonnant, c'est le silence qui règne dans les khani, malgré le mouvement des hommes et des marchands, malgré le va-et-vient perpétuel des charrettes traînées par des bœufs, et, parfois, des caravanes venues d'Asie. Toutes les races du Levant sont représentées dans les khani, toutes travaillent sans bruit. Les ordres se donnent par signes, les affaires se discutent à mi-voix, tout se fait avec ordre et méthode, sérieusement. Le vacarme est plus grand dans le moindre coin d'une foire française que dans les caravansérails réunis de la Validé et de Yéni. Sur la rue, de grandes portes de fer ferment l'édifice avec un faux air féodal, prudente précaution contre les incendies.

Presque tous les jours, je vais passer une heure ou deux au Bazar, à suivre les femmes turques dans leurs emplettes, à marchander quelques menus objets aux Arméniens, qui sont plus voleurs que les Juifs, et aux Grecs, qui sont plus voleurs que les Arméniens. Je ne vous ferai point de description du Bazar, me contentant de vous renvoyer au tableau si vivant et si haut en couleur de Théophile Gautier. C'est, dans tout l'Orient, ce que ce grand artiste a de mieux vu et de plus admirablement traduit dans son riche langage de peintre. Entre nous, le Bazar de Gautier est plus beau que le vrai Bezestin de Stamboul. Il est vrai que mes amis de Péra soutiennent que depuis vingt ans la déchéance du célèbre marché est très sensible.

Au retour du Bazar, je fais régulièrement une longue station au pont de la Validé. C'est l'endroit le plus divertissant de toute la ville. De Stamboul à Péra et de Galata au Phanar, le mouvement est incessant. Des *arabas* passent lentement, grandes corbeilles dorées où s'épanouissent les fleurs blanches et roses, les dames turques dans leurs élégants féredjés de promenade. Parfois, un eunuque blanc les accompagne, et je ne sais rien de plus ignoble que ces larges faces graisseuses, aux chairs pendantes, aux yeux éteints, au sourire bestial. Quand les chevaux sont sur le point de les écraser, mais alors seulement, les passants s'écartent aux deux côtés du pont, se bousculent en poussant des cris. Les femmes franques sont rares, ne quittent guère leurs maisons de Péra ou de Galata. En revanche, beaucoup de négresses : les jeunes sont superbes, grandes, opulentes de formes, la tête toujours droite, le buste long, les épaules dégagées ; elles portent un yatmak noir, très étrange et sont généralement vêtues de laine rouge ou bleue. Elles ont le regard doux et lascif. Les négresses n'idéalisent rien. Quelqu'un a dit que la vertu d'une femme se reconnaît à sa démarche, qu'en effet une jeune fille marche autrement qu'une femme mariée, une actrice qu'une matrone. Le dandinement des négresses en dit beaucoup sur la fonction principale de la femme dans la vie des hommes de couleur. Ces créatures n'existent que pour le plaisir. Elles sont naturellement immodestes comme elles sont naturellement noires, sans songer à mal, sans effronterie. L'autre jour, une de ces filles aux cheveux d'or que les officiers russes ont fait venir de Paris à San-Stefano arpentait devant moi le pont de la Validé. Elle seule était indécente, provoquait, s'offrait. — Les Circassiens sont nombreux, la terreur des bourgeois. Ce sont de grands hommes maigres, à figure de bandits, les yeux brillants comme des escarboucles, le visage sillonné de balafres. Ils portent sur la tête un bonnet en poil de mouton; leur costume se compose de bottes, de pantalons courts de couleur sombre et d'un long justaucorps qui est littéralement bardé de cartouchières toujours pleines; un petit *bazar des armes* reluit à leur ceinture. Ils ont commis en Bulgarie d'épouvantables forfaits; mais la peur s'en est mêlée et, si j'en croyais les Grecs, ils auraient massacré quatre ou cinq fois toute la population des Balkans. Que faire de ces hommes? Chassés de Circassie par les Russes, ils sont entrés en Turquie, et bon gré, mal gré le sultan a dû les enrôler. Comme ils terrorisaient l'Asie, on les a envoyés en Bulgarie. Aujourd'hui, les gouvernements exigent leur rapatriement en Asie. Le jour n'est pas lointain où il faudra les exterminer comme naguère les janissaires et les mameluks. En attendant, ils flânent, s'amusent du mouvement et du bruit comme de grands enfants. Le contraste avec les Arméniens est frappant. C'est un vrai régal pour un moraliste que le changement d'attitude qui marque chaque pas de la promenade quotidienne des Arméniens, quand vers le soir ils rentrent de Stamboul à Péra. Le pacha qui les a reçus à Stamboul les a trouvés les plus humbles des laquais, chiens couchants attendant dans un coin que le maître les appelle pour les entretenir d'affaires. Dans les rues de la ville turque, l'attitude reste modeste, servile; ils vont le dos courbé, la tête basse, les yeux craintifs et suppliants. Près du pont, le dos insensiblement se redresse, la tête se relève, les yeux prennent quelque air de fierté; au milieu du pont, ils marchent tout droit, avec superbe, le regard dur; ils bousculent les hammals, ils repoussent dédaigneusement les mendiants turcs. Enfin, dans les rues de Galata, la métamorphose est complète : les valets sont devenus les maîtres; d'un même sourire de mépris, ils considèrent les Osmanlis et les chiens lépreux; ils sont hautains, insolents et magnifiques, n'ayant plus sur eux le poids du regard du pacha, étant les Mascarille et les Jodelet de la grande mascarade d'Orient.

Sainte-Sophie, 19 septembre.

J'ai fait aujourd'hui une première visite à Sainte-Sophie, mais de cette visite je n'ai rapporté qu'une sensation, celle de l'immensité; je n'ai rien vu, rien analysé, je n'ai cherché à me rendre compte ni des qualités générales d'harmonie ni de la magnificence des détails; j'étais troublé, remué jusqu'au fond de l'âme comme je ne l'ai jamais été par la plus belle des cathédrales gothiques; je ne puis que vous répéter incessamment le seul mot qui me soit resté sur les lèvres : immense, immense. Dès que je suis entré dans la nef, je me suis senti écrasé, perdu; il m'a semblé que je n'étais plus le même, que ma taille diminuait, diminuait toujours, que je devenais fourmi, atome; je n'ai jamais eu à un pareil degré la perception de mon néant. Les sens sont frappés, étourdis, comme ceux d'un oiseau qui a donné de la tête contre un mur et qui tombe sur le sol. Tout est énorme: la coupole qui verse à flots une lumière blanche, les arcs, les piliers, les colonnes, les chapiteaux, les cartouches verts aux inscriptions dorées, les ailes de mosaïque qui ornaient les corps des archanges grecs disparus sous le badigeon musulman. Ce n'est pas un temple, c'est un monde. Des nuées de pigeons voltigent sous la voûte, comme sous le ciel même. Au pied du *member* (1), grand comme un obélisque de Louqsor, quelques points noirs, des fidèles en prière. Au-dessus des têtes, le balancement des lustres d'or qui descendent de la coupole par des chaînes longues de soixante mètres. Il n'existe rien de comparable. On ne refera jamais un pareil colosse. L'audace humaine n'ira jamais plus loin.

L'architecture de Justinien est grandiose, magnifique, puissante; elle frappe les sens. La religion de Mahomet est grande, simple, vivante; tout matériel que soit son idéal, elle sait parler à l'esprit avec une éloquence sans égale. Du temps des Byzantins, quand Sainte-Sophie était une basilique chrétienne, l'impression devait être tout autre, théâtrale, compassée, officielle; celle que j'ai ressentie, moi, païen, dans ce temple d'Allah, a été toute religieuse. La dévotion musulmane est si réelle, si sincère qu'il faut s'incliner. Tous ces hommes agenouillés, accroupis, collant leurs lèvres aux nattes qui recouvrent le marbre, sont des croyants; ils ont la foi, sans ostentation aucune, mais d'autant plus visible. Le calme est merveilleux; à peine un léger bourdonnement de voix dans cette mosquée gigantesque, comme celui des abeilles dans une ruche lointaine. L'esprit du Divin est là.

(1) Chaire.

L'œuvre du congrès de Berlin.

Dans les ambassades, dans les consulats, dans tous les lieux de réunion, je cherche un homme qui prenne au sérieux l'œuvre du congrès de Berlin. Mais, comme Diogène, je ne trouve pas.

A peine élevée, cette œuvre hybride s'écroule par morceaux. Bien naïf qui s'en étonnerait. Cet étrange monument est construit sur du sable mouvant et le ciment fait défaut pour unir ses pierres disparates. L'effondrement est général. En Bosnie, la guerre continue de plus en plus sanglante, acharnée, sauvage; sous prétexte qu'ils ont affaire à des musulmans, les Autrichiens se comportent en barbares, brûlent les villages, ne font pas de prisonniers, appellent cela « faire une campagne asiatique. » Le Monténégro et la Serbie n'ont pas désarmé. L'Albanie est en feu; cette misérable machine, la ligue de Prizrend, inventée par la Porte contre l'Autriche, se retourne maintenant contre le gouvernement turc, qui n'est pas plus obéi que s'il n'existait pas et se trouve moins maître chez lui que le dernier des charbonniers. Les promesses faites à la Grèce restent illusoires. En Macédoine, les agitateurs slaves et allemands intriguent à la fois contre les Hellènes et les Osmanlis, sèment la discorde dans toute la province. Les Russes ne font pas mine de quitter San-Stefano, préparent en sous-main la réunion de la Roumélie orientale à la Bulgarie. Les Anglais changent l'occupation temporaire de Cypre en une annexion pure et simple; leur ambassadeur, sir Austin Layard, poursuit avec acharnement sa campagne contre les capitulations. Au milieu de tou ce désarroi, le Divan et la Sublime Porte ne savent que résoudre; et comme si ce n'était pas assez de toutes ces complications étrangères, de jour en jour le mécontentement de la population musulmane devient plus menaçant. Le sultan n'ose pas se montrer à Stamboul, ne quitte plus Yildiz-Kioz où il se fait garder par une armée. Tous les matins, le grand vizir réunit le conseil. Un ministre me dit : « On passe son temps à décider qu'on ne décidera rien. »

Je viens de relire une curieuse étude de John Lemoinne sur ce qui fut un jour la grande question « de l'intégrité de l'empire ottoman. » Cette étude, écrite en pleine guerre de Crimée (mai 1853), m'a confirmé dans cette idée qu'il y a toujours eu deux sortes de prédictions : les vraies, auxquelles nul n'a jamais cru; les fausses, qui n'ont jamais manqué de trouver des croyants en abondance. A vingt-cinq ans de distance, John Lemoinne prévoyait avec une perspicacité rare, mais inutile, les événements auxquels nous assistons depuis trois ans en Orient. D'avance, il caractérisait en quelques lignes, qui pourraient être écrites d'hier, l'œuvre fatalement bâtarde du congrès de Berlin.

« Le vice de la question d'Orient, disait-il, c'est qu'aucune puissance ne peut la traiter d'une manière désintéressée. Chacune d'elles considérera en première ligne son avantage particulier; celui des populations mêmes dont il s'agit de régler le sort ne viendra qu'en seconde ligne. Nous avouons que nous sommes confondus de la naïveté féroce avec laquelle les plus grands libéraux de l'Occident répètent tous les jours : « Il s'agit bien de la Turquie ! » Nous nous inquiétons bien de l'empire ottoman et » de son intégrité ! Il s'agit tout simplement de » nous... » Et ces politiques humains et éclairés n'ont pas l'air de se douter qu'il y a là-bas dix ou douze millions d'hommes qui disent : « Et nous ? » et pour lesquels l'émancipation est une question de vie ou de mort. » Oh ! comme voilà bien le tableau de ce qui s'est passé pendant trois semaines à Berlin ! Est-ce en réalité de la Turquie, de la Roumanie, de la Bosnie, de la Grèce qu'il s'est agi dans cette étrange réunion diplomatique ? Non, il ne s'est agi à Berlin que de la Russie, de l'Autriche, de l'Angleterre. La Russie demandait la Bessarabie et la suzeraineté de la partie orientale de la péninsule des Balkans. L'Autriche voulait la Bosnie et l'Herzégovine avec la suzeraineté de la partie occidentale de la même péninsule. L'Angleterre convoitait Cypre et le protectorat de ce qui reste de la Turquie. Quel a été le dénouement de la comédie? Ce que réclamaient le prince Gortschakoff, M. Andrassy et lord Beaconsfield, ces hommes politiques se le sont accordé à eux-mêmes, se passant réciproquement la rhubarbe et le séné, tout cela avec la haute approbation de M. de Bismarck, et sans avoir même pour les plénipotentiaires ottomans de simples égards de politesse. «Et nous?» s'écriaient en chœur les Roumains, les Slaves du Sud, les Grecs, étrangement unis par les circonstances. «Oh! vous, il s'agit bien de vous! a-t-on répondu; il s'agit bien de votre sécurité future, ou de votre indépendance, ou de votre émancipation! Il ne s'agit pour nous que de partager le gâteau! »

Il est impossible de parler de ces choses sans amertume et sans colère. Un tel oubli du droit, un pareil manquement à toute justice sont rares, même dans l'histoire contemporaine. Mais, dans cette œuvre du congrès allemand, ce qui est tout particulièrement odieux, ce qui provoque avec le plus de force l'indignation des cœurs droits, c'est la comédie, c'est la mise en scène. Quand, au siècle dernier, la Russie, l'Autriche et la Prusse ont procédé à l'inique partage de la Pologne, ils n'y ont pas mis tant de façons : la force a primé le droit, brutalement et sans phrases. Aujourd'hui, il n'en est plus de même; les lions ont commencé par faire de grands discours et par écrire de belles circulaires, et vraiment on a su déguiser les choses de façon merveilleuse. C'est dans l'intérêt des Slaves du Sud que la Russie les fait passer de la domination ottomane sous la domination moscovite. C'est dans l'intérêt de la Porte que l'Autriche lui prend la Bosnie, et l'Angleterre l'île de Cypre. Il est vrai que le feu dieu Saturne mangeait ses enfants pour leur conserver un père...

Une chose cependant est consolante, faite pour donner quelques espérances aux amis du droit ; c'est l'attitude des représentants de la République au congrès de Berlin. Après avoir protesté avec une dignité calme contre toutes les violences et toutes les iniquités, après avoir demandé l'affranchissement de quelques milliers d'Hellènes et l'égalité de tous les cultes sur les bords du Danube, ils sont revenus, — M. Waddington a pu le dire avec une fierté légitime, — les mains nettes. Du coup, ce désintéressement a donné à la France, dans le Levant tout entier, une position exceptionnelle. Comme elle se montrait de nouveau, ce qu'elle aurait dû toujours être, la justice, la liberté, tous les yeux se sont tournés vers elle. D'ici dix ans, si nous savons persister dans cette politique, nous pouvons être plus que les maîtres : les législateurs, les régénérateurs de l'Orient. Car, dès à présent, que reste-t-il du traité de Berlin ? Quelques-uns ont dit : un parchemin recouvert de quelques signatures, et dont les stipulations sont encore moins respectées que les femmes turques de Roumélie par les Russes ; un méchant tableau de M. de Werner. Non, il reste plus que cela. Il reste, d'une part, la constatation officielle de la faillite de l'Europe ; de l'autre, cette constatation plus noble et plus belle : une seule puissance est allée au congrès pour y traiter d'une manière désintéressée la question d'Orient ; cette puissance, la France. — Voilà pourquoi le traité de Berlin vaut mieux que celui de San-Stefano.

### Conversations. — Le peuple.

Je reçois des lettres de Paris ; on m'écrit : « Hâtez-vous de quitter Constantinople. On nous donne ici des nouvelles désastreuses. Le *Times* annonce que le fanatisme musulman va faire explosion, qu'un massacre général des chrétiens se prépare, qu'un giaour ne peut se promener sans khavas dans les rues de Stamboul, que déjà plusieurs Européens ont disparu sans qu'on ait pu en retrouver la moindre trace, etc. » Moi qui, depuis huit jours, seul, n'ayant pour toute arme que mon parasol, vagabonde du matin au soir dans les rues de Stamboul, sans avoir été une pauvre petite fois insulté ou seulement regardé de travers, je pars d'un éclat de rire en lisant ces sornettes; je montre ces lettres à mes amis de Péra : « On voit bien, me dit M. Collas, que vous ignorez l'existence à Constantinople d'une corporation d'alarmistes plus ou moins soudoyés par la Russie. Ces messieurs, qui vivent ici aussi tranquillement que vous et moi, et qui savent à merveille que la sécurité est à Stamboul aussi grande qu'à Paris, et beaucoup plus grande qu'à Londres, ont pour métier de crier jour et nuit au fanatisme musulman, inquiétant, sans rime ni raison, nos familles et nos amis d'Occident. Moi qui, depuis vingt ans, habite le Levant, et qui, par tous les moyens possibles, me suis efforcé de faire savoir la vérité à ceux qui restent là-bas dans leur fromage de Hollande, je reçois toutes les semaines des lettres pareilles à celles que vous venez de me montrer. Je réponds régulièrement : « On vous dit vrai; nous sommes assassinés tous les soirs de l'an, mais on oublie de vous apprendre comme quoi nous avons trouvé le moyen de remettre tous les matins la tête qu'on nous a tranchée la veille. »

M. Collas me développe toute sa pensée; si notre politique orientale n'est depuis tant d'années qu'une longue suite de fautes et d'erreurs, la cause en est dans l'ignorance profonde où vous êtes là-bas des hommes et des choses de ce pays. Pour les trois quarts des Occidentaux, le Levant est toujours resté je ne sais quelle région mystérieuse et fantastique. Vous le jugez sur les *Mille et une nuits;* les Turcs sont demeurés pour vous les forbans intraitables des *Fourberies de Scapin* et les mamamouchis grotesques du *Bourgeois gentilhomme.* A la fin du siècle dernier, Volney accusait les infidèles musulmans d'avoir inventé la peste. Cette idée vous sourit encore. Ne me démentez pas; à l'heure présente, vous continuez à peupler l'Orient de fantômes. Quand je vous affirmerai que les hommes d'ici sont aussi pacifiques que vous-mêmes, aussi honnêtes, aussi respectables et beaucoup plus tolérants, vous ne me croirez pas. Mais qu'un farceur quelconque vienne vous entretenir des ogres et des croquemitaines qui peuplent ce pays, vous narrer sur la polygamie et le reste de vieux contes à dormir debout, vous serez tout oreilles pour l'entendre. Avant mon départ, un grand journal parisien écrivit un matin que l'armée turque était entrée dans je ne sais plus quelle ville, derviches en tête. Vous êtes tellement habitués à considérer l'Orient comme un pays fabuleux, qu'aucun doute ne vous est venu, que cette avant-garde de derviches a paru chose toute normale. Or, le gazetier en question avait pris un général (Dervisch-pacha) pour une bande de moines hurleurs ou tourneurs.—Hier, deux autres journaux, non moins importants, confondaient Méhémet-Ali, le malheureux gouverneur qui vient d'être assassiné en Albanie, avec le capitan-pacha, mort plus que sexagénaire en 1868, Dieu me garde! avec le père d'Ibrahim. Ne m'accusez pas de paradoxe. Voilà sur quelle sorte de données ineptes l'opinion publique discute chez nous les choses d'Orient.

Je voudrais cependant vous convaincre de cette vérité : c'est l'Occident qui a inventé le fanatisme turc. Les Osmanlis sont à la fois patriotes et croyants, comme l'étaient les Français au xv^e siècle, comme le sont aujourd'hui les Russes. Mais, par cette seule raison qu'ils portent le turban, qu'ils sont circoncis, et que leur dimanche tombe le vendredi, vous appelez leur patriotisme du nom odieux de fanatisme, et vous ne voyez en eux que des barbares. — Consultez-vous bien sincèrement; la pensée du turban trouble tous vos jugements sur les affaires de Turquie. Si les Turcs portaient un chapeau noir, vous les regarderiez d'un autre œil. Ah! monsieur, est-il possible de porter un turban?

Maintenant, pour vous disculper un peu, j'ajoute que les Turcs professent à votre égard des sentiments de nature semblable. Un des derniers grands vizirs disait à un chrétien de ses amis : « Je sais bien, mon cher, que nous sommes égaux; mais les préjugés de l'éducation sont tels que, si vous vous avisiez tout à l'heure de m'affirmer brusquement cette égalité, malgré moi mon orgueil se révolterait, ma fierté se croirait insultée, vous me feriez de la peine. »

Mais ce dédain lui-même, ce mépris instinctif que le Turc déguise plus ou moins bien, c'est une cause nouvelle de tolérance, de sécurité pour tous les chrétiens. Comme j'étais l'autre jour à la Sublime Porte, chez un très puissant et très spirituel secrétaire : « Tôt ou tard, me disait-il, le peuple se révoltera, fera main basse sur toute la haute administration. Pas un pacha n'échappera, et ce sera justice. Ce jour-là, voici ce que je ferai (et ce disant, il tirait un chapeau européen d'une armoire secrète) : Je mettrai mon fez dans ma poche, je coifferai ce chapeau, malgré les rites prohibitifs, je boutonnerai ma redingote et je descendrai dans la rue. Le peuple me prendra pour un chrétien, et je rentrerai tranquillement chez moi. » Voilà le fanatisme turc.

Qui monte à cheval ? qui se promène en voiture ? qui bouscule la foule, écrase les passants ? — Les giaours, les riches banquiers grecs de Galata, les Arméniens de Kadi-Keui, les Francs de Péra. Les Turcs les plus affamés ne s'en formalisent point, ne semblent porter aucune envie à ces heureux, à ces insolents.

« Chaque année, à la Fête-Dieu, les processions catholiques circulent dans les rues de Constantinople. Les maisons sont pavoisées de drapeaux ; des reposoirs sont dressés au coin des rues ; le clergé fait retentir l'air de ses chants ; les cloches sonnent à toute volée, et les soldats turcs qui forment le cortège présentent les armes au moment de la bénédiction du saint sacrement, aux reposoirs, pendant que la musique de leur régiment exécute des symphonies (1). » On sait de quelle façon les chrétiens ont traité les familles turques de Négrepont et de Belgrade, hier encore celles de Sophia et de Tirnova.

Les églises catholiques, protestantes et grecques sont respectées comme les mosquées elles-mêmes. Les rues sont pleines de papas, de capucins, de moines de tous les ordres et de toutes les couleurs. Jamais une injure ne leur est adressée, pas un ricanement sur leur passage. Je n'engage pas les derviches tourneurs ou hurleurs à venir se promener sur nos boulevards.

Étant tolérants à ce point, ils ne connaissent le prosélytisme que de nom. Dès que vous mettez le pied en pays protestant, vous êtes assailli de convertisseurs; vos poches se remplissent de petites Bibles et de prospectus évangéliques. Ici, rien de tel ne s'est jamais vu. « Dis : chacun agit à sa manière; mais Dieu sait qui est celui qui suit le chemin le plus droit. » (Coran.) Quand un chrétien, par ambition, veut se faire musulman, ce sont les muftis qui lui représentent combien il serait plus honnête à lui de vivre dans la religion de ses pères. Tout renégat est tenu en maigre estime. Certes, il peut deve-

(1) Collas.

nir grand vizir ou séraskier; mais, à bon droit, le dernier des mendiants à turban vert se croit son supérieur.

Dans la vie privée, ils sont bons, très honnêtes, observant religieusement les conventions même verbales; la parole d'un Turc vaut les signatures de vingt Grecs. — A la vérité, s'ils entrent dans l'administration, ils deviennent voleurs du soir au lendemain. Pourquoi? Parce que l'État trouve inutile de payer ses employés. Tel fonctionnaire n'a pas reçu de traitement depuis dix-huit mois. Je sais un préposé à la douane qui touche quatre-vingts centimes par semaine. Cet homme est marié, père de famille. Que demain il vienne me consulter, je lui répondrai : « Vous n'avez évidemment le choix qu'entre trois partis : donner votre démission, voler ou mourir de faim. Ne donnez pas votre démission à la légère, et gardez-vous surtout de mourir de faim. »

Je ne vous parle ici que du peuple. Il est impossible de le voir sans le prendre en très haute estime. Quant aux classes dirigeantes, plus j'observe, plus je me renseigne, et plus je me confirme dans la sévérité de mon premier jugement. Elles sont gangrenées, pourries jusqu'à la moelle; ce sont elles qui ont perdu la Turquie. Pour sauver ce malheureux pays, il faudrait une révolution; mais cette révolution, quoi qu'on ait dit, ne se fera pas, car les Russes resteront à deux pas, tout prêts à intervenir; car la douceur du Bosphore, je l'ai déjà dit, a fini par énerver tous les corps, par endormir les âmes. Le ressort vital de ce peuple est irrémédiablement brisé. C'est un malheur pour l'Europe, pour la civilisation tout entière.

Demain, je pars pour Brousse, avec deux Anglais que j'ai rencontrés sur le bateau de Varna, les frères Barklay; l'aîné est correspondant du *Times*, le cadet est ingénieur. — Ils projettent d'aller par Angora et Diarbékir jusqu'à la frontière de Perse.

Brousse, 20 septembre.

Péra d'abord, puis Stamboul, puis l'Asie. C'est la gradation voulue. Il faut éviter les sauts brusques. Il faut monter lentement la gamme admirable des couleurs. Mais pourquoi, devant les tonalités chaudes et superbes de cette lumière nouvelle, mon émotion est-elle moindre qu'au premier rayonnement de la lumière du Danube, toute pâle, cependant, en comparaison de celle-ci? On n'a jamais bien dit pourquoi le premier amour est le plus beau.

Nous sommes partis ce matin, comme il était à peu près six heures *à la turque*, et de la Corne d'or à Moudaniah nous avons mis cinq heures à traverser la Propontide. La mer était presque immobile, sereine, étalant avec joie ses grandes ondes bleues, semées de voiles blanches, et d'où s'élevaient, comme des dos de monstres, les rochers nus des îles des Princes. Le ciel était, comme la mer, splendide et clair; quelques fumées flottaient légèrement dans l'air tranquille au-dessus de Stamboul, et les deux continents développaient autour du Bosphore leurs courbes gracieuses qui se confondaient à l'horizon. Comme des tas de cailloux blancs, les villes sœurs d'Europe et d'Asie resplendissaient au soleil. Tout cela diminua lentement dans un lointain de plus en plus douteux et je devinai que ce charmant *decrescendo* du départ ne pouvait avoir d'égal que le *crescendo* majestueux du retour. Sur les petites vagues, les dauphins dansent gaiement et font voler dans l'air des perles d'écume.

Le dauphin est l'un des exemples les plus frappants de cette force d'idéalisation qui est la vraie beauté de la mythologie grecque. Du vulgaire cétacé dont le corps figure deux cônes presque égaux opposés par la base, elle a fait l'animal gracieux du sanctuaire delphique, le poisson sacré dont le dieu Neptune, pour séduire Mélantho, emprunta les formes charmantes. Elle a courbé en col de cygne ce corps lourdement allongé; elle a développé en tête de lion ce museau plat, tout semblable à un énorme bec d'oie ; elle a ouvert, comme celle d'un masque, cette gueule mince et d'une longueur disproportionnée ; elle a relevé, comme un grand bouquet d'herbes marines, cette queue conique, coiffée d'une nageoire à deux lobes. Ainsi, le dauphin est devenu le héros des plus belles légendes, le symbole de la mer, le patron des matelots ; il a pris place parmi les dieux de l'Océan et parmi les astres du ciel.

Tout laid et tout disgracieux qu'est le dauphin véritable, c'est un plaisir de le voir bondir sur la mer, « bandant sa queue comme un arc très grand et très puissant, et la détendant ensuite contre les couches d'eau inférieures avec la promptitude de l'éclair pour jaillir comme la flèche de cet arc » (1). C'est certainement la courbe de cette queue au moment où le dauphin s'élance, qui a donné naissance à la conception grecque du ministre de Zeus maritime. Comme d'un fouet rapide, le dauphin cingle la mer de ce membre si merveilleusement musclé et, tout en caracolant, file aussi vite que les barques les plus légères, plus vite, au dire des anciens, que les oiseaux. — A suivre sur les flots de la Propontide les jeux des dauphins, j'aurais oublié, sans mon ami Barklay, de donner un regard à cette chose prodigieuse : l'armée russe sur les hauteurs de San-Stefano, et la flotte anglaise aux îles des Princes, im-

(1) Aristote.

mobiles, se tenant mutuellement en respect devant Constantinople.

Ce faible instrument, la parole, ne peut pas dire le charme d'une pareille navigation. Avivé par la joyeuse lumière, le cerveau entre en travail, et les pensées s'épanouissent dans un gai désordre, comme les fleurs touffues d'un sol fécond. Autour de moi, tout est beau. La mer ne peut pas être plus bleue ni l'air plus limpide qu'ils ne sont ce matin. La tiédeur du jour est tempérée par la brise qui arrive de l'Archipel. Je n'ai jamais compris ces esprits chagrins qui rougissent de leur bonheur. Quoique seul, loin de mes amis, je me sens heureux.

Au moment où Constantinople a disparu dans la ligne d'argent de l'horizon, une idée terrible m'est venue. Comme ce vaisseau qui m'emporte, moi simple voyageur à la recherche d'émotions nouvelles, sur cette même mer, suivant la même route, un jour qui n'est pas très lointain peut-être, un autre vaisseau passera, fuyant le Bosphore, ramenant à la vieille capitale des Osmanlis le dernier des sultans d'Europe. Ce jour-là, le soleil ne sera pas moins joyeux ni l'azur de la Propontide moins intense ; ce jour-là, les îles des Princes, Khalkitis et Protis, s'épanouiront encore comme de grandes fleurs marines, et gaiement les dauphins gambaderont sur les vagues. Mais Constantinople ne sera plus. Tout à l'heure, à un geste d'adieu qu'a fait à la ville si chèrement conquise par ses aïeux un émigré de Roumélie, j'ai deviné ce qui se cache sous la torpeur de ces gens-là. Ils ne se réveilleront qu'à la dernière minute, et alors, silencieux, sans colère, ce morceau de charbon ardent auquel ils allument leurs cigarettes, ils le jetteront au milieu de leurs maisons de bois. Et tout flambera, tout, les palais et les cabanes, les mosquées, les bazars, les échoppes. Les Russes n'entreront que dans une ville de cendres. Ce jour-là, pendant qu'une dernière traînée de fumée noire souillera l'azur du ciel, sur un tapis de Smyrne, à la proue de son navire fugitif, le sultan, mollement étendu, fumera le narghilé, et, comme la veille, devant le commandeur des croyants, tous les fronts des laquais s'inclineront. Il n'y aura presque rien de changé pour lui. Vers le soir, quand l'Olympe au loin dressera ses neiges rosées, il sourira, et la nuit, au palais de Brousse, les kadines ne seront pas moins belles qu'au kiosque de l'Éclair...

La côte d'Asie est grave, pleine de lumière. Pour éblouir les yeux, elle n'a pas besoin des mille parures de la jeune Europe, la grande terre! Elle est nue, sans palais de marbre, sans bosquets de rosiers, sans kiosques étoilés. Au soleil de midi, sa blancheur lointaine prend des teintes violettes. Sûre de sa beauté, elle se regarde à peine dans l'eau profonde de ses golfes. Quelque chose de religieux l'environne. On me dit que la glèbe est partout la même. Dussiez-vous rire de moi, je ne poserai pas le pied sur la terre d'Asie sans émotion.

Nous avons débarqué à Moudaniah, gros village turc assis au bord du golfe de Guemlik. Toute la population était sur le quai, bruyante, agitée comme une mer. Des Circassiens passaient et repassaient parmi la foule, faisaient miroiter les armes de leur ceinture, avec un air de dédaigneuse indifférence, très détestés et très redoutés. Autour d'eux, les hammals criaient, les vendeurs de fruits et d'eau proclamaient leurs marchandises, les cochers faisaient claquer leurs fouets dans la direction de leurs voitures, les loueurs promenaient leurs chevaux, les enfants pleuraient ou chantaient, les femmes étroitement voilées gazouillaient le même chant d'oiseau qu'en Europe, les chiens aboyaient. Au brillant soleil de deux heures, les loques les plus misérables étincelaient comme des lambeaux de brocart; j'ai vu là tout ce que la polychromie orientale peut imaginer de plus vif et de plus joyeux en couleur.

Au sortir du bateau, un douanier richement galonné nous arrêta d'un geste de commandement : Barklay, qui connaît son Turc à merveille, lui donne ostensiblement une piastre; le fonctionnaire s'incline, salue et nous laisse passer. Pour traverser la petite place de Moudaniah, nous avons livré une véritable bataille. Les physionomies ont ici beaucoup plus de caractère qu'en Europe. Les types sont plus accentués, la civilisation uniforme de l'Occident n'a pas encore nivelé ces hommes. Ils sont brutaux, grossiers; les traits sont durs, les sourcils épais, les costumes de couleur plus ardente, presque criarde. Les femmes sont visiblement plus craintives, moins émancipées. Le contraste est piquant entre les Turques voilées de yatmaks à gros grains et les bohémiennes effrontées, au visage découvert, qui courent pieds nus en bousculant les hommes, riant aux éclats, ayant toujours l'air de s'offrir. Elles sont charmantes; la fleur fanée, le ruban terni dont elles ornent leur chevelure noire a tout de suite je ne sais quelle grâce provocante qui trouble. Sous leur chemisette fendue et leur jupe fripée, ces jeunes corps souples se tordent comme d'élégantes couleuvres.

Nous nous sommes jetés dans une vieille berline échouée, Dieu sait après quelles aventures, sur cette rive à demi sauvage, et nous sommes partis au galop sur la route de Brousse. Notre cocher est le vivant portrait du fou de Philippe II, dans l'admirable portrait de Ribera qui est au Louvre. Au bruit retentissant de son fouet et de ses injures aristophanesques, ses chevaux syriens courent comme le vent, et je n'ai pas encore compris comment notre voiture n'a pas été brisée en mille morceaux sur une chaussée dont les moindres ornières sont des précipices, les plus légers défoncements des trous de mine, et les descentes des murailles à pic.

Par la route que nous suivons, on compte de Moudaniah à Brousse un peu plus de trente kilomètres, à peu près six heures de voiture. Pendant tout le trajet, nous avons devant nous le massif de l'Olympe qui grandit à chaque tour de roue, superbe, entouré de nuages, comme le roi Théodoros de lions. A gauche, du côté du golfe de Guemlik, des bois de cyprès, de riches plantations d'oliviers descendent jusqu'au bord de l'eau; à travers leur feuillage, la mer apparaît, luisante, d'un azur intense et presque noir qui explique l'épithète homérique : la mer vineuse. A droite s'étend la campagne d'Asie qui présente un système bizarre de monticules et de ravins, quelques champs de blé, quelques prairies, plus loin des rizières, des marécages. Dans le fond de la vallée, on aperçoit une chose essentiellement turque : l'unique voie d'un chemin de fer qui n'a jamais fonctionné.

La route est large, bien tracée, mais point entretenue; le mot *entretien* n'existe pas dans le langage administratif de la Porte. Nous demandons à notre cocher par qui elle a été construite; il nous répond : « Par les pauvres. » Et il nous explique que, pendant plusieurs années, à l'effet de percer cette route, le sultan Abdul-Aziz réquisitionna tous les paysans des environs, comme jadis le pharaon d'Égypte asservit les Hébreux pour élever les Pyramides.

Toute cette plaine de Moudaniah est d'une admirable fertilité, mais la population, « affaissée sur elle-même, expirant par sa propre impuissance de vivre » (1), ne la cultive pas. Elle donne le centième de ce qu'elle pourrait donner, si elle était livrée à une race du Nord. Dans ce pays, si merveilleusement favorisé, ne pas mourir de faim, végéter, — je ne dis pas vivre, — cela est trop facile. La sobriété turque se contente de maïs, d'olives, de riz, de tabac, toutes choses qui poussent d'elles-mêmes, de l'eau claire des ruisseaux de l'Olympe. Ils passent leur existence à rêver. Barklay, qui a déjà visité l'Anatolie, me dit : « Ici, chaque homme aide son voisin à ne rien faire. » Tout le commerce des soieries est entre les mains des Arméniens et des Grecs. Les malheureux Tartares disparaissent, rongés par les fièvres paludéennes. Ils étaient naguère les seuls laboureurs, les travailleurs les plus industrieux du Khodavendiguiar; ils arrivaient sans sou ni maille, gagnaient, par un labeur acharné, de quoi acheter un champ et des instruments de culture, s'attaquaient bravement à la terre, peinaient nuit et jour, devenaient riches et s'en retournaient chez eux. Aujourd'hui, ils meurent par centaines.

La route est une longue suite de méandres; le golfe de Guemlik semble tourner autour d'elle comme autour d'un pivot. Pendant longtemps, au-dessus des

(1) Lamartine.

ondulations des oliviers, j'aperçois comme une large ligne bleue la mer luisante. Ces bois d'oliviers me font songer à ceux de la Riviera ; ils sont moins grands, moins touffus, mais la note pâle de leur feuillage est toujours la même, belle de ce charme triste que Virgile a chanté. Je rencontre aussi quelques chênes, et alors je pense à notre France du Nord, à la Normandie. Tout au fond de la vallée de l'Ulfer-Tchaï, un puits à margelle de pierre, une ferme où l'on vend des fruits exquis, une vingtaine de chênes plantés en quinconces ; autour du puits, des broussailles touffues où le vent balance les nids abandonnés des oiseaux ; ce petit tableau occidental, me plaît surtout par son contraste avec la grande nature asiatique qui l'environne. Quand les fièvres auront diminué, je recommanderai aux peintres cette jolie station de l'Ulfer-Tchaï.

Les passants sont rares. Crainte des Circassiens, les marchands de Brousse et les paysans de la plaine ne s'aventurent plus que par bandes, armés jusqu'aux dents. Encore ne se risquent-ils que de jour, la peur ayant donné des proportions fantastiques aux exploits des Tcherkesses. Seuls, les mendiants vagabondent sans crainte, la nuit comme le jour. « Mille cavaliers, dit un proverbe arabe, ne sauraient dépouiller un homme nu. » Parfois, au coin d'un champ, nous rencontrons un de ces pauvres Turcs qui s'est déchaussé, a posé ses bottes dans la direction présumée de La Mecque et fait ses dévotions sans le moindre souci des passants, simplement, sous la grande coupole du ciel, plus belle que celle de Sainte-Sophie ou de la Mouradieh. — Nous apercevons quelques campements de tziganes. Ici, comme partout, les tziganes vivent de l'air de Dieu, de vol et de prostitution, ce qui ne les empêchera pas d'aller en paradis, si quelque chose de pareil existe. En effet, ils sont bons, charitables et naturellement artistes. Vous savez, tout au moins par les estampes, quel est l'aspect général de leurs campements. Chaque fois que l'on rencontre, une envie furieuse me prend, pendant cinq minutes, de dire adieu à toute civilisation et de me joindre à eux pour vagabonder gaiement à travers le monde. Le premier coup d'œil est si tentant! Les jeunes femmes, couchées sur le dos, au bord de la route, à demi nues, fument des cigarettes en regardant blanchir le mince croissant de la lune; les vieilles, plus tannées que du cuir de Cordoue, trottinent d'un pas encore allègre et préparent la cuisine; les hommes qui ne sont pas à la maraude fourbissent leurs armes et rapiècent leurs loques; les aînés des enfants épouillent les cadets qui rendent le même service aux chiens. Je ne suis pas économiste, je préfère les tziganes aux Tartares.

A la nuit tombante, arrivée à Brousse, dont les maisons blanches, s'étageant sur la première montée de l'Olympe, commencent à pâlir dans l'ombre. L'hôtellerie où nous sommes descendus est la première maison de la ville, très coquette, construite dans le goût italien, avec une terrasse d'où la vue embrasse toute la vallée de Brousse. J'ai passé sur cette terrasse une partie de la nuit à fumer le narghilé et à regarder cette campagne, toute semblable, dans la demi-obscurité, à celle de Florence. Autour de l'hôtel, l'eau vive des torrents qui descendent de l'Olympe chante parmi les roseaux et les tiges flexibles de maïs doré. Vers onze heures, les étoiles se sont levées, et je crois leur avoir demandé si elles connaissaient, bien loin derrière les mers, une vallée de France où, comme ici, le murmure des eaux qui viennent de la montagne endort doucement l'âme heureuse, pendant que le vent pleure dans les peupliers et que les oiseaux de nuit gémissent dans la tourelle d'un vieux château tapissé de vigne vierge et de rosiers grimpants.

Brousse, 21 septembre.

C'est la perle du Levant; je ne connais pas de ville plus charmante, plus musicale. Elle évoque les comparaisons les plus gracieuses, les roses de Perse et les vierges « aussi douces que les fleurs tressées en guirlandes. » Rien que pour une heure je voudrais être le poète Firdouzi et chanter la gloire de Brousse sur un rythme léger, au son des tambourins et des flûtes.

Brousse est la ville des jardins, des eaux vives et des femmes. De la route de Moudaniah, où je me promène ce matin pour chercher sur la ville de l'Olympe la vue d'ensemble la plus favorable, elle apparaît comme un immense bouquet de feuillages, où les maisons blanches et les coupoles luisantes des mosquées font l'effet de marguerites et de boutons d'or. Le charme poétique est si vif que, volontairement, je chasse comme importuns tous les grands souvenirs historiques de Bajazet-Ilderim et d'Annibal. Je ne veux voir que les grands jardins éternellement verts, les terrasses des maisons turques, où le kief doit donner l'avant-goût des joies du paradis ; les ruisseaux clairs qui filtrent en chantant de tous les coins de la montagne, les rues, toujours embaumées par les senteurs des rosiers et des arbres de Judée ; les cafés, par ce temps de ramazan, silencieux pendant le jour, mais pleins de musique et de chants dès que le soleil est couché; surtout cette population singulière, qu'on devine, à je ne sais quel parfum délicat, amoureuse des plaisirs sensuels, les musulmanes au yatmak de gaze fleurie d'arabesques d'or ou d'argent, les juives au teint bruni comme l'ivoire antique, aux lèvres rouges comme le corail; les belles Grecques sculpturales, les bohémiennes, toujours insouciantes et gaies, pareilles à des oiseaux jaseurs. Toute la matinée, une longue procession de femmes n'a cessé de se diriger vers les grands bains d'eau sulfureuse. Elles en sortent singulièrement alanguies, vaincues d'avance par la tiédeur trop molle des piscines, incapables de se défendre. Un vieux Grec, qui habite Brousse depuis vingt ans, m'a dit : « Après quelques minutes d'un premier tête-à-tête avec une femme, l'homme qui ne la prendrait pas, dès le soir, aux yeux de tous les harems, passerait pour un sot. Voir, avoir, c'est tout un. »

Comme toutes les villes amoureuses, Brousse est dévote. Rome et Bucharest sont fières de compter autant d'églises que l'année de jours; Brousse compte le même nombre de mosquées. Accoudé sur le terrain de la citadelle, grande ruine pittoresque debout sur de vieux remparts herbus, j'ai sous les yeux une vraie forêt de minarets blancs et roses, d'où l'appel des muezzins s'élève avec ampleur dans l'éther pur de la montagne. Sans me lasser une minute, je resterais sur cette terrasse des heures entières à rêver, à regarder la douce ville accrochée aux flancs de l'Olympe comme un gros bouquet de fleurs sauvages aux parois d'un rocher. Les guerres, les incendies, les tremblements de terre l'ont bien des fois détruite de fond en comble; mais elle s'est toujours relevée et, quoi qu'il arrive, elle renaîtra toujours de ses cendres, car sa situation est incomparable. Elle a derrière elle le plus magnifique massif de montagnes boisées; devant elle s'ouvre la campagne la plus riche de toute la Mysie; ses sources sulfureuses feront d'elle, le jour où la vapeur sillonnera les deux Turquies, une ville de bains, où nos petits-neveux iront passer la saison d'été, comme nous allons aujourd'hui à Cauterets ou à Royat. Ses filatures de soie occupent les six septièmes de la population (1), rivaliseront un jour avec celles de Lyon. Ah! si ce pays pouvait être gouverné quelque temps par un homme de cœur, — je ne demande pas un homme de génie, — ce serait le joyau du monde!

J'ai passé toute la journée à errer au milieu de la ville, du Bazar aux thermes de Yéni-Kapledja, de la mosquée Verte au jardin de Mourad. Les rues sont étroites, tortueuses, avec un pavé qui fait songer au lit des torrents; mais elles sont tapissées de plantes grimpantes, et les arbres des jardins, — chaque maison a le sien, — forment, en se rejoignant, une voûte de verdure au-dessus de nos têtes. Au milieu de la ville, entre deux rangées de vieilles baraques turques, un gros ruisseau descend de l'Olympe avec un bruit de cascade. Je m'assieds sur les degrés du pont et je regarde l'eau bleue qui saute sur les

(1) 30,000 personnes sur 35,000 habitants.

pierres blanches, les oiseaux multicolores qui dorment parmi les nénufars, s'échappent, saisissent au passage des perles d'écume et s'envolent sur un rayon de soleil en poussant des cris de joie. Comme ce pont est sur le chemin du Bazar, en une heure de temps toute la ville marchande a défilé devant moi : les Arméniens, qui sont ici ce qu'ils sont partout, beaux de la vulgaire beauté des garçons coiffeurs, souples, intelligents, très rusés; les Juifs, minces, élégants, vêtus de grandes robes ramagées de toile ou de soie; les Grecs, toujours actifs, bourdonnant comme les abeilles des ruches; les Turcs silencieux, les Arabes graves, les nègres insouciants et gais. Beaucoup font leurs courses montés sur de petits ânes syriens, qui sont aussi jolis que rétifs, paraissent trouver plaisir à se faire rouer de coups et ne sont sensibles qu'à certaines injures. Quand l'ânier leur crie, avec une crudité d'expression qui eût fait rougir le plus gaulois des chanoines : « Je vais déshonorer ta mère, » les drôles de bêtes dressent les oreilles, lancent une ruade et partent au galop. — Beaucoup de Circassiens chevauchent gaiement à travers la ville. La plupart de leurs montures ont été volées. Pas plus tard qu'hier, un fermier turc rentrait chez lui, monté sur un âne et tenant en laisse une magnifique jument de l'Hedjaz; la corde était un peu longue, et la jument marchait à quelque distance de son maître. un Tcherkesse survient, coupe la corde, saute sur la jument et part au galop, abandonnant le malheureux fermier à son désespoir. — Je remarque que les musulmanes de la campagne, qui montent à cheval, sont assises à califourchon, le féredjé relevé au-dessus du genou, la bouche étroitement voilée. — Parfois, à un petit carrefour où se concluent habituellement les marchés, éclatent des querelles bruyantes; les Turcs se battent à coups de poing; les Grecs, plus irascibles, jouent du couteau. L'autorité brille par son absence, ce qui n'a rien que de fort naturel en ce pays.

Quelque-unes des mosquées sont véritablement belles. Ce sont celles qui appartiennent à la seconde période de l'art ottoman, alors que les architectes des sultans d'Asie n'avaient subi que de loin l'influence des lourds Byzantins, et qu'ils gardaient encore quelque chose de la liberté du désert. Ils n'avaient point de principe fixe, n'étaient astreints qu'à une seule règle hiératique, celle d'orienter leurs sanctuaires vers La Mecque; mais comme leur simplicité primitive était grande, comme la délicieuse fantaisie des Arabes était étrangère à l'esprit de leur race, naturellement sévère et rude, ils n'usèrent de cette indépendance que pour varier le jeu toujours charmant des minarets et des coupoles. Aussi, sauf la mosquée Verte, elles sont toutes austères et nues au dehors, développant avec lenteur leurs grandes lignes et présentant, comme des voiles pétrifiées, leurs « pleins formidables, » arrondis selon la courbe des tentes. Mais cette uniformité même a je ne sais quoi de religieux qui impose le respect. Ajoutez maintenant que l'amour de la nature a toujours été un des caractères saillants de la race ottomane, et qu'elle a l'instinct des sites nobles ou gracieux, comme aucun peuple ne l'a eu depuis les Grecs. Leurs peintures sont souvent médiocres, leurs cadres sont toujours magnifiques.

Comme une émeraude au milieu de galets grisâtres, la mosquée Yéchit-Djami reluit parmi les trois cents mosquées de Brousse. Elle est bâtie de marbres multicolores et coiffée d'une coupole verte qui lui a donné son nom. Presque délaissée, mutilée par tous les passants qui s'amusent à casser en morceaux son gracieux revêtement de faïence, envahie par les plantes parasites, elle reste le joyau de l'art ottoman. Une voûte à stalactites, encore tout émaillée, couronne la porte d'entrée dont les colonnes obliques semblent des troncs de peuplier courbés par le vent. Le luxe d'ornementation est extrême; ce ne sont que lotus, cordes tressées, versets du Coran serpentant sur le fond poli des faïences glauques et reluisant au soleil de mille reflets dorés. Mais l'intérieur est plus charmant encore : il semble vraiment, comme l'a remarqué un Anglais (1), que les

(1) Owen Jones.

musulmans ont transplanté dans leurs habitations fixes et sous une autre forme les étoffes et les châles des Indes qui ornaient leurs premières demeures; qu'ils ont changé les mâts de leurs tentes en colonne de marbre et les tissus de soie en plâtre doré, ou, comme ici, en faïences émaillées de ce vert pâle qui est celui des mers calmes. Un jour mystérieux entre par les fenêtres treillissées; une fontaine d'eau vive chante dans une grande vasque de marbre et fait régner la fraîcheur dans tout le sanctuaire; des pigeons roucoulent dans les réseaux d'entrelacs des chapiteaux cubiques. Les kiosques du Bosphore ne sont pas plus voluptueux. Il manque, à l'entour de cette mosquée, un jardin pareil à celui de la Médressé de Mourad, le plus beau des jardins de Brousse, où dorment, à l'ombre des rosiers de Perse, le fameux vainqueur de Kossova, ses femmes, ses frères et tous ses enfants.

Même date.

Les effets de la guerre se font ressentir en Asie d'une manière désastreuse. Le flot d'émigrés que les armées russes ont poussé devant elles, après s'être arrêté pendant quelques semaines devant Constantinople, s'est répandu sur l'Anatolie tout entière. Dans les mosquées de Stamboul et dans les grands champs où ils campaient, les émigrés du Balkan et du Rhodope mouraient de faim. En Asie, ils continuent à mourir; c'est pitié à voir. Le gouvernement ottoman s'est contenté de les transporter sur ses vaisseaux de la côte d'Europe à la côte d'Asie et, quand il les a eu déposés sur la rive, il ne s'est pas plus soucié d'eux que s'ils n'avaient jamais existé. A Brousse, on fait de temps à autre quelques distributions dans les mosquées, voilà tout. A travers les campagnes, la fièvre et les privations de toutes sortes continuent à décimer ces misérables, que la politique civilisatrice et chrétienne de la Russie a systématiquement expulsés de Bulgarie et de Roumélie.

A quelle grande œuvre cependant ce formidable exode semblait devoir convier le gouvernement turc! Si jamais les projets de Lamartine sur la régénération de l'Asie, projets beaucoup moins chimériques qu'on ne croit d'ordinaire, doivent être réalisés, n'est-ce pas aujourd'hui? Ce qui manque à l'Anatolie, ce sont les bras pour cultiver ses terres en friche qui sont innombrables, terres d'une prodigieuse richesse et restées inactives depuis des siècles. Or, ces bras, les voici; les cultivateurs les plus laborieux, les ouvriers les plus sobres de la Roumélie orientale et de la Bulgarie, les Russes les chassent, les expulsent comme musulmans, comme infidèles, comme barbares. Que la Porte donne à ces expatriés tous les champs encore incultes de l'Anatolie, qu'elle consacre à leur établissement toutes les ressources qui lui restent et que le palais continue à absorber, et de la défaite même de la Turquie pourrait sortir sa régénération. La proscription des musulmans d'Europe par la Russie serait pour l'empire ottoman ce que la révocation de l'édit de Nantes a été jadis pour l'Angleterre, pour la Prusse. Mais si Lamartine se présentait aujourd'hui au Divan, on lui répondrait : « Nous avons Saïd-Pacha. »

Il faut vous apprendre quel est ce Saïd-Pacha et à quel individu, au lendemain de sa défaite, la Porte a confié l'administration de la province de Khodavendiguiar, la plus belle, la plus féconde de toute l'Asie Mineure. Comme les Bourbons, il semble vraiment que les sultans soient destinés à ne rien oublier et à ne rien apprendre. Saïd-Pacha a été l'ami intime de Hamid pendant les longues années qu'il a passées dans l'ombre du sérail, et il est resté son favori; voilà son seul titre. C'est un Vieux Turc d'une intelligence médiocre, ignorant, dévot, hostile à toute réforme, ennemi juré de l'Europe et tout particulièrement de la France. Il est à Brousse depuis quelques semaines à peine, et déjà, dans toute la population, il n'y a qu'un cri contre lui. La Porte n'entend aucune plainte, ou plutôt ne veut pas entendre.

Saïd-Pacha ne fait rien. Tandis que son prédécesseur Ali-Pacha, aujourd'hui président du conseil d'État, passait tous les jours dix heures au palais du gouvernement, s'occupant de toutes les affaires, voulant tout voir par lui-même, Saïd se contente de paraître pendant deux petites heures à la Porte, et cela pour tout différer, pour tout remettre d'un air ennuyé, avec hauteur et insolence. L'autre jour, le gouverneur de la Banque ottomane se présente avec des pièces importantes : « J'ai oublié mon sceau chez moi, répond Saïd, revenez demain. » Aucun musulman ne peut obtenir de sentence, aucun chrétien ne peut faire exécuter les rares jugements civils obtenus après mille peines, intervention des ambassadeurs, menaces et le reste. Quant à la juridiction criminelle, c'est pis encore. Il y a six semaines, un malfaiteur musulman assassina un chrétien, sujet italien, aux portes de Brousse. Le pacha se refuse à faire instruire le procès, trouve prétexte sur prétexte pour traîner en longueur.

Si les chrétiens sont vivement irrités contre le gouverneur, les musulmans ne le sont pas moins. Dernièrement, ils sont venus en grand nombre trouver notre agent à Brousse : « Notre situation est intolérable. Nous ne pouvons rien obtenir du pacha. A chaque réclamation, il répond par la menace d'appeler les zaptiés. Du moins, les étrangers ont leurs ambassadeurs, leurs consuls, leurs drogmans qui interviennent pour eux. Comment faire pour être naturalisés Français? Notre religion, nous ne la changerons jamais, mais nous savons que vous la respectez. Nous voudrions être comme les Arabes d'Algérie. » Mais la naturalisation est chose presque impossible, et le grand vizir, qui prend bonne note de toutes les réclamations de l'ambassade, n'en tient aucun compte, ne sait pas dire *yok*, n'ose pas déstituer Saïd pour ne point déplaire au sultan.

Je voulais retourner à Constantinople par la route de terre, par Nicée et Nicomédie ; mais tout le pays est infesté de Circassiens, et le pacha me refuse une escorte en alléguant qu'il n'a plus à Brousse que quarante zaptiés, le séraskier ayant rappelé tous les autres à Stamboul. Ce rappel, dans les circonstances présentes, est une mesure inqualifiable. Autant la tranquillité et la sécurité sont parfaites à Constantinople, autant, dans toute l'Anatolie, aux portes même de Brousse, l'inquiétude est générale, la crainte à l'ordre du jour. C'est une véritable Terreur, la Terreur circassienne. Je vous ai déjà conté comment, chassés du Caucase par les Russes, les Tcherkesses étaient entrés sans cérémonie sur le territoire ottoman. Comme la Porte ne pouvait pas les jeter dans la mer de Marmara, — l'ambassadeur de... prétend que, tôt ou tard, on en viendra là, — elle les a enrôlés, les a envoyés en Bulgarie, où eux seuls ont commis ces attentats que les consuls ont dénoncés il y a deux ans et que M. Gladstone a si adroitement exploités. Qu'a fait la Porte? Elle a derechef, et sans prendre aucune mesure de précaution, transporté les Circassiens en Asie, et maintenant l'Anatolie tout entière est une vaste Calabre, un vrai nid de brigands. Pas une route n'est sûre. De Guemlik à Brousse, on ne voyage qu'armé et en nombre. De Brousse à Nicée, il faut une escorte de six ou huit gendarmes armés jusqu'aux dents. Les mots de Terreur circassienne ne comportent aucune exagération. Naturellement, Saïd n'en a cure aucune, traite d'espions anglais tous ceux qui viennent se plaindre et envoie les malheureux volés méditer en prison sur la justice du *chéri*. Les Tcherkesses n'ont jamais été à pareille fête et leur insolente audace croît de jour en jour. Sur la route d'Ismid, on en voit qui se promènent avec une selle sur le dos, attendant effrontément le passage de quelque paysan dont ils puissent voler le cheval. Aussi les malheureux fermiers ne reviennent plus du marché que par bandes nombreuses : c'est le seul pays du monde où j'aie vu cette chose impossible selon Gautier, des « bandes d'honnêtes gens. » Au reste, si quelque Circassien s'aventure seul dans un village, la loi de Lynch lui est aussitôt appliquée par la population furieuse. Voilà ce qui se passe en plein Khodavendiguiar, à dix heures de Constantinople. Certes, la situation de la Porte est très difficile, très pénible, appelle une critique indulgente ; mais l'indulgence la mieux justifiée a ses limites. Il ne faut pas se le dissimuler : si les gouvernements européens ne font pas à la Porte les plus sérieuses remontrances, si Saïd-Pacha n'est point remplacé par un gouverneur actif et intelligent, la situation de tous les chrétiens établis en Anatolie deviendra sous peu tout à fait insupportable ; il ne leur restera plus qu'à émigrer et leur retraite ruinerait à jamais les plus belles contrées qui soient au monde.

Retour à Constantinople.

J'ai quitté Brousse à deux heures du matin, après avoir passé la nuit à me promener dans la ville en fête, regardant les minarets étoilés pour le ramazan, écoutant la vague musique des jardins publics. Je suis parti à cheval. Aux deux côtés de la route de Moudaniah, les Tziganes dormaient autour de leurs foyers éteints ; les Tcherkesses, la main sur leurs armes, reposaient au pied des arbres ; on pouvait se figurer dans le brouillard des rondes mystérieuses d'elfes et de djinns. Quand le soleil éclata au-dessus du golfe de Guemlik, ce fut superbe ; les gorges des montagnes, pleines de nuages, étaient pareilles à des lacs. Au coin des champs, les Turcs, à peine éveillés, s'agenouillaient dans la direction de la Kaaba et priaient.

Retour à Constantinople sur un bateau chargé de réfractaires et de déserteurs qui avaient été pris par les zaptiés et qui étaient enchaînés comme des forçats. Le temps était splendide. C'est par la mer de Marmara, plutôt que par le Bosphore, qu'il faut arriver à la Corne d'or.

### Le ramazan.

Le ramazan est à la fois le carême et le carnaval des Orientaux, carnaval la nuit, observé par tous, carême le jour, peu respecté, en cachette, par plus d'un. C'est toujours la même histoire. Les riches et les lettrés sont fiers de négliger une religion « bonne pour la canaille »; puis ils s'étonnent, quand un perruquier vient leur dire un beau matin, en les rasant : « Monseigneur, je ne suis qu'un pauvre hère, mais je crois en Dieu aussi peu que vous! » Et ils s'indignent quand, le soir, ce même perruquier revendique dans un club les droits des hommes et prépare une révolution.

Ainsi, simple constatation, mais bonne à noter :

les grands de Stamboul ne pratiquent plus le ramazan que de nuit. Pendant le jour, ils prolongent le sommeil le plus qu'ils peuvent; mais, dès qu'ils sont réveillés, ils ne se gênent pas pour faire servir leur chibouque et pour ingurgiter force *rahtlokoum*, arrosé de caveh ou de mastic de Chio. S'ils sortent, ils prennent, par pudeur, un air d'affamé et égrènent langoureusement leur chapelet de sandal. Quand retentit le coup de canon de Top-Hané, leurs collations préalables ne les empêchent pas de se jeter comme des loups dévorants sur le *kébab* (côtelettes grillées), le *yaourth* (lait caillé) et les figues farcies de viande hâchée et de riz.

Le peuple est resté croyant, fidèle observateur des prescriptions du Prophète, de celui qu'il appelle familièrement Ahmad aux yeux noirs. Pendant tout le long mois du ramazan, il jeûne avec une admirable conscience. Hélas! pour nombre de pauvres Turcs, l'année compte plus d'un mois de ramazan... Il a fait ces jours-ci une chaleur torride. J'allais parfois observer les travailleurs de Ters-Hané, les hammals de Galata. Épuisés de fatigue, ruisselants de sueur, entourés de tentations, ils ne buvaient pas un verre d'eau, ne roulaient pas la moindre cigarette. L'autre matin, au bain, j'ai vu un caporal rouer de coups un malheureux soldat qu'il avait surpris la chibouque aux lèvres; il l'appelait *giaour*, et le pauvre diable, rouge de honte, pleurait à chaudes larmes. Mon éminent ami, M. Collas, emploie à sa direction des phares autant de musulmans que de chrétiens. Pendant tout le ramazan, il défend à ceux-ci, sous peine de renvoi immédiat, de manger ou de fumer devant leurs camarades pour ne pas augmenter gratuitement leurs souffrances. Grande délicatesse, dont les Turcs lui sont reconnaissants d'une manière touchante, comme de tous les bienfaits qu'ils reçoivent.

Dès que le soleil est descendu derrière la pointe du sérail, tonne le canon de Top-Hané qui annonce la fin du jeûne. J'ai souvent observé aux *taxim* (casernes) ce curieux moment de l'interruption du carême. Assis autour des marmites, les soldats attendent avec anxiété le coup de canon. Dès qu'il retentit, un cri farouche sort de toutes ces poitrines; mais ils ne commencent pas par se jeter sur les viandes ; ils allument leurs cigarettes tenues toutes prêtes et aspirent profondément quelques bonnes bouffées de *latakieh*, puis ils vident un verre d'eau et, alors seulement, se mettent à manger. Nombre de Turcs festoient toute la nuit, mais assez sobrement, en somme. Du reste, les seuls plaisirs permis par le Prophète pendant les nuits de ce mois d'abstinence sont ceux de la table. Jusqu'au premier jour du *beïram*, les autres, les plus doux, sont rigoureusement proscrits.

Presque tous les soirs, j'allume ma lanterne vénitienne, et je vais flâner dans les rues de Stamboul. Côté des hommes, sécurité absolue, quoi qu'en disent encore certains folliculaires sans vergogne. Côté des chiens, sécurité moindre. La lumière de ma lanterne est pâle; il m'arrive souvent de prendre pour une pierre un chien qui soudain se lève et se met à grogner, ou de tomber dans une flaque d'eau en voulant éviter un caniche.

Les nuits sont d'une beauté merveilleuse. Sous le ciel constellé, Stamboul dresse ses deux cents minarets illuminés dont les reflets frissonnent dans l'eau tranquille de la Corne d'or; de temps en temps, la voix claire du muézin jette à la ville joyeuse la glorification d'Allah; j'entends quelques caïques amoureux se perdre avec un bruit de rames dans l'ombre du Bosphore, et je resterais là jusqu'à l'aube, n'était mon désir d'étudier de près la joie musulmane.

Cette joie a ceci de particulier qu'elle est silencieuse. Rien de fou, de désordonné, de tapageur, comme chez les Italiens ou chez nous autres. Ce peuple, toujours recueilli, grave et rêveur, savoure son bonheur lentement, à petites doses. Dans la rue la plus populeuse, les cafés regorgeant de monde et toutes les boutiques étant ouvertes, pas un cri, pas un éclat de voix. Les Turcs, assis devant de petites tables basses, buvant le moka et fumant le narguilé, regardent vaguement devant eux, heureux de se reposer, de sommeiller à demi dans la tiède atmosphère de la nuit. Quand ils causent, c'est à voix basse ; ils rient *piano*, parfois chantonnent avec les orchestres *pianissimo*. L'harmonie de la demi-teinte est parfaite ; rien n'est bruyant, ni comme lumière, ni comme son. Le demi-silence est une volupté pour eux. Serkis-Effendi me disait : « Cent musulmans qui s'amusent font moins de bruit que trois Français qui s'ennuient. »

Cette tranquillité dans le plaisir est significative ; elle dénote bien l'âme poétique de ce peuple, sa passivité, sa nature végétative. Il est heureux, comme le sont les plantes à qui la chaleur suffit. Il ne comprend pas l'oiseau qui a besoin d'exprimer son bonheur par des chants. A cette race qui fut nomade et guerrière, l'immobilité est devenue naturelle. Elle ressemble aujourd'hui à son admirable Bosphore : elle est sans flux et sans reflux.

Tout cela est délicieux ; mais comment le traduire en mots ? L'impression sur le nerf auditif est à peu près celle que produit sur la rétine une des délicates aquarelles de Lepec ou un pastel déjà pâli de Latour, quelque chose de tendre et de vague qui tient à la fois de la tristesse et de la joie. Une rumeur légère est dans l'air, comme le murmure d'un ruisseau lointain.

Voilà pour les sons. La lumière n'est pas moins douce. D'abord celle du ciel, d'un bleu pâle, qui enveloppe toute la ville comme d'une gaze d'argent. Puis celle des boutiques et des cafés, dont les lanternes bariolées brouillent de mille reflets multicolores la teinte générale d'azur blanchissant. Çà et là, quelques vives traînées de lueurs rouges, que projettent les fours et les rôtisseries; les points d'or des réverbères et des lampes, et au-dessus, l'illumination des minarets encerclés d'étoiles, les versets du Coran reluisant, en lettres de feu, autour des coupoles.

J'entre dans un café où cinq musiciens, assis les jambes croisées sur une estrade couverte d'un vieux tapis de Smyrne, donnent un concert qui se prolongera pendant une partie de la nuit. L'orchestre se compose d'une viole, d'une flûte, d'un tambour de basque, d'un crincrin et d'un rebec. Cette musique est étrange, très douce, très endormante, comme endormie elle-même, bien que réveillée de minute en minute par un grincement plus aigu de la viole ou un coup de poing plus fort sur la peau du tambourin. Dans la lente mélodie, on entend passer tour à tour le vent du steppe où se dressèrent les tentes turcomanes, le murmure des fontaines, le roucoulement plaintif des pigeons de Bayézid. Rappelez-vous la marche turque dans le *Désert* de Félicien David. Cependant, les consommateurs se balancent suivant le rythme sur leurs sièges et font babiller l'eau parfumée dans la coupe des narguilés.

Parfois, des danses. Des hommes loués, et aussi quelques volontaires, se prennent par la main et, formant une ronde, serpentent lentement autour de la salle, frappant du pied en cadence, imprimant à leurs corps un léger balancement, s'arrêtant pour s'accroupir ensemble et repartant aussitôt. Voilà tout. Ce divertissement est le plus grand de tous et met sur tous les visages un rayonnement de joie. Dans les jardins, ces danses sont souvent exécutées par de tout jeunes garçons habillés en filles et qui cherchent à imiter les gestes et les ondulations des almées. Corydon, ayant perdu Alexis, ne serait pas au dépourvu, à Stamboul, pour lui trouver un remplaçant.

Je devais une visite à Kara-Gheuz. Le *cheb-bazi* (1) où se donne la représentation est un taudis malpropre, qu'éclaire vaguement une douzaine de veilleuses et de lampions. Le public, mélange de Turcs, d'Arméniens et de Grecs, est entassé sur des bancs de bois et sur des sacs de farine et de son. Les femmes sont assez nombreuses. Tout le monde fume ou boit. Une vapeur épaisse ne tarde pas à remplir la salle dont la porte est toujours entre-bâillée sur la rue. Au fond, le théâtre des marionnettes, tout semblable aux nôtres. L'orchestre, composé d'un joueur de flûte et d'un joueur de *tarbouka*, psal-

(1) Jeu de nuit.

modie un air mélancolique pour faire patienter le public. Vous avez deviné une admirable eau-forte de Rembrandt.

Quant à la farce elle-même, j'en crois la réputation fort surfaite. Je me la suis fait traduire presque mot pour mot par un voisin obligeant; elle est simplement obscène, farcie de ces plaisanteries digestives qui, même chez Molière, ne me font pas rire. Du reste, les gestes sont beaucoup plus comiques que les paroles. De même que, chez nous, Polichinelle ne cesse de rosser le gendarme, spectacle édifiant, bien fait pour apprendre aux jeunes Français le respect de l'autorité qui, de tout temps, a si peu distingué leurs pères; — ici, l'esclave Hadji-Aïvat ne se lasse pas de bâtonner son maître Kara-Gheuz, l'homme aux yeux noirs. Cela fait toujours plaisir aux petits de voir, ne fût-ce qu'au théâtre, un petit de leur espèce qui venge leurs injures sur le dos d'un grand. Le Mascarille turc est terrible; rosser son maître ne suffit pas à son plaisir. Quand le vieux ministre débauché, tout moulu de coups, se jette à plat ventre sur le plancher en gémissant, l'esclave approche... Je vous ai parlé de ce bas-relief de la cathédrale de Strasbourg, où l'on voit un démon se soulager sur le nez d'un pécheur, supplice prévu d'ailleurs par Dante. Alors, dans tout le public, c'est une explosion de joie. Le rire des hommes résonne comme celui des dieux d'Homère, quand Vulcain apparaît dans la salle du festin ; les femmes poussent des cris perçants de paonnes amoureuses ; les enfants trépignent et battent des mains.

Péra.

Je ne voudrais pas qu'un brahmane, désireux de juger les civilisations mulsumane et chrétienne, s'avisât de faire un parallèle entre Stamboul et Péra, ces deux villes qui sont censées représenter, sur les rivages de la Corne d'or, l'une l'Évangile, l'autre le Coran. De jour, s'il est artiste, il trouvera autant de plaisir à Stamboul que d'ennui à Péra. De nuit, s'il est moraliste, les jardins de Zerek-Djami lui sembleront pudiques auprès des cafés-concerts de Galata-Séraï ; il préviendra les jeunes filles qu'elles peuvent se promener sans crainte aucune d'insulte dans la rue d'Oun-Kapani-Kapoussi, mais point dans la rue de Péra.

Vous savez que je n'ai point de goût pour certaines descriptions dont la mode est aujourd'hui fort répandue. Si Z... vient jamais ici, je gage que le Bosphore lui paraîtra chose banale et vieillie, mais qu'il dépeindra longuement les ruelles où les courtiers d'amour, plus nombreux que jadis à Venise, viennent leurrer les passants de la vision de yalmaks détachés, les ignobles tripots où les officiers russes ont laissé leur solde de deux ans entre les mains des Grecs et des filles. Toujours est-il qu'à Péra l'Occident civilisateur et chrétien ne se manifeste ostensiblement que par la lèpre la plus hideuse des grandes villes.

En l'an 1554, Trévisano, envoyé de la république de Venise à Constantinople, écrivait à la Signorie : « Les Turcs n'ont pas dans leur armée les trois choses qui sont de la plus haute importance pour nos soldats, le vin, les filles et le jeu. » Il en est encore de même aujourd'hui. Aussi le contraste est grand avec l'armée russe. Tout à l'heure, le consul de... m'a abordé dans la rue : « Décidément, les Russes nous quittent, vont rétrograder sur Andrinople. — Comment le savez-vous? — Ce matin, toutes les maîtresses de ces messieurs m'ont apporté leurs passeports. » Sur cette entrefaite, le général Skobeleff est survenu et a confirmé la nouvelle.

Fin septembre.

Voici, à peu près, comme je passe mes journées depuis mon retour de Brousse. Je me lève à six heures et j'écris, je range mes notes jusqu'à huit.

Puis, je sors et vais, en passant devant le Téké des derviches tourneurs, au Petit-Champ des morts, où je reste une heure ou deux à me promener parmi les tombes, à regarder le panorama splendide de Stamboul. Je crois avoir essayé deux ou trois fois de le décrire dans une lettre, et je suis certain d'avoir échoué chaque fois. Les photographies que j'ai achetées sont bonnes, mais ne donnent pas l'idée de ce qui fait la vraie beauté de ces lieux, la lumière, la transparence.

Les cimetières turcs n'ont rien de funèbre, et la rêverie n'y est pas moins douce qu'au Père-Lachaise ou au Campo-Santo de Bologne. Au fait, je ne connais qu'un seul cimetière qui soit réellement lugubre, celui de Glasgow, que je visitai l'automne dernier, sombre et boueux sous un ciel qui est toujours de plomb. Ici, la splendeur du ciel, la tiédeur de l'air, les nichées de colombes dans les cyprès, la blancheur des tombes, le défilé pittoresque des Turcs qui descendent à Kassim-Pacha, des femmes voilées qui vont au marché, des derviches qui viennent faire au clair soleil leur promenade du matin, tout cela me met en bonne humeur; je me rends compte des conditions de la vie musulmane; à mon tour, je deviens plante, et je ne pense avec tristesse qu'à l'heure du départ.

Le sol est tapissé des fines aiguilles des cyprès, toutes brûlées par le soleil, et qui sont douces sous le pied comme les nattes les plus fines. Les tombes turques sont très simples, ont la forme d'un rectangle et sont couronnées soit d'un turban bleu, rouge ou vert, soit d'une volute ouverte, brodée de ciselures d'une délicatesse extrême. Elles sont toutes penchées, et cela non par suite d'un accident ou d'un mouvement de terrain, mais en vertu d'un poétique symbole. La dalle est généralement en marbre de Marmara; elle est ornée d'une gaie floraison d'arabesques ou de versets du Coran. Vous devinez combien est charmante la tache blanche que font ces tombes sur le rideau noir des cyprès qui se détachent eux-mêmes sur le fond bleu du ciel transparent. Mais ce n'est pas seulement le contraste des tons qui délecte les yeux, l'harmonie du blanc sur le noir et du noir sur le bleu: ces couleurs sont belles par elles-mêmes. Le blanc des tombes turques n'est pas grisâtre et sale comme celui des nôtres; il est ambré, doré comme l'ivoire ancien. Le noir des cyprès n'est pas celui d'une robe de deuil, terne et mat; il est solide, épais, presque velouté. Le bleu du ciel n'est ni criard ni brouillé; il est clair comme du cristal de roche, vivant comme l'eau des fontaines.

Au pied de la colline que termine le cimetière, en descendant à la Corne d'or, on trouve Ters-Hané, l'arsenal maritime, toujours plein d'activité et de bruit. D'habitude, c'est là que je descends; je loue un caïque et je me fais conduire à l'autre rive où je poursuis, à travers les quartiers, mes promenades de découverte. Chaque matin, je pénètre dans les cours des khani et je regarde le déchargement des chariots; j'assiste sur la place du Séraskiérat à l'instruction des recrues; j'entre dans les mosquées, dont la grandeur religieuse me frappe toujours comme à ma première visite; les kaïms, qui sont les imams ou prêtres de la dernière classe, ayant constaté que je me suis respectueusement déchaussé à l'entrée, me laissent rôder à ma guise et me remercient avec force salutations, quand je leur donne un backchisch en partant. Souvent, je dirige ma course vers la mosquée de Bayézid et je m'amuse à jeter aux ramiers qui la peuplent des poignées de grains. La légende veut que ce peuple de ramiers provienne de deux oiseaux que le sultan Bayézid acheta à un pauvre qui demandait l'aumône; il les donna à la mosquée, et leur progéniture est nourrie aux frais du Divan, comme les pigeons de la place Saint-Marc aux frais de la municipalité de Venise. D'autres fois, je vais m'installer sur la place de la Mohammedey, où se tient le marché le plus animé de tout Stamboul. C'est une suite de charmants sujets pour Pasini et les élèves de Decamps. Tout y est pêle-mêle. A côté d'un barbier qui, sous le dôme d'un vaste parasol fiché en terre, savonne, rase et taillade un patient plus résigné qu'un Saint-Sébastien du

Guide, un rôtisseur a établi sa cuisine en plein vent, prépare et débite une foule de mets très ragoûtants, des brochettes d'agneau, des concombres farcis, des râpes de maïs bouilli, des tartes et des sirops. Plus loin, un marchand de fruits et de légumes a dressé de vraies montagnes de *karpous*, de melons et de pastèques qui brillent au soleil comme des armures. A côté, des marchands de porcelaine et de vieille ferraille, des droguistes interlopes qui vendent des onguents miraculeux et des flacons d'eau de rose, des tailleurs qui rapiècent les vieux habits, des savetiers, des remouleurs, toute la pittoresque confusion des foires.

Cette flânerie si amusante dure jusqu'à midi. Alors la chaleur étant devenue accablante, je reprends le chemin de Péra, non sans faire une station chez le pâtissier de Bagtché-Kapoussi. Ce jovial personnage, que je soupçonne d'être assez enclin au libertinage, trône dans une jolie boutique tout enguirlandée de feuillages et de lanternes de papier, auprès de laquelle une charmante fontaine murmure à l'ombre d'un bouquet de platanes. Les confiseries turques sont exquises, et surtout une espèce de pâte de pêche ou d'abricot, très sucrée et très parfumée, et qu'on appelle *rahtlokoum*, c'est-à-dire « délices du palais. » Ce nom glorieux est parfaitement mérité.

J'achève généralement mes journées sur le Bosphore, soit que j'aille rendre visite à l'ambassadeur dans son idéal palais de Thérapia, soit que je profite de l'un des nombreux départs des bateaux à vapeur pour remonter le canal jusqu'à Buyuk-Déré en longeant la côte d'Europe et revenir par la côte d'Asie. A chaque promenade, je fais pour le moins deux ou trois trouvailles merveilleuses ; j'enrichis mon souvenir de points de vue tout à fait nouveaux, je découvre des sites et des couleurs incomparables. Ceux de mes amis de Péra qui habitent Constantinople depuis le plus longtemps en sont au même point ; chaque course sur le Bosphore apporte une révélation avec elle.

Les belles photographies de Sébah donnent seulement une idée des formes ; les estampes coloriées sont misérables. Je n'ai rien à dire des descriptions littéraires ; celles-là même qui sont signées de Lamartine et de Gautier me semblent aujourd'hui plus ternes que les réductions d'Eschyle par le père Brumoy et de Shakspeare par Ducis. Je ne sais qu'une dizaine de vers de Byron, dans *Childe-Harold* et dans la *Fiancée d'Abydos*, qui donnent à peu près la vraie physionomie des choses, ou plutôt l'impression qu'elles produisent sur un esprit amoureux de lumière. Enfin, j'en suis arrivé à me demander si le Bosphore aura jamais son peintre, comme Venise a eu le sien, Canaletto, comme l'Algérie a eu Fromentin ; et, à cette question, je suis fort tenté de répondre négativement. Il y a trop de nuances, une trop riche variation de tons, une délicatesse trop subtile de teintes; on ne peut rien trouver de tel sur la palette. Pasini a fort habilement rendu quelques petits recoins de la côte; mais encore le trait est-il toujours trop arrêté, la peinture trop crue; le vague des formes et des couleurs est insaisissable. Tout cela n'est pas le Bosphore. Il faudrait Léonard. S'il avait obéi à l'inspiration qui le poussa un jour à délaisser Florence pour Stamboul; si la Joconde l'avait suivi à Bébek ou à Beykos, il aurait pu donner comme cadre au portrait de la Monna Lisa le paysage du Bosphore, mille fois plus beau encore que ce fond chimérique tout d'azur et de mystère où mon œil s'est si souvent égaré, et le Bosphore aurait eu son peintre.

Dans mes premières lettres, je vous ai surtout parlé de la côte d'Europe; je suis d'avis aujourd'hui que la côte d'Asie est encore plus belle. Lamartine en a donné la raison : elle ne doit rien à l'homme, la nature y a tout fait. Les palais et les villages sont rares; sauf sur deux ou trois points de la côte, le paysage n'est composé que de prairies, de petits vallons et de forêts de pins ou de sycomores, qui reluisent comme des plaques sombres sur l'arrière-plan des collines lumineuses. Quand je reviens de la rive d'Asie à la Corne d'or, étendu dans mon caïque, j'ai en moi une clarté intérieure, un vague rayonnement qui me transporte à cent mille lieues du monde habité.

Le Buyuk-Chamlidja.

J'ai retrouvé ici mon ami du Danube, le colonel de Bogoluboff. Il est membre de la commission pour la délimitation de la Roumélie orientale. Nous causons souvent, et naturellement nous ne sommes jamais d'accord sur les choses de la politique. Aujourd'hui, après deux heures de discussion, nous sommes descendus à Top-Hané, nous avons hélé un caïque et, pour la modique somme de dix piastres, nous avons été conduits à Scutari.

En face du port, sur un rocher posé à l'entrée même du Bosphore, s'élève un monument très vanté, très connu par les lithographies enluminées, et dont vous avez souvent entendu prononcer le nom, je veux parler de la Tour de Léandre. Vous savez que le temple dont la douce Héro était prêtresse ne s'est jamais élevé sur cet îlot, et que l'amoureux Léandre traversait, pour rejoindre sa maîtresse, l'Hellespont, et non le Bosphore. Les Turcs, qui n'ont pas lu Musée, appellent ce petit monument Keuz-Koulessi, la *Tour de la vierge*, et content à ce propos une charmante légende toute faite pour quelque nouvelle série de *Poèmes barbares*. Une vieille tzigane avait prédit au sultan Mohammed que sa fille Mégar-Tchégid mourrait de la piqûre d'un serpent, et sur cette prédiction le sultan fit construire au milieu des flots cette même tour où ne pouvait pénétrer aucun reptile, et où il enferma sa fille unique. Mais Mégar-Tchégid était si belle que sa réputation, volant par les bouches des hommes, arriva jusques en Perse, où le fils du schah tomba amoureux de la jeune fille sur le portrait qu'on lui faisait d'elle. Ne sachant comment lui déclarer sa passion, le futur empereur du Soleil envoya à la princesse un bouquet de fleurs symboliques. La princesse reçoit le bouquet, le presse contre sa poitrine, puis tout à coup pâlit et s'affaisse, mordue au-dessous du sein gauche par un aspic qui s'était glissé parmi les roses. La prédiction de la bohémienne se réalisait : Mégar-Tchégid mourait. Alors le fils du schah apparut soudain dans la tour de Keuz-Koulessi, et comme il était instruit dans l'art des psylles, il suça la blessure et rendit la vie à sa bien-aimée. Le sultan Mahommed le récompensa de son courage et lui donna la main de sa fille. — Aujourd'hui, la tour légendaire est employée par M. Collas comme dépôt de pétrole. Mais qu'importe? Elle est toujours blanche, et la mer qui l'entoure est toujours bleue... Nous nous arrêtons pour regarder de là le spectacle merveilleux de Constantinople, l'énorme entassement de maisons et de mosquées qui s'élève aux deux côtés de la Corne et que les cyprès des immenses cimetières couronnent dans le ciel d'un cercle de velours noir. Il est probable qu'il n'y a pas au monde un plus magnifique tableau. Une tache, cependant, une seule : l'ambassade de Prusse qui s'est établie juste au plus bel endroit, masquant de sa lourde masse de caserne le bois touffu des cyprès des Grands-Champs. Et dire que la flamme qui dévorerait toute cette ville de bois comme une grange s'arrêterait fatalement devant la pierre de taille et le fer de cette piteuse bâtisse ! Si le triomphe de ces gens-là devait être sans appel, ce serait fait de l'art. Des casernes, des casernes, et encore des casernes !

Le débarcadère de Scutari ressemble à une fourmilière. Il faudrait le crayon de Doré pour rendre le grouillement fantastique de la foule bariolée qui s'agite sur le plancher flottant du môle. Bogoluboff et moi, ayant vigoureusement joué du coude, nous avons gagné une gracieuse piazzette, toute plantée de sycomores et de platanes, et où stationnent les loueurs de chevaux. Comme l'heure était avancée, nous avons rapidement traversé la ville dont les rues sont beaucoup plus larges que celles de Stamboul, et dont les maisons sont pour la plupart peintes en rouge, ce qui donne à l'ancienne Chrysopolis un caractère oriental de très haut goût. Les mosquées sont assez élégantes, et le voisinage des maisons pourprées fait ressortir leur blancheur avec une vivacité qui réjouit les yeux.

Mais ce qui fait la gloire de Scutari, c'est son cimetière. Gautier l'a décrit pour moi et pour tous les voyageurs à venir. Pour bien apprécier toute la poésie que le peuple turc apporte aux choses de la mort, il faut, en sortant de sa nécropole, entrer un instant dans le cimetière anglais, qui s'étend derrière l'échelle de Haïder-Pacha, lugubre, solennel et laid. Moi qui depuis trois semaines ai pris l'habitude de vivre familièrement avec les morts musulmans, me couchant contre leurs cippes funéraires, cueillant les fleurs qui poussent entre leurs tombeaux de marbre, je n'oserais jamais, sans présentation préalable, m'asseoir sur un monument anglais.

Une grande plaine poudreuse s'étend entre Scutari et le pied du Buyuk-Chamlidja. Nous montons au sommet, et ce que l'on aperçoit est immense : le Bosphore joignant à la Propontide, qui reluit comme un miroir, le Pont-Euxin qu'on devine à l'horizon ; une moitié de la Roumélie, la Bithynie tout entière, l'Europe et l'Asie ; dans la région la plus belle de l'univers, la plus superbe manifestation de la force créatrice des hommes. D'un coup d'œil, on embrasse cent lieues de terre et cent siècles d'histoire, tous les contrastes : les villes et les flots, le solide et le fragile, les flottes de l'Angleterre parmi les îles des Princes, les dernières tentes russes, éparses comme des flocons de neige sur les hauteurs de San-Stéfano; le monde musulman qui s'en va et le monde slave qui arrive, l'islam et la croix, le coucher d'une splendeur, le lever d'une autre. Le soleil rouge descend à l'horizon, et le Bosphore, si bleu tout à l'heure, semble maintenant rouler des flots de sang. Un grand calme s'est fait. Le murmure des rumeurs humaines ne peut pas monter si haut. Alors je me retourne, et j'apercois l'immense solitude d'Asie, d'abord un steppe étrange et presque mort, puis l'Olympe majestueux à qui les Alpes de Bithynie servent de piédestal. L'Asie silencieuse est plus éloquente que tout le reste du monde élevant la voix dans un bruyant concert. De temps en temps, au delà de la plaine de Boulgourlou, un cri d'aigle retentit à travers l'espace, saluant d'un dernier adieu le dernier rayonnement du soleil. On sent que si l'on était un homme de génie, dans un pareil lieu, à une pareille heure, devant un pareil spectacle, on composerait un chef-d'œuvre. L'âme du plus faible prend son vol à travers le ciel avec une envergure d'ailes qu'elle ne s'était jamais soupçonnée.

Les derviches tourneurs.

Vous savez

Si je hais les cagots, les robins et les cuistres,

et combien il m'importe peu, suivant le précepte de Musset, que ce soit Timpocau qu'ils servent ou Mahomet. Ceux qui jugent ainsi sont fort rares ; car, en règle générale, les croyants trouvent absurde toute cérémonie d'un culte qui n'est pas le leur, et les libres penseurs prennent un malin plaisir à glorifier les derviches pour faire pièce aux capucins. Je serai plus sincère et vous dirai franchement que derviches, capucins et fakirs, ce sont à mes yeux enfants tout d'un lignage, et que les farces des uns me répugnent juste autant que les mascarades des autres.

Donc, vendredi soir, j'ai assisté à une séance de derviches tourneurs. Le mot derviche signifie *pauvre ;* les derviches sont fort riches. Ces euphémismes sacerdotaux sont fréquents dans toutes les langues. On sait ce qu'on entend par ces mots : *chasteté monacale.*

Le téké des tourneurs est situé dans la grande rue de Péra, en face des Petits-Champs des morts. Téké veut dire *monastère*, mais vous êtes libre de traduire ce substantif par *théâtre*. Celui des tourneurs ne présente rien de très curieux à l'extérieur; c'est un bâtiment assez gracieux, moitié mosquée et moitié kiosque, et qu'entoure un jardin planté de beaux mélèzes. Pour la salle où s'exécutent les danses religieuses, je vous avouerai qu'elle ressemble furieusement à celle du premier café-concert de la banlieue. La décoration en est vulgaire et de couleurs criardes. Je me suis installé dans la tribune sans la moindre émotion.

Devant le mirah, sur un tapis rouge, était assis un vieux derviche ratatiné et qui dodelinait de la tête d'un air ennuyé. C'était le chef de la corporation. Les autres moines étaient dispersés dans la salle. Ils sont vêtus d'une grande chemise blanche et d'une longue jupe de même couleur et portent sur la tête un énorme bonnet de feutre brun à forme cylindrique qui prête aux comparaisons les plus baroques. Les physionomies sont vulgaires, mais, pour la plupart, très douces. Rien de brutal comme chez les moines d'Occident. Cela vient de ce que les derviches se marient comme les autres hommes. Ajoutez qu'ils sont d'une propreté parfaite. Ce sont là deux supériorités hors de toute contestation qu'ils ont sur nos moines.

La séance ouvrit par un peu de musique, précaution fort habile pour endormir les esprits sensibles, pour les transporter par degrés dans la région du rêve. Cette musique étrange, très sauvage et très tendre à la fois, est toute monocorde; le rythme est lent; le motif du thème, pareil à un bercement, ne varie jamais; son empire sur l'organisme tout entier n'en est que plus puissant, ce que n'ignorent pas les derviches.

Pendant que l'orchestre murmure de la sorte comme une mer lointaine, les derviches se mettent à prier et se livrent aux démonstrations ordinaires de la foi musulmane, embrassant le parquet ciré avec beaucoup de dévotion, le front contre terre et la rotondité de leurs assises tournée du côté des assistants. Après s'être livrés séparément à cet exercice, ils s'y livrèrent ensemble et, tout en gesticulant, commencèrent à pousser en chœur le cri saintement rauque d'*Allah-Hou*, d'abord très bas, puis graduellement à mi-voix, enfin *forte* et *fortissimo*. Cela dura un bon quart d'heure, et c'était aussi ennuyeux que grotesque.

Quand les derviches eurent suffisamment témoigné de leur foi profonde par ce concert bizarre de hurlements, ils se levèrent et se rangèrent par ordre de taille, le plus grand ayant tout près de deux mètres, le plus petit étant un enfant de six ans. Le vieux chef, qui n'avait pas plus remué qu'une souche depuis le début du concert, se leva à son tour et, saluant le *mirah*, sembla s'incliner devant le tapis même auquel il venait de faire l'honneur de le prendre pour siège. Aussitôt les derviches se mirent en branle et firent une demi-douzaine de processions circulaires autour de la salle. Quand ils passaient devant le chef, ils se faisaient embrasser par lui et se saluaient mutuellement. La cérémonie du *Bourgeois gentilhomme* est un peu moins bête. Les salutations dûment terminées, la danse commença. Tour à tour, chaque derviche, ayant replié les bras derrière son bonnet, se mettait à tourner lentement sur la pointe des pieds aux sons de la musique, puis, accélérant le rythme, déployait ses bras comme de grandes ailes et pirouettait avec une rapidité toujours croissante au milieu de sa jupe gonflée par le vent. Au bout de cinq minutes, toute la bande dansait. Presque immobile sous le lustre, le sous-chef des tourneurs derviches pirouettait avec une vélocité merveilleuse. Un servant se promenait dans la salle, marquant la mesure, tout comme un maître de ballet à l'Opéra. Plus la musique devenait bruyante, plus la danse devenait rapide. Les derviches étaient très pâles, mais très calmes, sans la moindre apparence d'inspiration ou de fureur sacrée. Ils tournaient machinalement comme des toupies ou comme ces figurines qui dansent au sommet des jets d'eau dans les tirs de foire.

C'était idiot : n'en déplaise aux amateurs forcenés

de couleur locale, je suis au regret de ne pas trouver dans mon vocabulaire une autre épithète pour caractériser cette danse hiératique. Je n'avais apporté à cette cérémonie aucun parti pris ; mais, après avoir admiré pendant cinq minutes la grande souplesse de ces gens-là, il me fut impossible, pendant tout le reste de la séance, d'éprouver un autre sentiment que celui d'une stupeur profonde devant ce maximum de la niaiserie humaine. Cela n'avait rien de religieux et rien d'artistique, ce n'était pas même drôle. Quant aux tourneurs eux-mêmes, je certifie qu'ils ne sont nullement, comme on l'a prétendu, pris par une extase sacrée qui finit par les terrasser. Ils n'ont que chaud. Aussi la danse terminée, l'iman ordonnateur les enveloppe-t-il soigneusement d'un grand manteau brun pour qu'ils ne prennent pas froid, et ils font hygiéniquement le tour de la salle avant de rentrer dans leurs cellules.

Les murailles, Eyoub.

J'ai refait pour la seconde fois la promenade des murs, qui est l'une des plus charmantes de Stamboul. Il faut partir de bonne heure pour être rentré avant la grande chaleur de midi. Nous avons pour montures de petits chevaux de Roumélie qu'on loue dans les rues pour quelques piastres. Un cheval anglais ne saurait sans s'abattre faire cent pas dans Péra ou dans Stamboul. Les chevaux turcs ne bronchent pas, grimpent, comme si de rien n'était, les pentes les plus escarpées. Ils ont la sûreté de pied des mulets et toute l'ardeur des étalons arabes.

Le réveil de la ville turque est charmant. Comme les fêtes du ramazan se prolongent très tard dans la nuit, les bons musulmans ne sont pas pressés de se lever pour la longue journée de jeûne. Les paupières encore lourdes de sommeil, ils sortent de chez eux en bâillant, ouvrent machinalement leurs boutiques, ou prennent sans grand entrain le chemin de la Corne d'or. Une file de quatre chameaux couchés à l'ombre d'un grand mur blanc, un Turc faisant ses ablutions à une fontaine entourée d'arbres, une négresse en haïk rouge qui va traînant sur le pavé ses sandales jaunes, des enfants allant à l'école; on connaît toutes ces choses sans quitter Paris, ou plutôt on croit les connaître par les vignettes des voyages illustrés et les tableaux des orientalistes. Eh bien, quand, ces choses-là, on les retrouve ici, dans une de ces ruelles étroites où le soleil met de grandes plaques de lumière, c'est une impression délicieuse, un plaisir si vif que je me sens tout heureux, que je suis toujours sur le point d'applaudir comme à une scène de comédie. Au début de notre promenade, dans un carrefour de l'Et-Meïdan, une petite fille, tout de rose habillée, puisait de l'eau à une fontaine quand notre caravane a débouché par une ruelle voisine ; la vue de nos montures et de nos costumes la mit en joie, et, sautillant de pierre en pierre, elle nous poursuivit pendant quelques minutes en poussant des cris de fauvette. Cette jolie gamme de cris perlés m'est restée toute la journée dans l'oreille, et maintenant je ne puis fermer les yeux sans revoir l'image de cette adorable fillette, toute rose et toute blonde.

Nous avons traversé le quartier grec de Psamatia et, franchissant la porte de Yedi-Koulé, nous avons aperçu la grande nappe luisante de la Propontide. A droite, brûlée par le soleil, presque jaune, s'étendait la plaine de Roumélie. A gauche se dressait le fameux château des Sept-Tours, qui n'a plus rien de terrible, mais dont la masse roussâtre se détache toujours hardiment sur la mer bleue.

Nous avons fait le tour des remparts dans toute leur étendue, depuis la mer jusqu'à Tekfour-Séraï, le célèbre palais de Constantin que les Grecs appellent Hebdomon et les Turcs « demeure du fils du Ciel. » Le chemin circule assez funèbrement entre les grandes ruines des murailles et les grands cimetières qui se prolongent vers Eyoub. Pourtant, cette promenade n'a rien de mélancolique ; les vieux remparts ébréchés sont revêtus d'un grand manteau de verdure; de beaux arbres poussent parmi les amas de pierres effondrées; les cimetières de Daoud-Pacha sont aussi pleins de rayons et de chants que ceux de Scutari et de Péra.

Le temps était superbe, très clair et doucement rafraîchi par la brise marine. Le chemin est presque désert. Nous n'avons rencontré que quelques paysans des villages voisins, qui étaient venus le matin apporter au marché de Stamboul leurs fruits et leurs légumes, ou quelques Circassiens d'assez méchante mine, qui rôdent ici comme partout en quête d'aventures, très farouches en apparence, dans leur grande tunique grise, tuyautée de cartouchières. Parfois, quelque jolie bohémienne sortait de l'un des taudis du campement de Sarmaschik, à demi nue, rieuse, une fleur fanée dans ses cheveux noirs, et mendiait. Ces apparitions de tziganes sont toujours charmantes. Elles font la joie de Mlle B..., qui répond par un sourire à chaque sourire et qui se fait une amie de chaque mendiante.

A mi-chemin de Top-Kapou, la porte où périt en héros le dernier des empereurs de Byzance, nous nous sommes arrêtés au monastère de Balouklou. La descendance des fameux poissons rouges de 1453 ne nous intéressait que médiocrement; mais le site est l'un des plus poétiques des environs de Constantinople. Au milieu d'un petit cimetière grec est une auberge, toute couverte de plantes grimpantes. Elle a pour maîtres deux ou trois vieux popes, pâles et rêveurs comme des philosophes sous leurs bonnets noirs et dans leurs longs habits de drap brun. Ce sont en même temps les desservants du monastère, chargés de conter l'histoire du caloyer qui faisait frire des poissons au moment de l'assaut turc et qui refusa si obstinément de croire à la victoire de Mahomet. Tout le jour, ils sont assis à la porte de l'auberge, sous les platanes, ne se levant que pour recevoir les visiteurs et fumant sans cesse le narguilé ou la chibouque. Nous nous sommes attablés autour d'une pierre sépulcrale et nous avons déjeuné de café et de figues. Au pied du cippe, dans une dalle de marbre, était creusé un petit bassin qu'avait rempli l'eau de pluie ; des poules et des chats y venaient boire très fraternellement. A peine entendait-on glisser le vent dans les cyprès du cimetière. Nous avons passé là une heure délicieuse, à nous croire à cinquante lieues de la grande ville qui n'était pas éloignée de cent pas.

Nous sommes rentrés vers midi, par Eyoub et par les quartiers sombres qui longent la Corne d'or. Eyoub est célèbre par sa mosquée où les sultans viennent, à leur avènement, ceindre le sabre d'Othman et où nul chrétien ne peut pénétrer. Du sommet de la colline sacrée où s'étend le cimetière, la vue sur le Bosphore et sur Stamboul est superbe. Les statues antiques, étant parfaitement achevées, peuvent être regardées de tous côtés. Constantinople ressemble à ces statues.

La Porte, 29 septembre.

Le palais de la Sublime Porte ne semble peuplé que de voleurs et de mendiants. La première dénomination s'adresse à la grande majorité des hauts fonctionnaires, la seconde aux fonctionnaires inférieurs et à tous les employés. « Menez-moi chez le secrétaire général. — Backchisch ! — Chez le chancelier. — Backchisch ! — Chez le chef du cabinet. — Backchisch ! — Chez le grand vizir. — Backchisch ! backchisch ! » Puis chaque fois que l'on sort du salon du vizir, la foule des laquais grecs et arméniens qui se rue en criant sur le malheureux visiteur est telle que, pour se frayer un passage, il faut jouer de la canne.

Selon l'usage antique et ridicule, on continue à entretenir à la Porte une demi-douzaine de muets qui sont bien les plus effrontés coquins de toute cette valetaille officielle. L'un d'eux a pour spécialité d'entretenir par ses facéties les personnes qui ont une audience de Safvet-Pacha et qui attendent dans le cabinet de son secrétaire. C'est un Arménien, jeune encore, très maigre et très pâle, mais joli garcon, mis avec l'élégance qui est propre à sa race, souple comme un jonc, l'espion le plus adroit du palais.

Auguste Chevalier, l'un des Français les plus distingués que je connaisse à Péra, s'est amusé l'autre jour à l'interroger en ma présence. Quand le muet veut désigner le séraskier, il prend l'attitude d'un homme qui tire son sabre ; il rame pour indiquer le ministre de la marine, et s'il s'agit du ministre des finances, il met une spirituelle ironie à faire le geste d'un homme qui paye de l'argent. Le reste à l'avenant. Nous lui demandons quelle est la cause de son infirmité ; le muet montre son ventre qu'il avance en creusant fortement les reins, et en même temps il joue l'épouvante, son pâle visage devient plus blanc qu'un cierge. Cela veut dire : « Ma mère a été effrayée quand elle était enceinte de moi. »

Dolma-Bagtché.

J'ai obtenu un firman spécial pour visiter les palais d'Europe et d'Asie, les kiosques et les pavillons qui s'élèvent, comme une décoration d'opéra, sur les deux rives du Bosphore. Je vous ai dit déjà ce que vaut leur architecture, comment ces palais ne sont beaux que par la lumière blonde qui les baigne de ses effluves, par l'eau bleue qui caresse avec amour le pied de leurs terrasses de marbre. Pour leur décoration intérieure, elle est affreuse et de la dernière vulgarité. Celle de nos cafés du boulevard peut en donner quelque idée, mais une idée affaiblie. Le luxe ne doit être que l'humble serviteur de l'art; seul, sans son maître, quand il essaye de valoir par lui-même, quand il est libre, comme ici, de s'étaler largement dans la grasse insolence de son orgueil doré, le luxe est laid, le luxe est bête et stupide. Ce qui étonne, c'est l'impitoyable proscription, par les épiciers qui ont bâti cela, de toute fantaisie orientale. Ce palais de Dolma-Bagtché, si pauvre dans son opulence, montre bien qu'il est resté à l'Osmanli quelque chose de la grossière ignorance du barbare qui achète pour des charretées de poudre d'or et d'ivoire quelques méchants colliers de perles fausses. Certains contrastes sont curieux, faits pour jeter une lumière étrange sur l'administration fiscale du Divan. On voit sur des tables de marbre ou de lapis-lazuli à pieds d'or massif des vases de porcelaine et des pendules *à sujets* qui, chez nous, se vendent de quinze à vingt francs, mais que le sultan a dû payer comme si les vases étaient de Sèvres et les figures fabriquées par Barbedienne. A travers les vitres, j'aperçois le Bosphore qui reluit, la côte d'Asie qui dessine dans l'air pur ses formes voluptueuses. En Turquie, ce qui coûte cher est laid. Ce qui est beau ne coûte rien.

Un caïque impérial à dix rameurs nous a transportés à la rive d'Asie, où nous avons visité Beylerbey, autre palais moderne qui ne diffère guère de Dolma-Bagtché. C'est dans le jardin magnifique qui entoure le palais qu'Abdul-Aziz avait installé sa fameuse ménagerie. Ses successeurs l'ont dispersée. Il ne reste plus qu'une immense cage où vivent deux familles de tigres. L'officier qui nous accompagne leur allonge, à travers les barres, de grands coups de fouet. Les tigres rugissent, s'élancent contre les barreaux de fer qu'ils cherchent à ébranler, bondissent, pleins de colère, à travers la cage. C'est un amusement lâche et bête, tout à fait royal.

Le beïram.

Je viens d'assister aux fêtes du beïram, que l'usage est de célébrer au lendemain du dernier jour de carême, quand est arrivé le courrier d'Arabie avec le grand message : « L'imam de la Kaaba a vu dans la nuit le croissant de la nouvelle lune. » J'avais lu dans des récits de voyage les descriptions les plus séduisantes de ces fêtes, et mon désir était grand de voir, avant mon départ, la magnificence orientale dans toute sa splendeur. Je rêvais quelque chose de fantastique, des scènes des *Mille et une nuits* dans les décors les plus riches de l'Opéra. Mes amis et moi, nous avons été étrangement déçus. Il en est de cette pompe comme du Bosphore : superbe avec la lumière, vulgaire quand le ciel est gris. C'est toujours le même cortège qu'autrefois, le même luxe, les mêmes costumes de brocart et de soie, les mêmes broderies d'or, les mêmes pierreries reluisant de mille feux, la même élégance chez les chevaux arabes, la même sonorité des instruments de cuivre. Mais l'âme des choses a disparu ; le soleil de l'Islam est voilé de nuages, couché peut-être à tout jamais.

Qui faut-il accuser? La défaite? Non, ou, du moins, pas elle seule. D'autres sultans que Hamid avaient été vaincus, avaient signé d'humiliants traités, et cependant la splendeur de l'astre impérial n'avait point pâli. « Bah! disaient les musulmans (1), le padischah est assez riche pour perdre quelques provinces. Ce sont les miettes de son festin qu'il vous permet de ramasser, chiens de giaours que vous êtes! » Aujourd'hui encore, elles auraient pu passer pour des miettes dédaigneusement laissées aux dogues affamés de Berlin, toutes ces provinces délaissées, la Bulgarie, la Bosnie, l'île de Cypre. Aujourd'hui encore, malgré tant de désastres, l'Islam aurait pu reluire comme aux plus beaux jours de gloire. Mais il y a autre chose que la défaite. Quoi? L'abdi-

(1) Par exemple à M. de Moltke (alors simple capitaine), après le traité d'Andrinople.

cation morale du sultan, sa déchéance religieuse et militaire.

Le peuple ne croit plus en lui. Elle a bien dégénéré, cette race ottomane ; elle est bien énervée, bien amollie par les débilitantes caresses de son ciel qui est trop doux. Elle n'en est pas moins restée, par excellence, une race militaire, toute chose lui rappelant à chaque instant son terrible passé de batailles et de guerres, tout, depuis les formules de ses prières jusqu'à ses demeures, les tentes de bois de son campement d'Europe. Or, ce peuple de soldats a vu ceci : dans le grand duel de la Russie et de la Turquie, le czar du Nord a combattu avec ses armées depuis le premier jour de la campagne jusqu'au dernier, mais le commandeur des croyants n'a pas osé quitter son palais de l'Éclair; il est resté dans son kiosque à fumer le latakieh dans l'ambre, pendant que luttaient et mouraient les héros des Balkans ; il n'a vu l'armée russe que le jour où les Cosaques de Skobeleff sont venus insulter les remparts conquis par Mahomet. L'autre jour, à Sainte-Sophie, un derviche prêchait, et il décrivait l'humiliation du Coran, l'ignominie de la défaite. Il en vint à parler du sultan, et comme il s'écria : « Qu'il crève, le lâche ! qu'il crève, celui qui est le laquais des giaours ! » tous les fidèles répondirent en chœur : « Ainsi soit-il (1). »

(1) Cet incident m'a été conté par l'ambassadeur de... De pareilles prédications ne sont pas rares.

La fin du siècle est-elle destinée à voir une révolution turque? Malgré le mépris dans lequel est tombée la famille d'Othman, malgré la haine du peuple contre les pachas, je ne le crois pas. — Pourquoi? Je l'ai déjà dit : parce que la race est éreintée, perdue de mollesse et de plaisirs ; parce que son ressort vital est brisé. Mais si elle n'a pas la force de faire une révolution, elle a encore celle de maudire, et elle maudit le sultan à cœur joie. Elle crie : Amen ! à chaque moine qui a rêvé la mort prochaine du padischah ; elle applaudit à chaque complot d'eunuques qui fait monter sur le trône une nouvelle ombre impériale. Hier, Abdul-Aziz et Mourad ; aujourd'hui, Hamid ; demain, Rachid ; après-demain, quelque autre fils d'esclave. Peu importe maintenant ; le prestige est évanoui ; le masque divin est tombé, et il n'est pas même resté un homme.

Le sultan connaît ces colères et il tremble comme un enfant. On ne se défait pas de la maladie de la peur. Pour n'avoir point paru au camp d'Osman, Hamid a perdu la dernière estime d'un peuple brave ; et depuis lors, comme les anneaux d'une chaîne, les lâchetés se succèdent. Il s'est enfermé dans le kiosque de l'Éclair, au plus haut de la montagne, gardé par des bataillons d'Asie, toujours prêt à s'embarquer sur les vaisseaux cuirassés à l'ancre dans le Bosphore. Il n'ose plus descendre dans Stamboul. Quand vient le jour de la prière publique, il se lamente, s'arrache en pleurant aux bras de sa Belge, la gantière de Péra qui, facile, connue de tous, puis tout à coup ambitieuse, a machiné elle-même son enlèvement au sérail, est restée la cadine favorite. Mais le sultan ne passe pas la Corne d'or; il s'arrête à la petite mosquée de Foundouklou, dans un quartier à demi chrétien. C'est là, sur la route de Dolma-Bagtché à la mosquée, que je l'ai vu pour la première fois, pâle comme un mort, courbé timidement sur la selle de pourpre de son cheval, l'œil bas, la tête entre les épaules. A un moment, il se produisit une ondulation parmi la foule; il devint plus blême encore, ferma d'une main fiévreuse le paletot noir où il se cachait.

Hier, Stamboul était inquiet; on savait que le grand vizir devait tenter un effort, supplier le sultan de célébrer le beïram à Sainte-Sophie, que deux ambassadeurs appuieraient l'honnête Safvet. Dans les rues, devant les boutiques, richement garnies pour la fin du jeûne, des Turcs de toutes les classes discouraient gravement, et, dans les trois grandes mosquées, les imams se promenaient comme des âmes en peine; ils attendirent des ordres jusqu'au coucher du soleil. Le canon de Top-Hané tonna vers cinq heures et demie. Aucun messager n'était venu du palais. Je vis à ce moment les fronts qui devenaient sombres, les lèvres s'agiter pour maudire.

Le temps s'était gâté comme par un fait exprès. Toute la nuit, la pluie tomba par rafales. Pourtant, dès l'aube, la place de Dolma-Bagtché était envahie par la foule. Les musulmans dominaient, tristes, décidés d'avance à garder le silence sur le passage du padischah.

Dans cette multitude, ce qui frappait à première vue, c'était le contraste qu'offraient la morne gravité des visages et le joyeux éclat des costumes neufs. Vous savez que les fêtes du beïram marquent pour les musulmans le printemps de la toilette. D'ordinaire, c'est avec bonheur que ce peuple, amoureux de couleurs brillantes, salue ce moment longtemps attendu. Mais cette année, la tristesse des affaires publiques a jeté son ombre sur la joie populaire. Seules, les femmes sont heureuses, sans autre souci que l'éclat de leurs féredjés couleur jonquille et de leurs babouches brodées d'or, pauvres oiseaux frivoles, qui croient renaître à la vie parce qu'ils ont renouvelé leur plumage.

Tout à coup le clairon retentit, et devant la porte de Dolma-Bagtché la musique militaire, au lieu d'éclater par une marche turque aux accords sauvages et superbes, entonna lourdement la marche des druides de *Norma*. Je fus désagréablement surpris; mais dans l'océan humain qui couvrait la place et emplissait toutes les rues voisines, il passa comme un frisson religieux; ceux qui causaient se turent, le gazouillement des femmes s'interrompit, les mendiants cessèrent d'implorer la charité des croyants, et les marchands d'eau de débiter leurs boissons rafraîchissantes. Tout hostile qu'elle était, la foule se sentait émue, éprouvait devant cette apparition du maître ce merveilleux tressaillement qui agite la nature à chaque lever du soleil. Le cortège solennel parut, descendit comme un grand fleuve entre une double digue de soldats qui présentaient les armes. D'abord, le grand vizir, le séraskier et les ministres, tout chamarrés de broderies d'or; puis les pachas et les beys en grand uniforme; plus loin, le tzouhadar avec les icoglans, puis des gardes du corps, la toque de plumes en tête; puis de jeunes saïs tenant en main une douzaine de chevaux arabes, superbes et caparaçonnés de housses de pourpre brodées de perles; les eunuques noirs et blancs, conduits par le kislar et le capou-agassi; ensuite le sheik-ul-islam; enfin, le commandeur des croyants, monté sur un magnifique cheval blanc qui faisait onduler fièrement son beau col de cygne, lui-même boutonné dans un large paletot de couleur sombre, sous lequel scintillaient les feux des pierreries, et portant sur la tête le fez rouge à l'aigrette de plumes de héron. Sur son passage, au commandement des officiers, la troupe cria par trois fois : « Vive le glorieux sultan ! » Mais la foule resta muette. Le padischah était plus pâle encore que l'avant-veille; il tremblait visiblement, cherchait à éviter le regard immense du peuple. Sur son cheval barbe qui caracolait, le hideux chef des eunuques noirs était plus fier que le commandeur des croyants.

Il entra dans la mosquée. Mais je voulais le revoir une dernière fois, et j'attendis sa sortie. La foule bourdonnait. Ce pâle cavalier, sans prestige, furtif, frissonnant de peur, avait passé comme une ombre, et les gens du peuple, les hammals, les paysans qui étaient là, restaient stupéfaits de tant de déchéance. Le moindre d'entre eux avait plus de prestance, plus d'orgueil de l'Islam. Leur conversation devait être curieuse en ce moment; les yeux s'enfonçaient douloureusement sous les paupières, les lèvres se plissaient avec dédain. Un pauvre fou, de ceux que les Persans appellent *djami*, passa majestueusement, ayant sur la tête un gigantesque chapeau chinois orné de clochettes d'argent; il avait une espèce de costume militaire et s'imaginait être le séraskier, inspectait les soldats d'un coup d'œil scrutateur très rapide. Seuls, les giaours qui étaient présents se mirent à rire; les musulmans, toujours respectueux de la folie, ne firent aucune attention au « bienheureux. » Comme la prière du sultan se prolongeait, les soldats allumèrent des cigarettes, et les marchands de sucreries et de fruits circulèrent de nouveau autour des cadines qui, pour fêter le beïram, se bourrèrent de *dourdourmas* en riant aux éclats. Cet entr'acte dura près d'une heure. Puis, dans le jardin de la mosquée d'Abdul-Medjid, une rumeur sourde se fit entendre.

Le sultan avait terminé sa prière, et son cortège se reformait. Un des premiers, Osman-Pacha s'avança, large, carré, pansu, chamarré de décorations, faisant ployer sous son poids un magnifique cheval rose, l'air sombre, douloureux. Les soldats et la foule saluèrent par une immense acclamation le héros de Plewna. Osman s'inclina, mais comme un homme inquiet, effrayé de cette ovation, qui augmentera la haine jalouse du sultan. Quand celui-ci reparaît, de plus en plus pâle, tout pelotonné dans sa redingote noire, c'est un silence de mort qui l'accueille. Les soldats eux-mêmes ne crient plus. Derrière les portes de Dolma-Bagtché, le pâle sultan disparaît dans l'ombre du sérail. Décidément, dans tout ce cortège, les bêtes seules étaient vraiment nobles et vraiment belles, les admirables chevaux de l'Hedjaz, dont la marche est une danse et dont le regard a quelque chose d'humain.

Tout cela, quand j'y pense, me fait l'effet d'une procession de fantômes. Je veux revoir des hommes. Demain, je partirai pour Athènes.

La question d'Orient dans l'histoire.

Depuis un siècle et demi, dans le champ clos de la péninsule turco-hellénique, l'Orient et l'Occident de l'Europe sont en présence : la Russie, bardée de fer, poursuivant un seul et même plan avec une logique inflexible ; la France et l'Angleterre, changeant incessament d'armure et de tactique, désunies presque toujours malgré la conformité des intérêts.

Le résultat de cette grande lutte a été ce qu'il devait être : la défaite de l'Occident, je veux dire un premier partage de la Turquie, la suprématie des Russes dans les Balkans, la menace d'oppression des Grecs par les Slaves. Pourquoi ? Parce que les hommes d'État anglais et français n'ont su ni suivre ni même établir une ligne de conduite fixe et stable, la faute de toutes la plus funeste dans ces pays de lumière où les idées sont aussi nettes et simples que les contours. Avons-nous jamais eu pour les affaires d'Orient de ces traditons nationales presque sacrées que chaque génération lègue à celle qui lui succède, et dont la continuité fait la force ? Non. D'une politique de pur sentiment, nous avons incessamment passé à une politique d'intérêt immédiat ; la seule vraie et bonne politique, celle de la justice, nous ne l'avons jamais appliquée que par accident, par hasard, et ces revirements successifs devaient fatalement affaiblir le prestige des deux grandes puissances occidentales, les rendre tour à tour suspectes à tous les partis, jeter entre les bras des Russes les chrétiens de la péninsule, et même, en diverses circonstances, les Turcs (1).

Dès le prologue, avant même que fût posée la question, telle que nous la connaissons aujourd'hui, la politique de l'Occident était mauvaise, étant déjà indécise, irrésolue : ignorance des choses, ayant pour conséquence l'ignorance des intérêts; ignorance des intérêts, ayant pour conséquence la plus incroyable versatilité. Victorieux à Marignan, François Ier poursuit le rêve brillant « d'obvier à la damnée entreprise des Turcs ; » vaincu à Pavie, il recherche l'alliance de Soliman. Quand les flottes catholiques ont détruit, à Lépante, les flottes musulmanes, c'est un grand cri de triomphe, un superbe hosanna dans toute la France chrétienne ; lorsque, l'an d'après, la barbe a repoussé au padischah, le roi très chrétien se hâte de lui refaire sa cour. Mêmes tergiversations dans la politique anglaise. La protestante Élisabeth s'intitule dans ses lettres à son bon ami le sultan Mourad III : « *Veræ fidei contra idolatros* (les catholiques) *pro-*

(1) Après l'expédition d'Égypte, les conférences d'Erfurt, les traités d'Andrinople, d'Unkiar-Skélessi, peut-être de San-Stéfano.

*pugnatrix.* » Les Stuarts catholiques retournent avec colère l'épithète d'idolâtres contre les musulmans et les protestants (1). D'où, comme premiers résultats : d'abord le profond mépris dans lequel le Turc tient cette Europe occidentale qui, après avoir si puissamment contribué à la décadence et à la chute de l'empire byzantin, ne sait plus ce qu'elle veut, dévoile sa faiblesse à chaque démarche. Ensuite, la grande défiance en laquelle tous chrétiens d'Orient ne tardent pas à avoir la diplomatie occidentale. Comment, en effet, compter sur elle? Du jour au lendemain, au gré d'un vent de victoire ou de défaite, elle change; la girouette est plus stable. Et du reste, parmi les chrétiens, cette diplomatie ne s'occupe que des catholiques; elle est toute disposée à préférer les musulmans aux Grecs. Aussi qu'arrive-t-il? D'une part, Soranzo, en 1576, Pietro Celdini, un évêque, en 1594, constatent à la fois l'aversion des Grecs pour les puissances catholiques, les liens étroits que la communauté de religion a établis entre les Moscovs et les peuples de Bulgarie, de Serbie, de Bosnie, de Morée et de Crète. D'autre part, les voyageurs, Chevalier, Pococke, La Motraye, signalent le nombre toujours croissant des conversions à l'islamisme; Bizzi avait vu trois cent cinquante mille chrétiens en Albanie; quatre-vingts ans plus tard, Marco Crisio n'en vit

(1) Klaczko, *Évolutions du problème oriental.*

plus que cinquante mille (1), et cela, point par le fait d'une propagande turque (le mot prosélytisme est inconnu à l'islam), mais par désespérance d'être incessamment les dupes des plus fallacieuses promesses, par légitime espoir d'un sort meilleur après la conversion. Au lendemain de la prise de Constantinople, on pouvait opter entre un protectorat chevaleresque des chrétiens et une alliance politique avec la Porte ; mais il fallait choisir, et c'est précisément ce qu'on ne sut pas faire. Comme le moine ivre de Luther, ballotté sur son âne de droite à gauche, l'Europe tomba et retomba sans cesse de la politique d'intérêt à la politique de sentiment. Et ces oscillations fatales sont assez connues pour qu'il soit suffisant de les rappeler par un mot.

Regardez maintenant vers le Nord, vers la Russie. Dès la première heure, alors que la Moscovie est presque inconnue à l'Europe, et que l'esprit délicat et frileux de nos ancêtres refuse de s'engager dans ces froids steppes étendant leurs neiges à perte de vue, la grande politique slave est déjà créée, loi gravée sur l'airain et dont l'application est laissée, comme mission sainte, aux générations à venir. Logique inflexible, esprit de suite qui n'a pas son égal, si ce n'est peut-être à Rome. Les lèvres encore humides du lait sauvage de sa louve, Romulus jure qu'à sa race

(1) Klaczko, *Évolutions du problème oriental.*

appartiendra le monde. De même le Moscov, dès son aube historique, se propose la conquête de Tzarigrad comme objectif suprême, et n'est-ce pas la clef du monde que la ville de Constantin? Quand pendant un instant on réussit à oublier les redoutables préoccupations du moment, — à regarder ce monument d'irréprochable logique, l'œuvre déjà accomplie de la diplomatie russe, on éprouve une jouissance artistique comme devant l'harmonie parfaite d'un Parthénon. Cet ensemble est merveilleux, sinistre, je le veux bien, puisque cette grande machine du Nord ne s'avance sur nous que pour tout broyer, mais ce spectacle arrache un cri d'admiration. Toutes les parties s'en tiennent. Une ambition farouche, une cupidité de barbare comme base, comme principe. Tout autour, le plus riche revêtement d'idéalisme et de philanthropie, la polychromie la plus gracieuse cachant la terrible dureté du granit. Sur ce qu'ils ont décidé une fois, ils ne reviennent point. Ils ne veulent qu'une fois, mais c'est à tout jamais. La pensée dominante traverse des phases diverses, mais on lui est toujours fidèle. C'est le fameux fil rouge de la marine anglaise.

Ils ont désiré Constantinople, avant de convoiter Stamboul; ils préparaient la conquête de l'empire byzantin, quand d'autres Asiatiques les ont devancés. Leur première tentative sur la Bulgarie date de la fin du dixième siècle, alors qu'ils n'étaient encore que de grossiers païens. Pour bien comprendre la farouche grandeur de leur œuvre, il faut lire dans la *Chronique de Nestor* comment, « sous Wladimir le Grand, ils se décidèrent à abandonner le culte de Péroun, et comment, ayant institué une enquête sur la meilleure des religions, sourds aux instances des imams, lesquels avaient le tort de proscrire le vin, des rabbins et des prêtres catholiques, ils se prononcèrent pour le schisme grec, ils se firent orthodoxes, pour qu'un jour ils fussent plus facilement acceptés par les Grecs subjugués. » Et il faut suivre cette logique souveraine de siècle en siècle, l'idée sacrée dont la préoccupation est incessante, malgré les luttes intestines, les convulsions du jeune géant qui grandit, les guérres sanglantes contre les Porte-glaive, les Tatars-Mogols. Voici, à des intervalles plus ou moins longs, la Russie qui adopte l'alphabet et l'architecture des Byzantins; Ivan III qui ajoute au saint Georges vainqueur du dragon, armes de la Russie, l'aigle noir à deux têtes, armes de l'empire d'Orient; la cour de Moscou qui est le refuge de tous les Grecs fugitifs et opprimés; Ivan IV qui rappelle le mariage de son aïeul Wladimir avec la princesse Marie pour se dire le descendant en ligne directe d'Octave-Auguste, César de Rome. Je ne fais que citer quelques faits saillants, au hasard. N'est-elle pas magistrale cette introduction à la politique des Pierre le Grand, des Catherine et des Gortschakoff? N'est-elle pas logique et raisonnée comme l'exposition d'une tragédie de Sophocle dans laquelle tout le drame est contenu, comme une tige de colonne dorique qui révèle le temple tout entier?

Les Turcs sont arrivés cependant, ont débordé. Pendant que l'Occident hésite, se lamente, la Russie ne doute pas une minute, agit; elle se déclare sur-le-champ la patronne des Grecs vaincus, leur *Panaghia* terrestre. Constantinople ayant succombé, c'est Moscou qui devient la métropole de l'orthodoxie. Ayant remplacé Byzance, comme Byzance elle-même avait remplacé Rome, elle prépare dès lors « la grande revanche de 1453 contre l'islam » et ne se fait pas d'illusion sur l'âpre difficulté de cette œuvre. Avec une naïveté incroyable, le saint-père propose au padischah de se faire chrétien, de devenir ainsi le successeur des Paléologue. Pour cette noble œuvre, écrivait le bon Pie II, un peu d'onde (*pauxillum aquæ*) suffirait. Ce n'est pas une goutte d'eau tombant sur une tête musulmane que le Russe voit dans l'avenir, ce sont des fleuves de sang. Dans sa première lettre au Grand Seigneur, le grand-duc de Moscou s'intitule « seul et véritable monarque héréditaire de toutes les Russies et de plusieurs autres contrées du Nord et de l'Orient. » Pendant que les ambassadeurs d'Occident se mettent à plat ventre devant le padischah, mollement couché sur un divan, l'envoyé russe, Michel Pletchaïef, prétend lui parler debout. Il est enjoint aux successeurs de Michel, et cela sur leur tête, de ne jamais souffrir qu'on diminue les titres du czar. Tout cela inspire au Turc un salutaire respect. Du reste, le Moscov sait rapidement à quoi s'en tenir sur le compte de l'Osmanli. De bonne heure, il emprunte à Venise quelque chose de son profond esprit d'observation ; il étudie son ennemi avec finesse et clairvoyance ; il est tenu, par ukase impérial, de rapporter de chaque voyage force notes et rapports ; il apprend vite à lire dans ce livre très simple et très honnête de la Turquie ; bientôt il connaît son Turc mieux que le Turc ne se connaît lui-même. — Ce n'est que beaucoup plus tard, quand le mal est déjà fait, que la Porte s'aperçoit des dangers auxquels elle s'expose en recevant à Constantinople des ambassadeurs russes, tous espions, tous meneurs d'intrigues avec les Bulgares, les Macédoniens et les Maïnotes. Dans le traité du Pruth, une clause spéciale sera insérée d'après laquelle, à l'exception des marchands, aucun représentant de la Russie ne pourra séjourner à Stamboul. Mais la clause restera inutile ; la diplomatie moscovite sait déjà à merveille cet art subtil qui consiste à éluder les dispositions d'un traité qu'on exécute en apparence.

Pourtant, jusqu'au XVIIIe siècle, il n'existe pas de question d'Orient proprement dite. Cela par trois raisons : 1° La Turquie est encore trop forte, ou plutôt elle bénéficie encore de cette grande force d'impulsion des Osmanlis, de cette houle toute-puissante qui les porta presque du premier coup des profondeurs de l'Asie au Bosphore, du Bosphore aux Balkans et à l'Adriatique, force purement apparente alors, car l'ère de la décadence a sonné dès le commencement du XVII^e siècle. La douceur du Bosphore amollit les corps et endort les âmes; toute demi-civilisation est par elle-même affaiblissante; les innombrables chrétiens qui dans l'espace d'un siècle se sont convertis à l'islamisme sont une cause incessante d'énervement. Mais l'Europe ne sait rien de tout cela. A ses yeux, l'éclat du Croissant n'a pas encore pâli. — 2° La Russie est encore trop faible, trop déchirée par les luttes intestines qui précèdent l'avènement des Romanoff; du reste, c'est en secret qu'elle se forme, qu'elle s'arme pour la lutte, protégée par le mystère de ses steppes neigeux; elle est ignorée par les trois quarts des Occidentaux. — 3° Les nationalités hellène et iougo-slave ne se sont pas encore réveillées ; le joug turc n'est pas bien pesant, la tolérance du vainqueur est grande, on préfère de beaucoup l'Osmanli au Franc, quel qu'il soit. Certes, le Grec, Hellène ou Slave est bien souvent humilié, opprimé, persécuté; mais la Russie est encore si loin, mais l'Occident est si indifférent, tellement absorbé par ses propres affaires! La France se dit la protectrice des chrétiens d'Orient : elle ne l'est pas même des catholiques, que de temps à autre elle se contente de compromettre. Venise ne pense qu'à son commerce et mutile entre temps le Parthénon. L'Angleterre n'a que des intérêts de troisième ordre dans la Méditerranée. L'Espagne s'arrête brusquement après Lépante. A quoi bon, dans de telles conditions, se soulever, pousser le cri de liberté? Ce serait pure folie. On attend donc, et pendant que la victoire affaiblit le vainqueur, peu à peu la défaite fortifie le vaincu. — A quelle date se pose pour la première fois le véritable problème oriental ? A la dernière année du XVII<sup>e</sup> siècle, le 26 janvier 1699, à cette paix de Karlowitz qui suivit la victoire d'Eugène à Zara et que Hammer appelle si judicieusement la mise en faillite de l'empire ottoman.

Les fautes commises en Orient par les puissances occidentales au cours du XVII<sup>e</sup> siècle sont très graves, mais elles ne sont en aucune sorte décisives. Certes, après avoir laissé si misérablement tomber l'empire de Byzance, il eût mieux valu prendre sur-le-champ dans la Péninsule une attitude très ferme et très décidée, se poser une fois pour toutes, soit comme patron des chrétiens et revendicateur de leurs droits, soit comme allié de la Porte, contre-poids tout trouvé à la maison d'Autriche, ainsi qu'elle devait être plus tard, dans ce qui fut l'équilibre européen, le contrepoids de la Russie. Mais en somme, il n'y avait que demi-mal, car la clientèle des chrétiens était encore à prendre; l'empire de Charles-Quint s'était écroulé par lui-même, le Moscov n'était pas encore entré en lice. Au XVIII^e^ siècle, il n'en était pas de même. La paix de Karlovitz posait nettement la question d'Orient. Les deux puissances dont les intérêts étaient identiques dans le Levant, je veux dire la France et la Grande-Bretagne, se trouvaient sommées d'adopter une ligne définitive de conduite, de renoncer à leurs tergiversations perpétuelles. Mais ni la France ni la Grande-Bretagne n'eurent l'air de comprendre cette grande sommation de l'histoire, et alors les fautes commises seront irréparables, parce que le jeune Titan Russe vient de revêtir la robe virile, parce que l'éducation de Pantagruel est terminée.

J'ai dit une première raison de la grandeur politique de la Russie : son inflexible logique. Une seconde, et non moins forte, c'est qu'elle se présente avec des dehors philanthropiques si brillants que la nouveauté en séduit l'Occident, que les plus fiers penseurs s'y brûlent les ailes comme les papillons à la flamme d'une torche allumée dans la nuit. Les Machiavel et les Gondi, auprès des Russes, semblent des enfants naïfs : ces Italiens étalaient leur rouerie toute nue ! Par leur entente prodigieuse du déguisement, combien les Slaves sont plus habiles ! La force brutale dit : Je m'appelle le Droit ! et elle le dit si bien, d'une voix si douce, que le monde la croit, l'admire, s'apprête à chanter avec Voltaire un hymne d'enthousiasme. Voyez, dès le début du siècle, comme il est déjà parachevé, « cet appareil religieux, philosophique, national et révolutionnaire » de la politique russe pour la destruction de l'empire ottoman. Déjà, parmi les raïas, circulent tous ces grands voyageurs du czar, tous ceux qui viennent réveiller l'antique légende : « L'empire turc sera détruit par une nation blonde (1) ; » qui rapprennent le mot de liberté aux Serbes, aux Bulgares, aux Grecs. En apparence, tout cela dicté par le plus pur désintéressement. Dès le XVII<sup>e</sup> siècle, on peut dire des Russes, comme des Allemands, que chacun d'eux est doublé d'un métaphysicien, mais la doublure est ici en dehors. — Mickiewicz, Slave lui-même, l'a remarqué avec une sagacité profonde : Pierre le Grand fut le premier souverain qui ait mis en avant des principes abstraits dans des traités politiques, dans l'exposé de 1710, s'adressant au monde honnête et impartial, en appelant aux lois divines, aux lois fondamentales de la nature. Cette nouveauté fut une partie de sa force. Cet idéalisme trompa l'Europe, séduisit tous les philosophes.

Ici, un fait curieux, à peu près inconnu : un seul homme eut l'incomparable mérite de deviner dès le premier jour ce que cachait pour l'Europe cette politique moscovite, de voir que la maison des Romanoff ne menaçait pas moins l'équilibre continental que jadis la maison de Habsbourg ; qu'il ne fallait pas

(1) Klaczko.

attendre, pour le combattre, que le jeune barbare fût dans la force de l'âge; qu'il était insensé de s'amuser à guider ses premiers pas, à lui donner, tout en riant de sa maladresse, les armes bien forgées de l'Occident. Cet homme, c'est Louis XIV. Voici ce que je lis dans le testament de Robert Walpole(1) : « Louis XIV refusa constamment d'entrer en correspondance avec Pierre le Grand, ou de faire quelque traité avec lui : grande leçon qu'il donna à l'Europe... Les ambassadeurs que le czar Pierre reçut des différentes cours de l'Europe lui firent connaître, en effet, l'importance du rôle qu'il allait jouer..., l'influence que pourrait avoir son existence sur les intérêts respectifs des États européens ; c'était ouvrir une vaste carrière à son ambition et lui faire suivre le chemin par lequel il pouvait faire pencher la balance... Il faut donc mettre au rang des traits de la politique la plus éclairée cette conduite de Louis XIV...; et, bien qu'elle soit, à ce qu'il paraît, peu connue et peu sentie par les Français, puisqu'ils n'en parlent point, elle fera toujours honneur à la mémoire de ce roi. La postérité louera en lui cette sage et éclairée prévoyance qui pénétrait jusque dans l'obscurité de l'avenir... En effet, si l'Europe continue à regarder d'un air tranquille et indifférent la puissance slave, nous devons nous attendre à voir la Russie justifier, à notre grand désa-

(1) Amsterdam, 1767, t. II, p. 237, 238, 239.

vantage, les prédictions tacites qui motivèrent la conduite de Louis XIV. » Mais cette vision si claire et si nette, mais la page fameuse de Montesquieu, dans *les Considérations*, mais le grand sens politique d'un Choiseul et d'un Vergennes, sont inutiles, condamnés d'avance. Depuis la guerre de Troie, tout prophète de malheur a eu le destin de Cassandre. La politique de l'Occident restera myope, ignorante et versatile. On verra le Régent et la Pompadour travailler gaiement à pousser de leur mieux la Russie au premier rang des puissances. Et le père de celui qui dira : « Je ne discute pas avec quelqu'un qui prétend que le maintien de l'empire ottoman n'est pas pour l'Angleterre une question de vie ou de mort, » lord Chatham, écrivait à Shelburne : « Votre Seigneurie sait que je suis tout à fait Russe.» — Certes, la politique moscovite est naturellement habile et forte. Mais il faut avouer aussi que l'Europe lui fit trop beau jeu.

Au XVIII<sup>e</sup> siècle, trois grands boulevards protégeaient l'Europe, trois citadelles avancées gardaient le chemin de l'Occident, la Suède, la Pologne, la Turquie. Ces trois puissances étaient moins fortes par elles-mêmes que par leur voisinage, formant ceinture, fermant à la Russie les mers et la route d'Allemagne. Elles étaient la barrière qui, soutenue par l'Occident, eût été infranchissable. Que fit l'Occident? Il laissa tour à tour démembrer la Suède et partager la Pologne, briser la ligne de défense. Le plan de la

Russie était simple : se rabattre du Nord sur le Sud. Dans le traité de Nystadt, celui de 1790 était en germe, et dans celui de 1793, ceux de San-Stefano et de Berlin. L'Occident ainsi se désarma lui-même. La Suède réduite par Pultava au rang d'une puissance de troisième ordre, et la Russie établie à Pétersbourg, fatalement la Pologne devait tomber. Et la Pologne abattue, assassinée, partagée, la Turquie devait périr à son tour. Toute la question d'Orient était là, et ce lucide esprit, Albert Sorel, l'a parfaitement compris quand il a donné ce titre au beau livre où il raconte l'histoire du partage de la Pologne : « La Question d'Orient au XVIIIe siècle. »

A la fin du XVIIe siècle, l'Occident ignorait la Russie. A la fin du XVIIIe siècle, il se trouva face à face avec elle. Tel est le grand changement qui s'est opéré en Europe à la veille de la Révolution ; la Russie, tel est le facteur nouveau qui s'est introduit, pour tout bouleverser, dans l'équilibre politique déjà ébranlé. On connaît ce drame lugubre, et je ne veux rappeler qu'une chose : c'est qu'alors, comme par le passé, l'Occident ne comprit point quelle était la partie terrible qui se jouait en Orient. Il y eut bien un Vergennes qui dicta ce fameux manifeste de la Porte où la Russie était accusée d'avoir « anéanti les libertés de la Pologne ; » un Choiseul qui eut cette inspiration de génie : couler la flotte moscovite dans l'Océan, — mais qui, ayant eu l'inspiration, n'eut pas l'audace ; il y eut même un peuple tout entier qui s'émut pendant une heure, et que Voltaire railla comme étant « un peu Moustapha. » Mais ce fut tout. A Versailles, le Harem (la Du Barry) avait commencé par renverser le Divan (Choiseul). A Vienne, « Marie-Thérèse pleurait et prenait toujours, » sans soupçonner, plus que les hommes d'État d'aujourd'hui, pourquoi le roi de Prusse poussait l'Autriche vers le sud et vers l'est, vers la Bosnie et vers la Bukovine, c'est-à-dire loin de l'Allemagne. A Londres, un homme d'État naïf croyait pouvoir se servir des Russes pour détruire dans le Levant l'influence redoutée de la France. A Berlin, la czarine avait un complice. La Pologne fut vaincue, et, à partir de ce moment, la Turquie fut frappée au cœur. Désormais, entre l'Europe et l'Asie, il n'y a plus de barrière : le Moscov est logé chez nous.

Voici donc, à ne plus s'y méprendre, la Russie engagée sur la route de Byzance, sûre maintenant qu'elle ne sera prise à dos ni par la Suède, ni par la Pologne. L'Occident va-t-il enfin ouvrir les yeux? prendre un parti? se décider? Non! Toujours la même ignorance des hommes et des choses. Toujours les mêmes divisions entre ces puissances mêmes qui ont les mêmes intérêts en Orient. — La grande faute du XVII^e^ siècle? d'avoir laissé prendre aux

Russes le protectorat des chrétiens d'Orient. — La grande faute du XVIII^e^? d'avoir laisser tomber les

barrières qui protègent l'Europe, Suède et Pologne; d'avoir ouvert à la Russie ces fenêtres sur l'Europe, les mers, au sud : le Pont-Euxin, le grand bassin de la Méditerranée; au nord : la mer Baltique, cette Méditerranée des Varègues. — Quelle sera maintenant la grande faute du XIXe? De faire sans cesse, suivant le mot désormais historique de John Lemoinne, de la question d'Orient une question d'Occident.

Il faut avoir le courage de dire enfin les choses telles qu'elles ont été, de ne plus envelopper « sous tous ces mots de moyenne portée, adroitement expressifs, prudemment intelligibles (1) » de la langue française, les iniquités politiques dont neuf sur dix des gouvernements qui se sont succédé en Occident se sont rendus coupables en Orient. Ce qui doit nous rendre le plus sévères, c'est ceci, que nous avons à faire le procès au XIXe siècle, à des hommes d'État qui ont derrière eux la Révolution française, c'est-à-dire les principes de 1789 et la grande proclamation des droits sacrés et des nations et des hommes, et qui sont impardonnables d'avoir oublié un tel enseignement. Ils l'ont oublié, en effet, ils ont renié leur mère ; car quelle est-elle cette théorie dont ils finissent par accoucher, cette théorie de l'intégrité de l'empire ottoman?... Empêcher la Turquie de devenir russe, contenir la Russie dans des

(1) Lanfrey.

frontières déjà trop vastes et surtout trop avancées en pointe sur l'Europe : rien de mieux. Mais quel est le moyen employé pour arriver à ce résultat ? Civiliser la Turquie, la fortifier par la lente et graduelle infiltration des principes de droit moderne auxquels elle ne se montra jamais bien rebelle; en même temps travailler à l'éducation des raïas chrétiens sans distinction de race, Slaves et Grecs ; les former peu à peu à la liberté, puis, « quand, par la force des choses, par le cours naturel des faits, quelque démembrement s'opère, quelque province se détache de cet empire (fatalement) en décadence, favoriser la transformation de cette province en une souveraineté nationale et indépendante, qui prenne place dans la famille des États et puisse servir un jour au nouvel équilibre européen (1); » grouper ces principautés autour de la Turquie, progressivement concentrée sur le Bosphore ; les unir par ce grand intérêt commun : la civilisation moderne, la nécessité impérieuse d'arrêter la marche de la Russie, la redoutable invasion du Sud par le Nord ; c'est-à-dire, en somme, respecter et développer les droits de toutes les nationalités, de la turque comme de la slave, de la roumaine comme de la grecque ? Oh ! non. Ce que font ceux qui croient être les plus forts politiques, c'est tout le contraire. Ils ne comprennent l'intégrité de l'empire ottoman

(1) Guizot, *Mémoires pour servir à l'histoire de mon temps*, t. V, ch. XXXIV.

que par la compression des races chrétiennes, que par la prolongation légitimée d'une tyrannie qui pouvait être acceptable avant la Révolution, alors que les peuples de l'Occident n'étaient guère moins opprimés par leurs rois incontrôlés que les raïas par les Turcs, mais qui devenait intolérable quand les hommes jeunes et forts voyaient la liberté à portée de main, liberté que leur refusaient des hommes libres. Voilà ce qu'ils ont fait, ces illustres diplomates de Tilsitt, de Vienne, de Vérone, de Londres, de la Quadruple-Alliance, du traité des Détroits, du traité de Paris !... Leur premier objectif? Fortifier la Porte contre la Russie. Ils arrivent au résultat tout contraire : ils la mettent en tutelle; ils en font un pupille qui s'abêtit de plus en plus, qui prend tous les vices de ses tuteurs, qui perd l'habitude de compter sur lui-même, qui ne saura plus se défendre quand ses protecteurs seront occupés autre part. — Leur second objectif? soustraire l'Orient à la domination moscovite. Ils l'atteignent encore moins : en voulant perpétuer sottement la suzeraineté ottomane, en ne regardant qu'avec défiance les jeunes nationalités qui s'éveillent, en leur refusant ce pain de vie, la liberté; en les étouffant dans des frontières trop étroites, quand, par hasard, il a bien fallu leur reconnaître le droit de se gouverner elles-mêmes, ils n'ont fait que ceci : « Jouer le jeu de la Russie, pousser l'Orient entre ses bras. »

Politique détestable (le résultat final l'a bien prouvé), que cette politique égoïste, vulgaire, dépourvue de toute justice, « condamnant à l'immobilité et à la mort les peuples qui demandent à respirer, à vivre et à marcher, et cela pour ne point déranger l'ajustement compliqué de nos intérêts, de nos budgets, de nos alliances et de nos systèmes (1); » énervant la Porte en croyant la fortifier, grandissant la Russie en voulant la diminuer. Mais on n'a même pas su lui rester fidèle! A iniquité, iniquité et demie. Qui sait, si rigoureusement, pleinement, impitoyablement appliquée, cette politique n'eût pas triomphé de la politique russe? Vu ce qui est arrivé, ce n'eût certainement pas été dans l'histoire contemporaine une immoralité de plus. Eh bien, non! Il y avait en effet au fond de tout ce système un contre-sens si monstrueux, je veux dire la guerre à la liberté de l'Orient déclarée par des peuples libres, que les révoltes du sentiment public contre l'injustice des gouvernements furent répétées, que ces explosions d'indignation généreuse triomphèrent parfois de l'égoïsme d'en haut. Ainsi furent délivrés les Grecs; ainsi fut défendue l'indépendance de la Roumanie, plus tard celle de la Serbie, du Monténégro. Mais à peine l'un ou l'autre de ces États avait-il été rendu à lui-même qu'un misérable repentir troublait les âmes des

(1) John Lemoinne, *Intégrité de l'empire ottoman.*

hommes d'État. « L'événement malencontreux, fatal de Navarin, » disait lord Palmerston ; et quand le congrès des puissances se réunit à Londres, « on permit à la Grèce de renaître, mais à condition d'être si petite et si faible qu'elle ne pourrait grandir ni presque vivre ; on aide ce peuple à sortir de son tombeau, mais on l'enferme dans une prison trop étroite pour ses membres ranimés (1). » De même pour la Roumanie qui reste tributaire, pour le Monténégro, pour la Serbie. C'étaient donc toujours, bien que par des causes différentes, les mêmes incertitudes, la même versatilité que par le passé, et non moins fatale. Car cette politique bâtarde et flottante, qui cherchait à tout concilier, mécontentait tout le monde ; car les ressorts les plus vigoureux finissent par s'user à de telles alternatives d'hostilité et d'alliance, de désespérance et de foi. La Porte se plaignit d'être mal protégée, répondit à la libération de la Grèce par le traité d'Unkiar-Skélessi qui livrait aux flottes moscovites les détroits ; la Grèce, à demi libérée, ne fut qu'à demi reconnaissante ; les Iougo-Slaves, après avoir imploré en vain le secours de la France, se jetèrent entre les bras des Russes.

Je crois inutile d'entrer dans les détails, car les faits mêmes sont connus. Ce qui l'est moins, c'est l'esprit de cette histoire. En réalité, la question des

(1) Guizot, *Mémoires*, t. VI, ch. XXXVII.

détroits, celle de la Syrie, celle des lieux saints, celle de l'Égypte n'ont jamais été que secondaires, ou plutôt que les formes successives revêtues par la véritable question, celle qui était véritablement orientale et que les gouvernements d'Occident ne surent ni ne voulurent voir. Partout et toujours, ils négligèrent le facteur principal, je veux dire les besoins des nations du Levant, leurs aspirations, leur volonté de vivre et d'être libres. Tel fut le vice radical de la politique de ce siècle, telle fut également la cause décisive de son avortement. Qu'on y songe bien : il en a été de l'autonomie des populations chrétiennes de l'Orient comme de l'unité de l'Allemagne. Pour un observateur intelligent, l'une et l'autre étaient choses justes, inévitables, fatales ; l'une et l'autre devaient se faire. Dès lors ne valait-il pas mieux que cé fût par nous, c'est-à-dire pour nous, que par d'autres, c'est-à-dire contre nous ?

Quand on étudie aujourd'hui les pièces diplomatiques, les livres, les brochures, les articles de journaux qui sont relatifs aux affaires d'Orient, ce qui frappe dès l'abord, c'est que l'Occident s'imagine toujours avoir affaire à des imbéciles, à des naïfs, à des enfants qui croiront tout ce qu'il lui plaira de leur dire, par exemple que ce sont leurs seuls intérêts que la France et l'Angleterre ont en vue, quand, pour ne citer qu'un cas, Napoléon ne songe en réalité qu'à réduire l'Angleterre et la

Russie, l'Angleterre qu'à renverser Napoléon et à garder l'empire des mers. Pitoyable ignorance des hommes! Prenez la Turquie, par exemple. De 1798 à 1812, dans ce court espace de quatorze ans, à quel flux et reflux n'a-t-elle pas été exposée de notre part? Était-il possible de lui supposer autre chose que de la défiance vis-à-vis de nous, quand, tour à tour, on l'attaquait sans prétexte aucun en Égypte et en Syrie, on l'engageait contre la Russie et l'Angleterre à la veille d'Austerlitz, on l'abandonnait à ses pires ennemis au lendemain de Tilsitt, on venait lui proposer derechef alliance et protection (en réalité lui demander aide et secours), à l'heure solennelle de la campagne de Russie!... Après avoir été une ou deux fois déçus de la sorte, après avoir constaté que l'Orient, pour l'Occident, ne venait jamais qu'en deuxième ligne, chrétiens et musulmans, chacun de leur côté, savent bien vite à quoi s'en tenir. Tous ces hommes, Turcs et Grecs, Slaves et Roumains, qui ne sont pas aptes à saisir les nuances et qui voient moins juste que gros; ces hommes ne voulurent connaître de tout le système de la politique occidentale qu'un égoïsme froid, implacable, toujours prêt à sacrifier la sécurité de l'un et la liberté de l'autre au moindre intérêt matériel. La nature exacte des généreuses explosions populaires, qui parfois bouleversaient pour un instant tout l'échafaudage diplomatique, leur échappa. Ils étaient heureux d'un service rendu, mais, avec le hochement de tête qui leur est particulier, intimaient qu'ils ne croyaient point au désintéressement de leurs protecteurs, se disaient entre eux qu'on ne les aurait ni aidés ni secourus, si l'on n'avait eu quelque avantage à cela. Et tous, de cette manière, prirent l'habitude d'alléger leurs épaules de tout poids de gratitude, ce qui n'eût été qu'un détail, si en même temps n'avait disparu toute foi, toute confiance vis-à-vis de l'Occident; si le contrecoup de tout ceci n'avait été l'habitude de tourner les yeux vers la Russie, plus égoïste, mais habile à dissimuler son égoïsme sous un séduisant vernis de philanthropie.

Mais ce qui confondait ainsi toutes leurs idées, ce qui les troublait, les précipitait de plus en plus vers la décadence ou arrêtait misérablement leurs progrès, ce n'étaient pas seulement ces brusques alternatives dans la politique d'un même État, c'était encore la désunion incessante de l'Europe occidentale. Profiter des querelles de l'Europe, trop judicieuse et terrible instruction laissée par Pierre le Grand à ses successeurs! La longue rivalité de la France et de l'Angleterre ne servit que la Russie. Pendant vingt ans, du commencement de la République à la fin de l'Empire, toujours la Russie eut pour alliée contre la Porte l'Angleterre ou la France, et à chacune de ses alliances, à chacun des traités particuliers qui en était la suite, elle gagnait quelque chose, augmentait son prestige parmi les populations des deux versants du Balkan, s'approchait de Constantinople. Et cela continua par la suite. Il faudra attendre 1854, la question de l'armoire de Bethléem et l'ambassade de Menschikoff, pour que les deux puissances qui toujours auraient dû marcher de concert en Orient contre l'ennemi commun, le Russe, s'unissent, comprenant enfin leurs intérêts. Et alors même, quel sera le fruit de cette alliance ? Ici encore il faut tout dire. Ce qui est plus impardonnable, ce que l'histoire jugera avec une sévérité plus grande encore que l'expédition d'Égypte, que les chimères du traité de Tilsitt, les demi-mesures du congrès de Londres, les mille et une fautes de l'année 1840, ce sera cette peur subite qui prit Napoléon III après la prise de Malakoff, ce refus formel qu'il opposa aux Anglais de tirer profit de la victoire, profit réel et durable. Ce jour-là, la Russie était réellement à bas, on pouvait tout contre elle. On était en droit de compter que l'ingratitude de l'Autriche continuerait à étonner le monde, et ce n'était pas l'intervention douteuse de la Prusse, qui alors eût pu empêcher la France et l'Angleterre de reconstituer la barrière polonaise. Politique bâtarde et criminelle que celle qui s'arrête après Sébastopol aux portes de la Pologne, comme celle qui s'arrêtera, non moins misérablement, après Solferino, aux portes de la Vénétie. Certes, par le traité de Paris, la Russie perdait la domination de la mer Noire et cette clef du Danube, la Bessarabie; certes, on lui enlevait pour quelques années le protectorat effectif des chrétiens d'Orient. Mais lorsque ceux-là qui dans les dernières années ont été les défenseurs acharnés du traité de Paris, comme de la dernière garantie de ce qui restait de l'équilibre européen, lorsque ceux-là pensent à ce que l'on fit en 1856 et à ce que l'on aurait pu faire, ils se disent avec une douleur profonde que jamais milliers d'hommes ne furent plus inutilement sacrifiés que les malheureux qui dorment là-bas dans les marais de la Dobroutja où j'ai vu leurs croix tumulaires, et dans la froide terre de la Crimée.

Ce que l'on aurait pu faire, je l'ai déjà dit. Jamais occasion plus belle ne s'était présentée pour réparer dans un jour toutes les fautes du passé, pour redresser les barrières abattues, pour inaugurer dans le Levant une politique véritablement juste et forte. De la question d'Orient, il fallait refaire une question d'Orient. On ne l'osa pas. Une heure après la signature du traité de paix, tout le fruit de la guerre était perdu. Quand Taxile Delord écrivit ces lignes (1) : « Un an à peine après le départ des plénipotentiaires, la plume d'aigle dont ils s'étaient servis pour signer le traité, et qui, placée sous verre dans un cadre d'or, ornait le cabinet de l'impératrice,

(1) *Histoire du second Empire*, t. Ier, *in fine*.

était tout ce qui restait du congrès de 1856 ; » s'il a voulu dire que dès 1857, tout comme avant 1857, le redoutable problème d'Orient menaçait de nouveau l'Europe ; que la Turquie continuait à déchoir, paralysée par une tutelle qui lui faisait perdre le sentiment de sa dignité et sous laquelle elle finissait par ne plus croire à elle-même ; que l'hellénisme, abandonné par l'Empire, et le iougo-slavisme, sottement méprisé par tout l'Occident, tournaient derechef les yeux vers la Russie qui se disait vaincue pour la seule défense de leurs droits ; que silencieusement une revanche terrible se préparait de l'Alma, d'Inkermann et de Sébastopol : oh ! jamais ce ferme et vaillant esprit n'a formulé un arrêt plus juste.

Mais bien plus graves encore furent en Europe même les conséquences du système de 1856, si toutefois c'était un système que ce ramassis de petits intérêts incohérents. C'était l'époque où Louis-Napoléon avait lancé à travers le monde son fameux principe des nationalités, théorie qui dans son essence consiste à détruire le passé historique d'une nation pour la ramener à son origine physique, théorie dont l'application, pour être juste et bonne, ne peut, ne doit être que partielle et doit, en tous les cas, être lente et graduée ; théorie que ne comprenait même pas le carbonaro couronné qui vivait la tête dans les nuages et les pieds dans une boue sanglante. Il fit en riant l'unité de l'Italie ; il favorisa en dormant l'unité de l'Allemagne par la Prusse ; il ne se douta point que lui-même il poussait ainsi les métaphysiciens éperonnés de Berlin à réclamer la frontière des Vosges, et les logiciens du Comité de Moscou à inventer la mission historique de la Russie. Puis tout à coup, au lendemain de Sadowa, il prit peur; mais ce fut trop tard qu'il s'aperçut que son fameux principe se retournait contre lui-même. Il avait été de bonne foi à Magenta, et ce ne sera jamais nous qui blâmerons la part que prit la France à la création de l'Italie. Mais entre les mains des deux chanceliers de Prusse et de Russie, que devint le principe des nationalités? Un instrument, et rien de plus. Cette histoire ne peut être écrite encore ; mais si jamais il surgit un Tacite pour l'écrire, il proclamera que ce fut contre les nations mêmes que fut tourné le principe des nationalités, et il les prendra pour témoins, les Danois du Schleswig détachés du Danemark, les Hessois et les Hanovriens annexés à la Prusse, les Alsaciens-Lorrains arrachés à la France, les Roumains de la Bessarabie, les Turcs de Bosnie, les Hellènes de Roumélie et de Macédoine !

En Europe, le traité de 1856 devait fatalement aboutir à cette conclusion : l'alliance de la Russie et de la Prusse. Le drame jusqu'à ce jour est en trois actes, reliés entre eux avec une logique parfaite, une rare entente de l'art théâtral : le premier s'est joué en 1865, sur les bords de la Baltique et de la mer du Nord ; le second en 1870, sur le Rhin et sur la Seine ; le troisième en 1877, sur le Danube et dans les Balkans... Je m'arrête. Depuis 1870, il n'y a plus d'Europe, et, du reste, toutes ces choses sont trop rapprochées pour qu'un voyageur comme moi puisse avoir d'autre ambition que de cueillir quelques documents pour l'histoire. Mais il est une constatation que je ne puis passer sous silence : depuis que je suis en route, au milieu de tous les peuples vaincus, spoliés, abandonnés, quels qu'ils soient, Hongrois, Roumains, Osmanlis, Hellènes, je n'ai pas entendu une plainte contre les sinistres abus de la force ou les lâches complaisances de la peur, sans que cette plainte ne fût suivie aussitôt de ce soupir qui valait le plus glorieux éloge : « Ah ! si la France avait été là !... »

FIN DU TOME PREMIER

# TABLE

## DU TOME PREMIER

---

Paris. — Imp. Vve P. Larousse et Cie, rue Montparnasse, 19.

www.ingramcontent.com/pod-product-compliance
Lightning Source LLC
LaVergne TN
LVHW020538230826
846091LV00002B/312

* 9 7 8 2 0 1 9 6 8 2 0 9 5 *